塞上
年華

孫永保——著

50年代父母合影。

上海新村。

60年代全家合影。

海漩下鄉前。

作者下鄉後。

革命戰友五四留念。

兄弟四人。

70年代結婚照。

戰地黃花。

問蒼茫大地。

1976年全家合影。

制服照。

最後一次護林照。

20世紀80年代末大家族合影。

代序　不幸的種子，搏擊的靈魂

　　得知駝鈴（原名孫永保）先生的紀實性作品《塞上年華》近日要由臺灣出版，很為他高興。這是件可喜可賀的事。數日前，他邀我為這本書寫篇序。無論從哪方面我都無法承擔這份厚重的信任，但我事先讀過書的部分章節，曾被他不幸的經歷和頑強不屈的生活態度所感動。我和他有著同樣的遭遇和人生感悟，心靈相惜的兄弟情誼又讓我無法拒絕他的盛情，我只有勉為其難，把我讀過後的感觸寫出來，就以此作為序言吧。

　　上山下鄉運動，是幾十年前華夏大地上曾牽動了數千萬家庭的大事件。駝鈴先生作為親歷者，曾在寧夏南部山區林場生活了十餘載，其中的艱辛悲苦，非常人所能想像。先生懷有強烈的歷史責任感和使命感，為了把自己的親身經歷訴之後人，為後代留下一段真實的個體遭際的文獻記錄。他披星戴月，嘔心瀝血數載，終於完成了24萬多字的初稿《崢嶸歲月》。初稿在網上連載後，廣受好評。特別是在知青群體中產生了很大影響。應廣大閱讀者的要求，駝鈴先生又虛心採納了眾多知青讀者的意見，經過近一年的加工、修改，對一些材料又做了必要的取捨，文字也做了相應的調整，壓縮了近四萬字。修訂版《塞上年華》將以更新的面目呈現在廣大的讀者面前。相信這部書將會給讀書界帶來新的震動，給上山下鄉運動

的研究者和關注者提供新的視點，為後代，也為歷史留下一部真實而悲壯的生命的記錄。

駝鈴先生的經歷，在上山下鄉的親歷者中，是極具代表性的。駝鈴小學二年級時，母親帶著他們兄妹五人，從上海遷居寧夏。他的童年和少年是在失學、饑餓、貧困，得為生計操勞中度過的。17歲響應政府號召上山下鄉，到寧夏南部山區黃峁山落戶，一去就是13年。以他的初小文化程度，刻苦學習、銳意進取，躋攀於初、高中知識青年隊伍中而苦苦跋涉。他曾歷任班長、排事務長、會戰支隊的帶隊、團支部宣傳委員，曾抽調到固原地區戰備公路勘測隊、先後參加林建三師學毛著積極分子代表大會和銀川市知識青年代表大會，並曾被選拔進入六盤山森林警察隊伍。駝鈴30歲返回城市，又不得不從工廠工人做起，埋頭苦幹，任勞任怨，一直做到副廠長、辦公室主任和企業經理等職務。在這期間，他經過刻苦的努力，拿下了西北政法學院法律大專文憑，並獲得助理政工師的資質。正在他躊躇滿志，一展宏圖之時，企業的改制使54歲的他被迫離崗。剛毅的他在困窘中謀求生路，自籌資金，創辦網吧，但網吧剛剛起步，又遭遇全國性的「治理整頓」，致使他不得不下馬。在寂寥中，不甘平庸的駝鈴決定寫回憶錄，以自己的經歷激勵後人。他從學習電腦打字開始，到全部書稿的獨立完成，其中的艱難困苦，可想而知。

駝鈴的一生，完成了多次角色的轉換，從幹農活，當林業工人、森林警察、再到工廠工人、副廠長、辦公室主任，最後到企業經理，從一個只有小學文化的下鄉青年，到能寫出二十餘萬字作品的作者！這一個個的足跡，一個個的成功，書寫出一個不幸者為改

變命運，艱難跋涉，不斷攀升，最後終得涅槃的人生之路。駝鈴辛苦備嘗的人生之旅，讓我們看到一個男人的倔強和不屈，感受到一種生命不息，奮鬥不止的搏擊精神。正是這種精神，讓我們在最黑暗，最絕望的時刻，能夠看到生命的曙光，正是這種精神，給了我們無限的力量，讓我們滿懷信心地去追尋那雖然遙遠，但卻璀璨炫麗的理想之光！

作為紀實小說，《塞上年華》的紀實性是毋庸置疑的。它真實地再現了那個時代的歷史概貌以及普通人準確生動的生活細節，它通過眾多人物的情感經歷折射出那個時代的主流思想以及在民眾心靈中所引起的激蕩。特別突出的是，駝鈴以他的敏感和悲情為人們呈現出被歷史掩埋了的生活真相，讓觀者震愕，催人警醒。為共和國歷史，為上海和寧夏地方史的研究者提供了一段被漠視了的極為珍貴歷史資料，從這個意義上說，《塞上年華》具有極高的認識價值和史料價值。

《塞上年華》首次揭開了共和國歷史上一段鮮為人知的事實，讓人們看到了在特定的歷史條件下，一群不幸而堅毅的女人們。歷史將會永遠銘記這一天，1958年11月28日！那一日，這些來自於上海的女人們只是因為丈夫被拘禁，就被「動員」攜帶家小，以「支邊」的名義集體遷居寧夏，她們被安置在銀川一隅倉促搭建起的「上海新村」，從此開始了這一特殊群體的苦難生涯。這群女人們，她們忍受著北方酷寒、乾燥等生活上的不適，承受著肉體上的摧殘和精神上折磨，獨立地負載起了家庭的重軛，她們摒除了女人所應該享有的本能的享受，像男人一樣，在這北部荒原上像群獸一樣艱難求生。她們的苦難，讓我想起了沙俄時期十二月黨人的妻子

們，這群貴族婦女拋棄了奢華的享受，遠離了父母的親情，義無反顧地陪同著丈夫一起流放到冰天雪地中的西伯利亞。這些自蹈苦海的俄羅斯婦女因為她們的忠貞和勇敢曾經感動過多少人！但這些俄羅斯女人在苦難中還有一個男人的臂膀可以依偎，而中國的這群上海女人們，她們連這一點安慰也被剝奪殆盡！她們像擎天柱，獨自支撐起苦難家庭的一片天地，在黑暗和寒冷中，用她們的博大母愛把光亮和溫暖給了更加可憐的孩子們。

《塞上年華》的第一章「尋找逝去的記憶」，用「背井離鄉」和「天地饑荒」兩節，詳細記敘了這段可怖的歷史。講述了駝鈴母親、黃狗媽、顧阿姨、王阿姨和自殺的母親等幾個上海女人的故事，其中最為突出的自然是作者的母親了。她在35歲這女人最豐腴的年華，斷絕了和男人的所有勾連，在無望的苦海中掙扎。為了五個可憐的孩子，活下去！這一定是她人生中唯一的信念。她白天在工廠勞作，晚上在燈下洗涮縫補，工廠下馬後，她為了三十幾元的工資，又去做火車煤炭裝卸工，在最困窘的時候，她靠賣血養活孩子們，積勞成疾的她被送進醫院，她顫抖的手伸出了五個手指，無聲地哀求醫生：我有五個孩子，救救我！朗朗的晴天之下，竟讓一位無助的母親絕望到這種程度，共和國的道義何在？人心何在？良知何在？

上海新村，這個共和國土地上的母系村社，當男性的光輝第一次輝映到這陰慘的部落，女人們和孩子們還沒有完全從快樂中蘇醒過來，社會的歧視，找不到工作的困窘，男人成為家庭累贅的現實，使得最早回歸家庭的那幾個男人很快被拋棄。自此這裡的女人們自覺地關閉了曾渴望男人歸來的大門。自此上海新村成為真正意

義上的女人國！我不是歷史學家，我不能對這段往事作出任何準確的歷史判斷。我只是從人性的角度，對這一切存有質疑，俄羅斯作家鮑‧瓦西里耶夫談到他的名著《這裡的黎明靜悄悄》的創作時曾滿懷深情地談到婦女，稱她們是「為了愛和生兒育女而來到這個世界的」，我並不完全認同這種說法，但它卻反映了一條人們共同信奉的準則，那就是文明社會對女性的尊重、愛戴和保護。而我們卻以堂而皇之的理由，集體地將她們推向災難的深淵，在我們的社會生活中，起碼的人道和憐憫到哪裡去了？回首這段往事，我們的決策者，執行者，擁戴者們，不該為此而汗顏嗎？公開和強調這段歷史細節，只是為了類似的歷史悲劇不再重演！只是讓人們知道，在我們華夏大地上，在我們共和國的歷史進程中，曾經生活過這樣一群苦難而偉大的女性！我們應該為她們而悲傷，為她們而驕傲！

《塞上年華》作為一部上山下鄉運動的辛酸史和個人的成長史，詳盡地追述了駝鈴不甘現狀，奮發進取的一生。從他9歲跟隨母親遷居銀川，因為貧困而失學，他為了糊飽肚子，掙錢補家，砸過石頭，脫過土坯，紡過羊毛，還撿糞積肥，跟著大人到農田勞作，甚至給人家洗衣、做飯、帶小孩。駝鈴悲苦的童年造就了他堅韌、頑強的個性和對弱者悲天憫人的同情。他從下鄉第一天起，從來沒有退縮過，艱苦的生活，繁難的勞作，他都坦然面對，無論是做農活，當林業工人，還是森林警察，他都刻苦耐勞，兢兢業業，他嚴肅認真地對待每一件小事，就連那個年代司空見慣的集體學習，他也一絲不苟地聽著，看著，把自己不認識的字逐一地標在書本上，他正是用這種方式，脫了盲，而且拿到了大專文憑。駝鈴的一生，歷盡磨難，但是他沒有被摧垮，諸多的苦難反倒成為一種動

力，促使他在佈滿荊棘的道路上奮勇前行。駝鈴最讓我感動的還有他的慈愛之心，他對當年在他管轄下的被監管的天津知青，寬容、仁愛，對吃派飯的貧寒農家，他也是高出標準地付給錢和糧票。這種發自於心底的同情憐憫之心，或許來自於他童年對愛的渴求，對冰冷、殘酷的社會氛圍的鄙棄和厭惡。從這個意義上說，駝鈴是幸福的，他出自於苦難，但征服了苦難，在和苦難的角逐中，完善了自身，也實現了自己的人生價值。

《塞上年華》中，還有一位讓我難以忘懷的人物——司汗青。他因為家庭出身而高考無望，「文革」前就落戶黃崀山。幾十年間，他備受磨難，九死一生，但最後他毅然放棄留在文化系統當官的絕好機會，選擇到汽車運輸公司，心甘情願地做一個普普通通的基層領導。正是因為他對政治風雲的升沉起落徹底洞悉，所以他才更嚮往穩定平安的工作環境。他的正直、剛正和一顆同情弱者，危難中鼎力相助的菩薩心懷讓我無限感動。司汗青組建林建師文藝宣傳隊時，力排眾議，親自到偏僻的山間護林點，調回被打成現行反革命正隔離審查的北京知青文中甲，使其發揮文藝才華。司汗青最後清醒的人生抉擇和他悲天憫人的愛之心，在浮躁和人際關係日益隔膜冷漠的今天，顯得更加的可貴。

《塞上年華》作為紀實性作品，不僅注重全書的情節、人物和細節的真實性，而且為了強化歷史感，作者在每一章節前都有這一時段背景事件的記敘。這種把國內重要的政治事件和作者的個人經歷交叉映襯的方式，是本書的一大特點，也可以說是作者對紀實性作品創作的一個嘗試。這種寫法為人物的生活經歷提供了一個現實的、社會的背景，強化了作品的史實感和厚重感。但有時比重掌控

不夠時，又容易產生喧賓奪主的感覺。另外，對有些歷史材料的引證、評估，也可能會存有仁者見仁，智者見智的現象，當然這也是可以理解的。

　　當下知青寫知青，似乎已經成了一個文化現象。這一類作品我涉獵不多，但在我接觸到的相關的作品中，駝鈴的《塞上年華》是給我印象最深的，也是最有特點的。這部書已經在知青群體中產生了一定的影響，駝鈴博客的點擊量就是無言的佐證。相信隨著這部書的出版發行，駝鈴會尋找到更多的知音。而更多的知青讀者們也會在這本書中，伴隨著駝鈴的人生之旅，回到自己曾經走過的艱難歲月，重新品味已經淡忘了的痛苦和悲傷，歡樂和激昂。對於年輕的讀者們，這本書將引領著你們去體味父輩們的艱難和困苦，你們將會跟著他們一起成長！

2015年4月16日於北京白堆子／邢廣惟

目 次

第四章　殘陽如血

前 言

　　2002年年底，由於企業改制風潮降臨，我被提前離崗退休。年僅五十三歲的我，並不甘心游手好閒、無所作為，遂借錢籌款、孤注一擲地開辦了一家網吧。不料時運不濟，正趕上全國整頓網吧的疾風暴雨，慘淡經營一年有餘，終因資金困乏、無力支撐，只好血本轉讓他人。此乃有心抗命，無力回天啊！

　　上蒼在給我關閉一扇門後，又給我開啟了另一扇門；曾經打算六十歲退休後要寫回憶錄的想法得以提前兌現；這就有了寫一本書的充足理由、時間和決心。這一寫（反反覆覆、修修改改）整整十年！——從童年南北大遷徙，到饑寒塞北少年夢；從青年下鄉「文革」動亂，到知青返城落花流水；穿梭在風雲激盪，撲朔迷離的歲月裡，書寫苦難與夢想，激情與現實，任其交織撕扭，難解難分；有血的殷紅、汗的辛酸、淚的苦澀，更有艱難中的求索、逆境中的奮起！——三十年坎坷歲月，上下兩代人堅忍不拔地走過了一個時代！

　　這本書是家庭、個人的親身經歷，也是特定時期、特定群體的一個側面，孰是孰非、喜怒哀樂皆源自生活的土壤，寫法看法亦來自社會的閱歷。直筆秉書那段刻骨銘心的歲月，通過深切的生活經歷，真誠地反映共和國第一代人的成長過程，努力還原那個時代的

社會背景、生活狀況，精神風貌，客觀真實地再現那個時代的政治形勢、思想情感、悲歡離合、酸甜苦辣，是本書寫作的基本願望。

本書以時間、地點、事件為基本線索，客觀反映作者在那段歷史中，身處不同年齡、不同環境、不同遭遇的不同感受；真實地敘述作者眼中的社會、家庭、個人，及其有關人物的命運歸宿——不掩蓋，不修飾，不篡改；忠實於歷史，忠實於自己，忠實於那個年代過去的人和過來的人，乃本書寫作的最高旨義！

寫這本書先後歷時十年，經過四次大的修改、三易書名，力求文字表述簡練、生動，內容選取客觀、真實。並由文稿《逝者如斯》更名自費出版書《崢嶸歲月》。又經朋友們閱讀反饋意見，刪除了一些不必要的贅言，對原書涉及卻未予展開寫的人物及其故事深入走訪挖掘，作為本書新增內容互相照應，穿插始終，進一步豐富了書的故事含量和整體效果。

2012年6月，有幸在銀川舉行的全國第二十二屆書博會上認識了知青作家劉曉航先生，經他熱心閱讀和給予的指導意見，遂將《崢嶸歲月》更名為《塞上年華》。

《塞上年華》所涉及的個人經歷、人物故事及其歷史事件，只作為作者個人的管窺之見，大家千萬別在其中找歷史、找邏輯、找文學。也許我們不能奢望歷史的全貌，但僅從這些歷史的縫隙中窺見的社會運動、家庭命運、個人遭遇，和打撈到的細枝末節，已經為我們提供了一個鮮為人知的歷史側面。或許我們能夠在這些歷史碎片中得到某種啟迪。

為慎重起見，在此我要申明：從《逝者如斯》、《崢嶸歲月》到《塞上年華》曾陸續在互聯網（新浪http://blog.sina.com.cn/

webtuoling）本人（駝鈴）的博客上公開發表過。新訂《塞上年華》也曾由熱心朋友向國內某大學出版社推薦過，所發表的博客及發出的書稿均已脫離本人掌控之內，如由此造成轉載錯誤或變更署名及未經本人同意擅自出版等行為，本人將視為侵權予以追究。

最後我要由衷地感謝那些給予《塞上年華》支持，幫助，理解，贊許的朋友們！

感謝邢廣惟、宣民慶、趙驚奇、馬達、鐘蘇、司蘊亮、吳致遠、竺兆銘等諸多知青朋友對此書修改過程的鼎力相助！

尤其要感謝我的妻子與我一起度過的艱難歲月，惺惺相惜、始終不渝的支持和幫助，不惜節儉之薪、通情達理，慷慨為我自費出書之善舉。

特別要感謝《我曾經的名字叫知青》作者子蘊女士對《塞上年華》的厚愛，及其卓有成效的推薦，終於使得《塞上年華》雲開霧散，拂塵面世！

感謝臺灣秀威資訊科技股份有限公司給予《塞上年華》付梓出書的機會，及其總編蔡登山先生，段松秀、連婕妘、陳思佑、蔡瑋筠編輯精心編審、裝幀設計所付出的辛勤勞動！

這是一本記錄我們那個年代的書。一本屬於我們自己和那個時代的書！

謹以此書，獻給我的父親母親！獻給上世紀五〇年代「支邊」的老人們！

——獻給上世紀六〇年代到七〇年代「上山下鄉」的知青朋友們！

2015年4月12日

楔 子

2008年4月，正是銀川春天釣魚的好季節。垂暮之年的我天天騎車轉展在艾伊河畔和回家的路上，日復一日樂此不疲，人曬的黑不溜秋卻也精神矍鑠。雖然十有八九漁獲寥寥，竟也興趣不減一如既往。偶爾遇上魚群聚會，連連上鉤，更為激動不已興高采烈！

是日上午，忙於「魚樂」的我竟然沒有出去釣魚，不知被什麼事情耽擱在家裡，由此迎來了四位不速之客登門造訪，自稱是電視臺記者和報社記者，當得知我正是他們要找的人，便如釋重負般握住我的手說：「總算找到你了孫老師，你讓我們找的好苦啊！」

面對突如其來的三個小夥一個姑娘，還沒弄清來者何意的我已經被他們的熱情所感染，竟忘乎所以順竿爬牆地說：「今天你們真是碰巧了，我沒有出去釣魚，讓你們碰了個正著！」

相讓在客廳沙發上一一坐下，其中一位慎重其事地對我說：「孫老師，是這樣，今年是自治區成立五十周年，寧夏衛視正在進行五十集《五湖四海寧夏人》攝製工作，其中「從江南到江南」一集跑了很長時間，走訪了十幾位當年『支寧人』都不甚滿意，你是我們要找的最佳人選，希望你配合我們完成這一集的訪談攝製任務。」

這下可讓我為難了，我不僅是個笨嘴笨舌的人，還是個上不

了檯面的人；曾經上班當經理時，每逢有職工過生日，我都會給他們在廣播電臺點歌為他們祝福，還給他們購置蛋糕帶回家去與家人分享。此舉深為電臺播音員所感動，專門到單位來找我聊聊，並建議把幾十名職工名冊交給他們，由他們按職工姓名、生日時間即時直接播送歌曲，以了卻我每次點播歌曲的麻煩。就這樣認識了兩位年輕的播音員，以後就有了被電臺邀請參加他們的年度聯誼晚會，並毫無準備地被熱情的主持人「劫持」到臺上去講幾句話的尷尬場面，至今記憶猶新、談虎色變。況且我已經退隱主流社會多年，對這些事情沒有興趣，正熱衷於釣魚呢。因此我只能覥著臉如實奉告。——「我們不會占用你過多時間的，就一兩天……」終於架不住他們的熱心勸解及其深明大義的說服，只好硬著頭皮勉強答應。

身旁就坐的電視報記者急忙趁熱打鐵：「老叔，我們準備寫一篇以『上海新村』為題材的專題報導，請問你今年多大歲數？1958年來寧時多大歲數？父母都還健在嗎？」——「老叔，你母親是不是姓徐？現在還在上海新村居住嗎？」——「真是太巧了，世上竟有如此神奇的巧遇！我們前天在上海新村剛剛採訪過你的母親！」——「神了，真是太神了！」我被他們如此天衣無縫的精彩對接深深打動了，還推辭什麼呢？什麼都不重要了，重要的是機緣！我爽快地答應了他們的採訪要求，並把幾年前寫的「逝者如斯」第一章節反映上海人剛來寧夏時的生活狀況文稿給了他們，以便於他們撰寫關於「上海新村」的專題報導。

如約第二天上午在家進行的訪談攝製由於隔音效果不好，數日後又被重新安排在電視大樓攝製室進行。好不容易完成任務，又因他們一再要求帶他們到上海新村母親家攝訪，先後整整消耗了我一

週的時間；其間三次面對攝製鏡頭，按照記者要求講述幾十年前的事情，不僅沉重，而且拘謹，連抽根菸輕鬆輕鬆都不方便，弄得我苦不堪言還得認真配合。

2008年4月28日，《寧夏廣播電視報》刊登了「迎接自治區成立五十周年系列報導之五」，以《上海新村：一個城市的體溫》為標題，首次報導了1958年從上海來銀川的「支寧人」及其「上海新村」；作為一個城市公共記憶的一部分，一個曾經給銀川注入新鮮活力的群體，一個唯一以城市名稱命名的普通居民宅區，被熱烈而慎重地載入銀川城市建設發展的歷史！這不能不讓我回味無窮，感慨萬分！

進入炎熱的9月，《寧夏衛視》隆重推出了五十集「五十大慶獻禮片」《五湖四海寧夏人》，系列之《從江南到江南》也相繼播出，首次向社會公眾展示了上海「支寧」兩代人的滄桑歲月；是年，也正是他們到寧夏來整整五十周年！那些天不斷有親朋好友打來電話興奮地告訴我：他們在電視裡認出我，看見了我！——同樣面對電視鏡頭裡隔著歲月河流的我，及其情景再現呈現出的舊日時光，無不令我心潮起伏，淚流滿面……

誠如《上海新村：一個城市的體溫》記者「採訪後記」所述——「在上海新村的居民間行走，眼前幢幢樓房，大多數是上世紀八〇年代末蓋起來的。當年曾密密分布、整齊列隊的排排平房早已看不見蹤影，甚至連一張當年建築物的照片都難以尋到。我們的採訪希望只有寄托於那些曾在此居住，經歷過那段遙遠歲月的鮮活生命。然而，一路問下去，居民大多都抱以搖頭……我們頗有些艱難地識別著徐旭英老人的上海口音，她說剩下的人不多了，離開的離

開，去世的去世，確有些感慨，包括我們這次採訪的一個巧合；當
我們拜訪徐旭英老人後，幾經輾轉才找到在銀川城區另一個地方居
住的孫先生，當年來寧夏時他還是個孩子，如今也是年近六十歲的
人了。在對他的採訪過半，我們才驚奇地發現，原來他就是徐旭英
老人的三兒子⋯⋯」

　　逝者如斯，往事歷歷在目⋯⋯

第一章

尋找失去的記憶

一、背井離鄉

　　1958年11月28日晚上，一列拖著三、四十節車廂的火車在哭泣、叫喊和告別聲中艱難地駛出了上海車站。

　　車內擁擠、諜雜，每節車廂裡都充滿著人和物。在昏暗、壓抑、穢氣彌漫的燈光下，那些大人們個個神情悲傷、困頓乏力地閉著紅腫的眼睛仰靠在微微顫動的車座上。小孩們則乖巧地龜縮在各自家長的座位下，像狗一樣窺視著車上的一切。他們顯然是被剛才車站離別的場面給嚇懵了——他們天天盼望的旅行之夢被泣別的人群，被一張張痛苦、絕望的面孔，被大人們一次次凶蠻的呵斥給擊得破碎不堪！

　　列車在寒冷的黑夜裡行進，偶爾會發出一兩聲淒厲的長鳴。彷彿是嘆息，彷彿是宣洩！

　　列車上的這些人，絕大多數是中年婦女和兒童。這些女人們面容憔悴、神情疲憊；她們沒有丈夫的支撐，沒有親友的扶助，更談不上內心世界的期盼和夢想。客觀地講，她們的內心世界早已被疾風暴雨式的革命摧殘的七零八落。曾經的小康生活早已隨丈夫的被關、被押而蕩然無存！她們失去了依靠、沒有了優越，整天忙碌、養家糊口。曾經的丰姿綽約被窮困潦倒的生活折騰得形銷神黯！她們個個疲憊不堪、六神無主，任憑命運之手折疊、搓揉。她們大多

數人唯一能夠支撐生命的原因，就是她們的孩子們⋯⋯

——她們，連同她們的子女們，是新中國五〇年代的一個特殊群體；她們雖然不是反革命，不是右派。但她們是舊政權體系的殘渣餘孽，是地主、資本家的家庭成員。破落的家庭在新中國政治經濟城市已無立足之地，大上海已不是他們的天地，時代的風雲將把他們裹挾到一個遙遠的地方去，讓他們為過去的「資產階級」生活付出沉重的代價！於是，她們在二〇世紀五〇年代末的一個特定的歷史時期，作為一個特殊的社會群體，先後被分成幾批，至少有兩、三萬人，被冠以「支邊人」的身份，從繁華的上海遷往西北寧夏各地；她們正在經歷著中國歷史上最大、最遠、最具「特色」的南北大遷徙！

列車在不停地向北行進。不停地把江南的田野、村鎮拋向身後。不停地、艱難地拖著這樣一個鮮為人知的骨肉群體駛向北方⋯⋯

一週以後，成千上萬的上海人，在西北銀川小城的街面上出現了。她們成群結夥、扶老攜幼、唧唧喳喳、指指點點地遊覽著別具一格的銀川城。她們似乎忘記了長途旅行的疲憊與離鄉背井的心酸，迫不及待地要把銀川城的每一條大街、每一個小巷，連同每一個角落都要探視、考量一番。這裡將是她們要安身立命、重新生活的地方啊！

她們你來我往，彼此不斷地傳遞著各自目睹的情況。很快就把銀川城的大街小巷、平房土院，以及當地人的膚色、穿戴摸得八九不離十了！

　　面對灰暗、狹窄、單調、雜亂的銀川街道，放眼郊外一片灰濛濛的田野，她們簡直無法接受和相信：這就是她們想像了多少個夜晚的銀川？⋯⋯「不，肯定是弄錯了！」於是，她們又匆匆忙忙地往東邊去，似乎銀川城就在前面，前面一定有一個她們想像的、美妙的銀川城！⋯⋯

　　果然，她們看見了一座建築宏偉、氣勢不凡的城樓，一座古色古香、木雕磚砌、富麗堂皇的城樓！她們不由地發出驚嘆與呼喚！她們前呼後應，急不可待地走進這座城樓的拱形大門洞裡去。她們相信，穿過大門洞，一定是她們要尋找的銀川城！──剛才所見到的低房矮屋、塵土鋪疊的街道，只不過是銀川城的周邊而已！

　　她們匆忙而好奇地穿過長長的城門洞，急切地想要領略銀川城的風貌與富饒；那是遷移幹部們給她們灌輸的美好印象──「如果你們不早早的走，到後來恐怕就沒有那麼好的地方啦！⋯⋯」可是，眼前除了幾間土坯堆砌的、歪歪斜斜的修理架子車、釘馬掌、編制蘆葦蓆的店鋪、院落外，依然是一片蒼茫、淒涼的田野⋯⋯

　　她們沒有找到幹部們為她們描繪的銀川城，一個個沮喪、落魄地沿著來時的土街往回返。路上又碰見不少匆匆趕來的同伴，便大聲取笑、連連訴說⋯⋯於是，她們三三兩兩、前呼後擁，人越來越多、隊伍越拉越長、影響越來越大，可她們毫不顧忌，像逛菜市場買菜挑挑揀揀一樣，對倍感失望的銀川街道指指點點、嘮嘮叨叨⋯⋯

　　她們以南方人特有的快人快語，給古老沉寂的銀川城注入了一支興奮劑，使偏僻寡聞的銀川城一時熱鬧非凡，開心不已！──對於這樣一群穿戴時髦、舉止大方的中年婦女忽然出現在銀川街頭，

無疑給憨厚淳樸的銀川城增添了一道靚麗的街景。凡是先睹為快的本地人，無不爭先恐後地把這個特大見聞迅速告訴家人或親友，然後再興致勃勃地領著這些人跑到大街上去檢驗一下，炫耀一番，便快活得像看了一場秦腔大戲，心滿意足、感慨萬分地談論起這些南方來的女人們……

當蒼涼的夕陽即將被西邊的賀蘭山吞噬的時候，這些女人們便慌慌忙忙地返往住地，她們消失在銀川繁華的新華街柳樹巷南端一處戲園子裡（一個臨時安置她們的招待所），生怕在黑燈瞎火的荒陌土地上迷路走失。

夜幕降臨了，這些女人們並沒有因為一天的奔波而很快地安靜下來；她們有的在相互傾訴，有的在相互埋怨，有的在責罵小孩，有的在暗自流淚……從數千里外的大上海來到荒涼偏僻的小城鎮，這一嚴酷的既成事實，像一團餿冷的飯團窩在心裡，使她們本來就灰冷的內心充滿了疙疙瘩瘩、難以消化的酸痛……

12月的西北高原是最寒冷的時期，也是日照最短的季節。下午四、五點鐘，太陽就吝嗇地收起了溫暖的陽光，漸漸把黃昏籠罩大地。晚上七、八點鐘，銀川街面上已無行人，漫漫長夜由此拉開；不管你願意不願意，這裡沒有燈火輝煌的街道，沒有令人心儀的商場，也沒有溫馨甜美的夜宵。漆黑裡無處可去，無處消遣，也無處解悶。呼呼的西北風從夜晚肆虐到天明，直到第二天早上七、八點鐘後，太陽才懶洋洋地把頭伸出地平線。這時候，除了要趕著去上班的人以外，其他人依然躺在熱炕頭上——他們要等到太陽照進窗內，讓他們看見了溫暖的陽光，才肯鑽出熱被窩，穿衣起床。

　　臨時安置在「戲園子」裡的那些上海婆娘們卻正好相反。她們根本無法適應這種荒蕪的生活環境和散淡的生活方式。她們往往在凌晨四、五點鐘就陸續醒來了，一個個無所事事地披衣裹被坐在大通鋪上發呆，眼睜睜地看著窗外濃重的漆黑，變灰、變紅、變白。

　　她們過慣了上海早晨的忙碌和嘈雜，習慣了在天不亮前就匆匆忙忙地起床，把家裡的「馬桶」拎出去倒在叫喊的糞車上，在嘩啦啦自來水龍頭下淋漓盡致地沖洗一番，便怡然自得地晃晃悠悠拎回家去。這是她們日復一日的首要家務。接下來便是洗漱梳理、塗脂抹粉，把自己打扮得讓自己滿意，走得出家門，經受得住人們的目光挑剔，方躊躇滿志地挎上菜籃子到菜市場去買菜。這些事情，一般在上午七、八點鐘以前就做完了。

　　如今，她們的生活規律隨著環境的變遷而改變了。原本繁忙的上午清閒得讓她們心裡發慌發堵，沒事找事地把蜷縮在熱被窩裡的孩子們早早拖了出來，呔三喝四地給他們穿衣、洗臉，拉到寒冷的街道上去徘徊不定——她們在焦慮地等待什麼？有什麼急切的事情要去做？不，她們沒有期待，無所事事。她們只是在習慣性地瞎折騰，或許是有意識地消磨時光。她們不能定定地待著，那樣，她們可能真的要發瘋了！她們的靈魂無時無刻不在焦慮、憂愁、思念、傷痛中苦苦掙扎！

　　上午九點鐘過後，這些婆娘們便領著孩子們紛紛擁擠到集體大食堂裡去吃飯。按照當地人的習慣，她們由政府免費供應一日兩餐。上午開飯時間為九至十點，下午吃飯時間是四至五點。上午餐一般是二米飯（大米黃米摻和做的）、燴菜（蘿蔔白菜粉條一鍋

燴）。下午則多為饅頭、稀飯加鹹菜。如此伙食標準，同當地百姓相當。由於水土不服，加上南北吃、做方法的不同，以及南方人吃得少、吃得勤，一日三餐，甚至晚上還要加夜餐。而北方人則一日兩餐，吃得多、吃得實，比較耐餓。因此，吃飯的差異在最初的一段日子裡對這些南方來的大人和孩子們來說，確實是一個不大不小的痛苦體驗；她們很多人因為水土不服而拉肚子，很多人端起飯來硬是吃不下去，過後不久卻又餓得肚子咕咕地亂叫喚。這樣尷尬的日子僅僅持續了半個多月。半個多月後，她們集體性質的羈旅生活將一去不復返；這種只吃不做、無所事事的生活，將作為美夢永遠殘留在艱難困苦的記憶裡。

　　二〇世紀五〇年代末的中國大地，到處是建設和「運動」的熱烈場面。在「總路線、大躍進、人民公社」三面紅旗的指引下，全國人民意氣風發，鬥志昂揚。農業創高產放衛星，糧食畝產上萬斤；工業敲鑼打鼓，技術革新工藝改造捷報頻傳。全民大煉鋼鐵，家家砸鍋賣鐵；群策群力土法上馬，小高爐遍地開花！——為的是出鋼、爭氣，與英、美爭強！（英國、美國）

　　像全國各地一樣，偏僻落後的銀川小城也在「鼓足幹勁、快馬加鞭」地組織實施上海移民安置工作。經過幾個月時間的考驗，上千名泥瓦工匠連續奮戰，數百間土坯泥砌的房子終於建成了！為了盡快讓這些拖兒帶女的上海人住進自己的家，徹底甩掉這幫子婆娘娃娃帶來的諸多壓力，在大量房子還沒來得及安裝門窗的情況下，安置領導們便匆匆決定：按照擬定的住房分配方案，迅速組織落實，要求在三天內完成搬家入住的任務。至於沒有門窗的房子，先

用蒲草編製的簾子掛上⋯⋯

　　第二天晌午飯後，成群結隊的搬家隊伍簇擁著滿載行李家具的大馬車、小驢車，緩慢而吃力地行進在寒冷的氣流中⋯⋯

　　這是一支浩浩蕩蕩、勇往直前的隊伍。那一輛輛滿載物體的騾馬大車，在趕車人雄赳赳氣昂昂的步伐中，在乾脆、響亮、急促的鞭打聲中，顛簸搖擺、爭先恐後地奔跑著。牠們一輛接一輛地把歡快熱烈的鈴鐺聲、馬蹄聲和沉悶壓抑的車軲轆聲拋向寒冷的空間，使寧靜寂寥的大地同它們一起喧囂、歡騰起來！無論是並排在前牽引拖拉的騾馬，還是單獨在後套轅駕車的騾馬，牠們都昂頭挺胸，呲牙咧嘴地向前努力著；那呼呼的喘氣聲，噴出一團團熱乎乎的白色氣體，張揚、擴散、彌漫在車道兩旁，使寒冷、乾燥的空氣裡呈現出暫時的、局部的、熱氣騰騰的場面⋯⋯

　　撼動人心的車隊過後，留下滾滾黃土飛揚，瘋狂地聚集、迅猛地擴張，把滯後的人流裹挾在茫茫黃塵之中⋯⋯

　　這是一支潰散的、逃難的隊伍。是一支由婦女和兒童組成的、流離失所、窮困潦倒的隊伍。這支隊伍的所有成員，在凜冽的嚴寒和狂放的黃塵中蠕動著、在厚重的衣著和累贅的包裹中掙扎著、在狂放不羈的自然現象和冷酷無情的社會現象面前，她們的身體顯得那樣微乎其微、弱不禁風，彷彿一旦倒下去，就再也爬不動了⋯⋯

　　在這群落荒、臃腫、遲鈍、疲憊的人流中，不乏調皮搗蛋、活蹦亂跳、歡快無比的淘氣鬼。他們像小精靈一樣，忽前忽後、不停地穿梭在畏畏縮縮的人群中。這些十二、三歲的小男孩們，當他們一腳踩上銀川廣闊無垠的土地上時，便發現了一個金燦燦的新世

界！這是他們過去在高樓大廈林立、水泥鋼筋構築的上海灘上所無法想像的神秘王國！他們對大馬車、小驢車的興趣，遠遠超過了對汽車、火車的興趣。他們把銀川到處裸露的黃土、沙礫、寒冰、殘雪視為珍寶，躺在沙土堆裡打滾，捧起沙土揚上天空，騰雲駕霧，其樂無窮！……

　　這支疲憊不堪卻又朝氣蓬勃的隊伍，持續蔓延了整整三天。當第三天的夕陽送走最後一撥人群時，這條長約三公里的環城大道，留下了兩條深深的車轍，重疊著數以萬計的腳印。在這些大大小小、層層疊疊、模模糊糊的腳印中，也掩蓋著母親、大哥、二哥和我，以及妹妹的少許腳印。

　　母親當時三十五歲，烏黑的齊耳短髮，俊秀的瓜子臉，身材瘦小，乾淨利落。母親的長相跟她耿直的脾氣和堅強的性格極為相似。

　　按照母親的安排，大哥（十三歲）和二哥（十一歲）負責照顧妹妹（七歲）。他倆輪流背著妹妹，在母親的前面爭先恐後、不甘示弱地一路小跑，也時不時地放下妹妹拉著手走一段。

　　母親走起路來總是那麼輕、那麼快，絲毫沒有片刻的猶豫。儘管她背著四歲的弟弟，但唯一沒有負擔的我（九歲）卻怎麼也跟不上。

　　母親清爽烏黑的頭髮，在鋪天蓋地的黃塵中早已變的灰黃枯燥；母親常穿的藏藍色大襟蒙上了一層灰塵；母親穿的黑色布鞋，在厚厚的黃土撲打下，早已同黃土混為一體，唯一能夠區別的是，那雙腳在不停地前進，每踩下一步都會翻卷起一團濃重的黃塵朝四

下裡擴散，彷彿母親是在雲裡霧裡穿行⋯⋯

　　坐落在銀川西南角上的上海新村，是一片龐大的縱橫排列、規格整齊，極具北方特色的土坯房的組合。它以建房數量之多、規模之大，尤其是居住在這裡的那些經歷不凡的上海女人，引起了銀川本地人的濃厚興趣。——「上海人！」「上海新村！」一時成了銀川城最上口、最耐聊的話題。特別是上海人嘰哩咕嚕，滑稽可笑的語言，花裡胡哨、自以為是的穿戴，以及她們不合時宜的梳妝打扮，無不招惹得樸實憨厚的銀川人捧腹大笑，既而成為他們茶餘飯後、津津樂道的閒謅笑料⋯⋯

　　關於上海人的話題，不是一時興起，而是經久不衰的。像其它事物一樣，由表及裡、由此及彼、逐步發展、不斷更新。隨著上海人搬進上海新村，家家戶戶過上穩定正常的生活後，上海人的「西洋景」便一幕一幕，甚至此起彼落、接連不斷地展現在了銀川人面前。而銀川人談論上海人的話題也由表及裡、由粗到細、由淺入深、循序漸進地發展著。不久，在銀川的街頭巷尾、學校、民宅便出現了兩首膾炙人口的順口溜。

　　　　其一：阿拉上海人，來到寧夏城，三天不吃大米飯，餓
　　的阿拉肚子疼！
　　　　其二：阿拉上海人，來到銀川城，鍋鍋碗碗都不帶，帶
　　了個尿尿盆！

　　　　　　　　　　（注：阿拉，上海方言，即我或我們）

當上海人頭一次聽到這些朗朗上口、準確卻不乏誇張，譏諷卻不含貶意的順口溜時，她們不但沒有生氣，反而著實地苦笑了一番。因為數這兩首順口溜最能反映她們時下的落魄與無奈⋯⋯

儘管上海新村房子多的出奇，一間挨一間，一排接一排，一眼望不到邊，但仍然容納不下成千上萬的遷居戶。於是，只能一小間住一戶，一大間住兩戶。我們家和顧阿姨家合住一間大房子，面積約三十多平方米。和我們家正好相反，顧阿姨一家五口，三個女孩，一個男孩。而我們家則是四個男孩，一個女孩。按照男強女弱的觀念，顧阿姨家自然住在靠裡面的一半，我們家則住在外面的一半，一開門，屋裡一目了然。只是屋中間橫拉了一塊布簾，算是兩家人的分界線。

從上海帶來的家具極其簡單卻又件件實用。家家大同小異，相差無幾。一張棕棚編製的框架式大床，一張折疊式方桌，一個斗式櫥櫃，兩三隻大小不一的箱子和幾個木凳子。還有一件家家都有，但色調不一的「馬桶」。

說起上海人的「馬桶」，寧夏人往往覺得不可思議，極其厭惡。他們難以想像地說：「一個大活人居然能坐在家裡拉屎、尿尿？嘖嘖，臭死了！既不衛生，又不雅觀。」但是，在上海人的心裡，「馬桶」的重要性毋庸置疑。上海的老百姓對「馬桶」的依戀，是長期以來客觀的生活環境造就的。因而也是情有獨鍾、難以割捨的。她們千里迢迢，無一例外地把「馬桶」帶到了寧夏，恰恰說明了她們對上海生活習慣的依戀，對寧夏生活環境的陌生和無知。不過，要她們一下子丟棄「馬桶」，面對空曠的原野就地方

便，或者蹲在土坯堆砌的茅坑上方便，她們總是感到彆扭和不安。她們寧肯在本來就小的可憐的居室裡，擠出一塊一米見方的地方，也要把「馬桶」安排得妥妥貼貼、舒舒服服，就像安排自己的床一樣，使自己有一個溫暖、舒適，完全屬於自己的私密空間。而這個地方在現有居住的條件下，一般只能安排在床腳旁的一個角落裡，通常是用遮羞布遮蓋著的。這是上海人家中最深入、最隱秘的地方。

經過兩三天時間的忙忙碌碌、洗洗擦擦，在前後左右「同是天涯淪落人」的相互串門、相互指點下，大家基本上完成了千篇一律、格式相同的家庭布置。此時，坐落在寧夏銀川平原上的上海新村，便名符其實地操縱在上海婦女和兒童的手中。上海人的身心經過前後幾個月時間的煎熬、飄泊，終於塵埃落定。從此，他們實實在在地歸屬於憨厚樸實的銀川大地！

1958年12月下旬，一場令人驚喜的大雪，像白色的鵝絨一樣紛紛揚揚、不緊不慢地一連下了兩天一夜。這場罕見的、及時的大雪，把銀川塵土飛揚的原野遮蓋得蹤跡全無、面貌一新，到處是白雪皚皚、銀裝素裹的景色！

這一片北國風光、千里冰封、萬里雪飄的畫卷，著實讓上海人開了眼界！上海新村的孩童們更是欣喜萬狀、歡快無比！他們紛紛在家門前堆起了一座座大小不等、形象各異的雪人。孩子們圍著雪人你追我趕地拋雪球、打雪仗！──鄰居李家三姐妹是女孩子中最大氣、最勇敢、最可愛的頑童。她們留著「西瓜頭」，紅彤彤的臉蛋上鑲嵌著一對炯炯有神的大眼睛，不停地追趕著男孩們，迫使他們「交槍不殺」！──玩夠了，大家就趴在雪地上翻滾，捧起一團

團雪球當「棉花糖」用舌尖舐食。那一張張凍得發紅、興奮得熱氣騰騰的面孔，無不散發出天真爛漫、朝氣蓬勃的氣息……

當金色的太陽斜落到西邊銀妝素裹的賀蘭山時，暮色蒼茫很快就籠罩了白色的大地。那些瘋夠了的孩子們拍打著身上的殘雪，跺掉黏貼在鞋底的厚厚的雪渣，各自飛快地鑽進了自己的家裡；大的捅火做飯，小的規規矩矩地坐在火爐前烤火取暖，彷彿剛才什麼調皮搗蛋的事情都沒有發生過；他們只是老老實實地待在家裡，在家做事、寫字、畫畫……

夜晚降臨了，家家點上了用墨水瓶製作的煤油燈，迎接媽媽們下班回家，吃飯、睡覺。

媽媽是我們一家六口的家長。媽媽總是早出晚歸，從不在上班時間上怠慢，也從不會提前回家。媽媽上班的工廠離家很遠，每天早晨天不亮就動身，步行五、六里路才能趕到。其實，冬季上班時間是八點鐘，但媽媽總是在七點半前就趕到了廠裡。儘管時間還早，但媽媽進車間後的第一件事，就是把掛在牆上的工作服換上。然後把大土爐子捅開，讓車間暖和起來。接著，便會把班前準備工作做好，把工具一一從工具箱裡取出來，順序放到各個工作面的操作臺上，等候上班的人們……

我對媽媽那件洗的發白、補了很多補丁的藍色工作服有一種特別的親切感。因為媽媽總是在工休前一天下班回來，手裡總是提著塞的滿滿的布兜兜，裡面裝的便是媽媽的工作服。我們哥幾個總是搶著接過媽媽手裡的布兜兜，取出工作服，下面時常會有用紙包著的一兩個香甜誘人的白麵餅子——大家掰開分著吃，那是最幸福的

時光！

　　晚上吃完飯後，媽媽就會把工作服浸泡在木盆裡，撒上一小撮鹼面子（捨不得用肥皂），用雙手反覆擠揉，讓衣服完全浸透，然後用搓板「唰唰唰」地使勁搓洗起來。我們躺在被窩裡，聽慣了媽媽搓洗衣服的聲音。那是水和力的較量、摩擦發出的鏗鏘有力、富有節奏感的聲響，它會使我們感受到媽媽親切的面容和堅強的臂力；它一聲接一聲、時緊時緩，「嘩啦啦」像催眠曲一樣，把我們引向朦朧、夢幻的境界……

　　西北的春天是在一場場凜冽、狂野的大風中悄悄來臨的。那寒冷刺骨的朔風，一場接一場地呼嘯、飛揚，把大地上的塵土、殘雪，襲掃得乾乾淨淨。遲到的春天，在到處裸露的堅硬的土殼層下，在滿身僵硬乾褐的樹梢上，在冰層融化、河床鬆軟的泥土裡慢慢蘇醒，直到三月下旬，才呈現出星星點點的春色。

　　1959年春季來到了。上海新村孩子們的目光被銀川湛藍的天空、溫暖的陽光和一望無際的田野、湖泊所吸引，他們已經無心在房前屋後數百米範圍內開展「老鷹抓小雞」、「好人捉壞人」，及其「兩軍對壘、衝鋒陷陣、繳槍不殺」的遊戲了。他們躊躇滿志，要走出上海新村去遠征，去探尋更好玩的地方！

　　終於，在一個陽光明媚的下午，他們成群結隊，提「刀」挎「槍」越過了橫在上海新村正南面的環城公路，穿過了綠色萌發的小樹林。正當他們要繼續前進的時候，眼前遼闊的田野被一條五、六米寬的水渠給隔開了。他們只能無奈地沿著渠擺向西行去，大有不過此河非好漢的勁頭！好在他們很快就發現了一條橫架在渠擺上

的滾大粗圓的空中管道，否則非脫掉鞋子下水趟河不可！面對這樣一座過河的「天橋」，膽大的憋足了勁，一鼓作氣、衝了過去。膽小的唯唯諾諾、四肢著地爬了過去。大大小小十幾個孩子，總算沒拉下一個。

過了水渠，站在高高的渠擺上，他們才真正領略了銀川郊外田野與荒漠的獨特風情。那平展展、綠茸茸的田地，由一條條線條分明的田埂把土地劃隔成一塊塊大方格，由方格組合而成的田野，廣闊無垠，一眼望不到邊！

他們喜悅地連蹦帶跳、連走帶跑，穿梭在一條又一條田埂上。偶爾有人一腳踩到鬆軟的虛土上，「噗哧」一下摔倒在田埂下，便會引起一陣哄然大笑……

遠處傳來一聲悠長憤懣的吼叫聲，他們一個個驚訝得像黃鼠一樣駐足直立、循聲望去，遠處有一條黑影正向他們撲來（那是護田的老農在轟趕他們），嚇得他們急忙轉身向後逃竄……

離開了田埂，他們便順著田邊小路，向西南一條高高隆起、長的像萬里長城一樣的灰色屏障走去。這是他們在家門口前時常見的，稱之為「一條線」的地方。在那「一條線」的背後，就是他們想往已久、神秘叵測的賀蘭山！據說，那是民族英雄岳飛抗擊匈奴的古戰場，那裡蘊藏著氣壯山河的愛國精神和無數驚險神秘的故事傳說。他們以為到達「一條線」就離賀蘭山不遠了。於是，他們就迅速脫離了田間小路，興沖沖地奔向「一條線」的緩坡，繼而再接再厲爬上了陡坡，一個個氣喘吁吁，累得滿頭是汗。

終於爬上了十幾米高的沙土渠擺。向西邊望去——賀蘭山依

舊是那樣遠、那樣蒼茫冷漠難以接近，這讓他們心裡充滿了失望。再朝東望去，銀川土城盡收眼底；首先映入眼簾的便是那高高矗立在城西和城北、輝煌燦若的兩座古塔，它們是銀川人引為自豪的西塔和北塔（學名分別為承天寺塔和海寶塔）。這兩座古塔共同體現了銀川古老滄桑的文明史。再看那座落在城郭四周，雄偉壯麗的城樓，分明是東、南、西、北四個城門樓。它們分別維繫著斷斷續續、忽隱忽現的黃色的土城牆，形成了東西長方形的銀川古城的輪廓（可惜除南門樓尚在，其它三座城樓皆毀於「文革」期間）。那一片片一排排擁擠在城中或散落在城牆外的土黃色平面屋頂，便是商鋪和民宅。

他們歡呼起來了！他們看見了鑲嵌在銀川西南角上，一排排一行行、連成了一大片的黃色燦爛的上海新村！那是他們賴以生存的根據地，是他們行走在陌生土地上的一個精神安慰。他們跳躍的、好奇的目光又開始搜尋起自己的家來。這時他們才發現，他們所處的位置離家並不遠，最多不過五、六里路。他們來的時候繞了一個大彎子，多走了近一半的路。這一發現又讓他們興奮不已！雖然他們極具探險精神，想幹一件讓自己自豪，讓沒來的夥伴們後悔並羨慕他們的壯舉，但他們畢竟心存恐懼。當他們看見熟悉的地方，看見上海新村那溫暖的面容後，便底氣十足，信心倍增！他們圍在一起，唧唧喳喳一番後，煞有介事地商定：「回去時，一定要看好方向，對準目標，直奔下去，一溜煙就到家了！」

安排好回家的退路後，他們便無所顧忌地衝到渠擺下，撲在細沙如面的河床上翻滾、戲耍，躺在金色的沙灘上盡情遐想……在他們的眼裡，銀川的藍天白雲、銀川的黃土田野、銀川的博大神秘、

銀川的無拘無束，真是比上海強多了！

　　一陣風起，席捲而來的沙塵迎面撲打在他們的臉上，他們急忙搓揉眼睛，呸吐沾吸在舌尖上的沙粒，大聲嚷嚷起：「走嘞，回家嘞！」便一個個迅速爬上渠擺（唐徠渠），朝著上海新村的方向一哄而下，借著下坡的慣力一路小跑，直跑到兩腿發軟、酸疼，才收住腳步。大夥都累的想坐下來歇息一陣，但腳下是鬆軟潮濕的草灘地，根本就無法坐下來歇息。他們伸直脖子左顧右盼、尋找歸路，可沒有人能看見上海新村的蹤影。儘管他們心裡明白，應該朝東走正面，但正面是一片濕淋淋顫悠悠、坑坑窪窪的沼澤地，根本就無法行走。於是他們又心慌意亂起來，生怕迷路回不了家。最終，大夥決定向北走，按照原路返回，複雜的地形迫使他們再度繞道而行。

　　遠處有兩輛毛驢車正在向東面土坡上緩緩而行，他們加快腳步追趕上去，跟在小驢車屁股後面，一個勁「叔叔長叔叔短」地套近乎，想乘坐一段毛驢車風光風光。但吃力的上坡路，老鄉叔叔死活不讓坐！驢車不緊不慢地把他們引上了一片黃土高坡，趕車人跳下車，取出大鐵鍬挖土裝車──坐驢車的希望徹底破滅了！

　　他們返身衝上了一處高地，重新激發起興趣，尋找新的樂趣！放眼朝東望去，果然，上海新村黃色燦爛的屋面又呈現在眼前！──「離家不遠了！你看！你看！」他們又恢復了心中的底氣，狂野的玩性再度升起！──「回去幹什麼？回去再想出來可就難了！既來之則安之，索性玩個痛快！」假如他們剛才輪流坐了會毛驢車，他們便會心滿意足地回去的。但他們沒有得到這份榮耀，沒有回去值得拍胸脯的事情可炫耀的，他們回去幹什麼？他們是決不會

放棄這個好不容易跑出來的機會的！

　　他們一個個站在高坡上，俯視著一座座堆立在坡面上的「圓形土堆」，指指點點、咋咋呼呼，彷彿在布置著一場大的戰役……

　　滿足了居高臨下的感覺後，他們神氣活現地連蹦帶跳竄下了高地，小心翼翼地探訪起一座座、一片片、大小不等、形狀相同，長滿荊棘、淒涼荒僻的「圓土堆」，驚奇地發現，幾乎所有「圓土堆」前都豎立著差不多和他們一般高的石塊或木塊，上面還刻有模糊不清的字跡。稀裡胡塗的他們，根本就無法想像這些「土堆」所包含的內容，只是把它當作一個稀罕的新發現，或者說是寧夏特有的一種景觀──這在上海是無論如何也不會有的一個好玩、好神秘的地方！

　　他們三五一夥，興趣盎然地穿梭在大土堆之間；有的端著「槍」，有的拿著「刀」，彷彿日本鬼子在大掃蕩。突然，前面幾個小孩大聲叫喊起來：「快來看呀！這是什麼？」大家呼啦一下子都圍了過去──「哇，好奇怪！」「這是什麼東西？」「不知道！」「沒見過。」「嗨！那邊還有一大堆！」──他們好奇地圍觀著這些東西，一個個莫名其妙，誰也說不上是些什麼東西！那一個個圓的像人頭，一根根長的像小拐棍，一塊塊扁的像扇面。還有很多很多說不清什麼形狀的東西，都白得像象牙一樣，亂七八糟地堆積在那裡……

　　終於忍不住了，他們呼啦一下子全都撲了上去；揀大的拿，揀好的拿，一人拿一個還捎帶一根小拐棍，端在手裡細看：「咳！真神了！這東西真像人頭，兩個圓窟窿，一個大嘴巴，就是沒有鼻子。」──他們抱著、提著、掖著，心滿意足，滿載而歸！一路走還一路唱著：

嗨啦啦啦啦、嗨啦啦啦啦，

天空出彩霞呀！地上開紅花呀！

中朝人民團結緊，打敗了美國兵呀！

全世界人民齊聲唱呀嗨！

呀呀麼呀呼嗨！……

他們哪裡知道，這一舉動將在上海新村引起怎樣的轟動！

當他們一腳踏進上海新村時，便引來了一雙雙驚奇的目光，稍頃，那驚奇就變成了驚恐萬狀！他們在這兩種目光的嚴厲注視下，慌忙鑽進了各自的家中，還沒來得及把東西藏好，就聽到外面一片叫嚷聲──「不得了啦！這些小祖宗作孽啦！你們看看，把什麼東西拿到家裡來了？」接著，他們一個個被那些蜂擁而來的大人們從各自家中揪了出來──手裡提著人們為之駭然的東西，一個個像喪家犬似的低頭縮肩，接受大人們的訓斥和責罵……

圍觀的人越來越多，他們被圍困在人群中間，想逃也逃不掉！那些大人們像瘋了似的對他們群起而攻之，揮手頓足、不斷責罵！彷彿天要塌下來似的。不知是誰，首先開始哭了起來，接著一個個都哭了起來。他們手上提著的那些東西「骨碌骨碌」地掉到了地上，周圍的人群不由地向後躲閃著，生怕那東西滾到自己的腳下……

兩個顫顫巍巍的太婆趁機向前挪動了幾步，以危言聳聽的口吻，喋喋不休地講起有關這種東西駭人聽聞的事情，還交代了怎樣處置這些東西的有效方法。她們的奇談怪論，不僅使在場的大人們咂嘴抻舌，也使這些惹禍的「罪魁」們毛骨悚然……

　　最後，太婆不容置疑地說：「現在事已至此，得趕緊把這些東西送走，絕對不能過夜！……」於是，這些「罪魁」們便在幾個強壯男人的跟隨督辦下，提著那些東西朝郊外荒野走去，按照太婆傳授的方法，把這些東西放回了原地。並在離開五、六步遠後，轉身面向那堆東西各自掏出小雞雞，抖抖索索地撒了泡尿。然後，像蛇一樣迅速地、拐彎抹角地走了一段路，再轉身朝著那堆東西的方向，「呸呸」地啐了幾口吐沫，便在那幾個男人的督促下，逃之夭夭……

　　從此，他們似乎長大了許多，他們對生命的歸宿、人體的遺骸開始有了初步的認識，在他們的心裡有了害怕、有了約束、有了許許多多關於鬼怪的故事……

　　不久，一批孩子王們，在母親們的精打細算下，惴惴不安地走進了久違而陌生的學校。像其他家庭一樣，大哥和二哥作為首先被母親考慮安排復學的對象，重新背上了擱置已久的書包，恢復了學生的身份。從此多了一份管教和約束，少了一份狂野和頑皮。而那些屬於中間階層的老三老四們則繼續輟學在家裡。理由很簡單，母親們一月三十多元工資，承擔著一家五、六口甚至七、八口人的生活費用，根本就無力支撐更多的學費。

　　隨著哥哥姐姐們陸續復學情況的出現，家中一向不被器重的「老三老四」們自然派上了用場。他們紛紛受命於母親的囑托：看好家，照顧好弟妹，不要讓爐子滅了，燒好熱水等她們回來好做飯吃。在具體實踐中，哥哥們往往背著母親又附加諸如洗碗、掃地的指令，不然就不帶你玩！其實，這些事情對「老三老四」們來說，雖然無所事事、遊手好閒慣了，卻也不是一件很難做的事情。因為

他們從哥哥姐姐那裡見得多了，他們知道應該怎麼做，甚至比哥哥姐姐們做得更細更好。

習慣了被召喚、被指揮的這些不大不小、不好不壞的「老三老四」們，在很長一段時間裡無精打采，無所作為，上海新村也因此沉悶了許多。

1959年春天，從上海又來了一幫子「支寧」青年。一百多人占據了上海新村東南角的幾排新建房屋。名曰為「支寧人員幹部培訓班」。那裡的「西洋鏡」又成了上海新村一道新的靚點。這些人有男有女，年齡在十七、八、二十打幾；穿戴時髦、扎眼，生活風光、氣派。不颳風，不下雨，臉上偏偏戴個黑墨鏡，手裡還撐著花陽傘；大熱的天，陽光燦爛，脖子上卻圍條紅圍巾；頭戴鴨舌帽、身披夾克衫，細長的褲腿下套著一雙白色的網球鞋；有事沒事，嘴上叼根香菸，活像國民黨的特務、漢奸。女人的辮子梳得直溜溜長，頭上別著髮卡扎著紅蝴蝶；上身「列寧裝」不繫扣子，下身花裙子搖搖擺擺、忸忸怩怩；這些人除了開會、唱歌、跳舞，吃了飯沒事幹，成群結夥男女攜手逛大街、轉商店，以他們獨特的時髦招搖過市、詐驚惹嘆！他們風流倜儻、瀟灑紈綹，時常瘋瘋顛顛地邊走邊唱那改了詞、篡了調的通俗歌曲：

汽車在飛奔，火車在咆哮，
三輪車夫在蹬腳呀，賣冰棒的小孩在吆喝——
工人俱樂部裡有個老頭子，老頭子嘛在啃肉骨頭！

惹得我們這一幫子輟學生們跟在他們屁股後面學著唱，瞎起
哄！他們嫌我們煩，讓我們滾蛋！我們不滾；他們罵我們「小癟
三」！（上海方言：流浪者、乞丐、賊的統稱）我們停下腳步目送
他們走遠了，便齊聲吶喊：「流氓！阿飛！大──壞──蛋！」遂
逃之夭夭……

那時候受新中國文化薰陶，我們往往以貌取人，把衣著樸素、
行為端莊的人視為好人，把奇裝異服、風流倜儻的人看成是壞蛋！

這些人快活了不到兩個月，「培訓班」便開始「整風」了。每
天晚上開大會，很多人站在灼熱的氣燈下檢討，挨鬥。我們往往聚
精會神地扒在窗戶跟前、臉貼著玻璃朝裡面張望，突然一聲「打倒
資產階級孝子賢孫」的呼號聲，把我們嚇得一轟而散！……

往後的日子再也看不見他們的洋相和熱鬧了；他們老實了，規
矩了。我們也少了一份開心，多了一份寂寞。

上海新村如此龐大，卻沒有一口屬於她們的水井。長期來一
直飲用對面造紙作坊老鄉家的井水，不僅水質因造紙踩漿污染有臭
味，而且用水也頗有爭議和不快──「見天麼窮洗窮洗的，啥都拿
來洗，把個水井弄的髒兮兮、臭烘烘的！」井主人老漢時常看守在
井邊嘮嘮叨叨、罵罵咧咧。如遇一方窩有火氣，一場爭吵在所難
免。不吵則罷，越吵麻煩越多。有時候，我們小孩子去挑水，乾脆
被驅趕，甚至被罵了回來。用水不便長久困擾著上海新村的大人和
孩子們……

終於有一天，不知是誰發現了新大陸──「西邊一兩里路遠
的地方不僅有井，而且有一大一小兩口井，水質純淨甘甜，好的不

得了！」母親高興的讓我去尋找。這是母親頭一次讓我單獨出外辦事，大哥二哥在母親的監視下做功課，難得母親給了我一個表現的機會。平常什麼事都由老大老二衝鋒陷陣，老三無用，縮在背後沒人使喚。從來都是老大老二在人前被人誇獎，老三窩囊，誰也不會把他們放在眼裡。這一陣我忽然有了一種自我存在的價值，感受到母親的召喚是多麼令人歡欣鼓舞！我興奮的跑出家門，一會兒就糾集起五、六個和我一樣的閒人，認真履行起母親的囑托！

我們一路走、一路看，生怕疏忽大意完不成任務。很快，我們就發現了路南面被坑水圍困、形如孤島的小井。幸虧有一條堆起的土路把我們徑直引到小井跟前。否則你根本就無法想像，這種坑坑窪窪的地方會有水井。所謂小井，口徑不過七十公分，但水位很高，大人們幾乎蹲下身子伸手直接用水桶就可以把水提上來，非常方便⋯⋯

我們躊躇滿志，繼續往西尋找第二個井。走出約四、五百米遠，在路北城牆腳下找到了第二口井。這是一個名副其實的大井，大的張口就是兩米寬。我們膽戰心驚地站在井沿上向井下看去，水很深，足足有七、八米深——「哇！這樣大、這樣深的井，真讓人害怕！」但不管怎麼說，總算圓滿完成了任務！

我們興高采烈地一路小跑，迅速把好消息告訴母親——「這下可好了，再不為水犯難了！」母親高興得當即就讓大哥、二哥放下功課，拿上水桶、扁擔，叫上周圍幾家鄰居一塊去挑水！哥幾個加上鄰居同去挑水的又是哥幾個，連同跟隨幾個湊熱鬧的和我們幾個帶路的，「呵！一下子就是一個加強班！」

這一大幫子人，扛扁擔的扛扁擔，提水桶的提水桶，拿繩的拿

繩，什麼都不拿的指手劃腳、趾高氣揚！一路風風火火，連吼帶叫
地唱著革命歷史兒歌：

　　打倒列強！打倒列強！分田地！分田地！
　　我們要做主人！我們要做主人！爭自由！爭自由！

和篡了詞過嘴癮的第二段：

　　大餅油條！大餅油條！脆麻花！脆麻花！
　　一個銅板買一個！一個銅板買一個！真好吃！真好吃！

　　高歌猛進地來到了小井。大哥看水位很高，不用拴繩便手拿水
桶，蹲身彎腰伸長胳膊直接把水桶入到井裡，只見水桶在水面上搖
晃了幾下，「咕咚」吸了一大口，大哥猛一用勁，「嘩啦」一下子
提起了多半桶晃晃悠悠、極不情願的水。但很遺憾，大概是周圍積
水污染的原因，水很渾濁——「洗衣服還差不多，走！到大井去看
看！」
　　這一群志在必得的傢伙們，很快又來到了大井。面對令人毛骨
悚然的大井，人多膽子大，大家動手拴繩放桶，毫不猶豫。又一下
一下往起提水，很是吃力。大家你墜我拉，「嗨喲、嗨喲」地像兒
童課本裡排隊拔大蘿蔔一樣起勁！再看那提上來的水——「哇！亮
閃閃、純晶晶的。」用手摸一摸——「噓，冰涼冰涼的！」雙手捧
起來喝一點——「嘿！甜、爽，好水！好水！成功啦！」大家站在
井臺上歡呼勝利！……

儘管挑水的路遠了，但上海新村有的是半大小子，路遠了正好能順路玩一玩。更何況母親們從此不用再為水犯愁了，她們在休息天能夠痛痛快快地洗衣服了！

　　渾渾噩噩的時光進入到大片農田凋零的金秋，人們習慣性地準備迎接國慶節。國慶節的概念對於上世紀五、六十年代的孩子們來說，絕對能夠與我國傳統節之首春節媲美，甚至比春節更壯觀、更激情、更興高采烈！但是，美中不足的是：它來的快，去的也快，它只熱鬧一天，便轉瞬即逝。

　　今年的國慶節與往年不同，今年是我們在異鄉的第一個國慶節，也是新中國誕生十周年大慶。為了充分展示社會主義新中國十年輝煌成就，讓人民群眾深切感受到共產黨好，社會主義好，從上到下提前安排，全面布置。工農兵學商，加上街道居委會無一例外，都要大顯身手，大展宏圖！讓「總路線、大躍進、人民公社」三面紅旗大放光彩！一時間，各單位抽調能工巧匠，布景繪畫、造型掛彩，組織精兵強將，布陣列隊、秧歌操舞，其規模之大，耗資之多，都非同以往！

　　——孩子們掰著指頭，翹首以待的國慶節終於到來了！

　　這一天家家戶戶起得特別早，大人小孩也穿得乾乾淨淨。慌忙吃完早飯，便紛紛湧上街面，幾乎家家無人遺留，戶戶傾巢而動，都看遊行去了！那時候看遊行是最大的精神享受，也是難得的集體聚會。上班的大人和上學的學生是國慶集會的主體，也是遊行隊伍的主流。他們一大早在「五星紅旗迎風飄揚，革命歌聲多麼嘹亮」的樂曲聲中，匆匆忙忙地趕往各自的集合點。而後一隊隊井然有序

地高舉紅旗、敲鑼打鼓地彙集到南門廣場。那裡是銀川的「小天安門」，是地方黨政軍領導站在城門樓上，檢閱、講話的場所。

上午九點許，慶祝國慶儀式開始了！禮炮轟鳴、鞭炮炸響，碩大的彩色氣球騰空而起，成群的和平鴿也撲向天空。到處是紅旗招展，到處在敲鑼打鼓。人們歡呼在時空中，陶醉在人海裡。而我們這些無拘無束的混小子們，紛紛爬在牆頭或樹上，像猴子似的，矚目以觀，賞心悅目！

當高架在各個不同方位的大喇叭發出回蕩的聲響時，轟鳴的喧騰一下子沉靜下來，全場肅然起敬，人們聚精會神地聆聽從空中飄蕩出來的聲音，讓時代最強大的音符穿越耳膜，滲透全身，煥發出無與倫比的共鳴！……

約四十分鐘首長講話結束，各單位的陣容開始移動起來，接受首長們的檢閱。這是整個國慶活動中最壯觀、最高潮、最精彩的時刻！一路路方陣精神抖擻、神采奕奕，彩車招展、紅旗飄揚，載歌載舞、龍騰虎躍，前呼後擁、歡聲雷動，持續不斷地通過大會觀摩台，繼而行進在張燈結彩、人群夾道的大街上，形成了聲勢浩大、絡繹不絕的遊行洪流……

這一天，是學生們最高興的日子！也是我們這些混小子們最開心的日子！

臨近中午，太陽彷彿被人們的喧鬧聲擾困了，他眨巴眨巴眼睛，苦笑一下，便躲進了雲層。這讓意猶未盡的人們很掃興：「天公不作美啊！」……旋即一陣風起，塵沙飛揚，遊行的隊伍解散了。人們偃旗息鼓、紛紛隱沒在小巷、片宅的深處——「做飯，吃肚子！」只有孩子們，撿起大人們丟棄的小紙旗，三五一群、遙相

呼應，瘋瘋癲癲地繼續遊蕩著⋯⋯

　　建國十大慶，也是我十歲的生日。我榮幸，年年舉國上下都在為我過生日！但記憶中的童年，除了盛大的國慶場面，我從未過過生日。究其原因，還是窮啊！窮得母親根本就無法提及孩子們的生日。

　　時至年末，上海新村的婦女們被一個不知從什麼地方冒出來的話題糾纏著、牽動著、不安著。她們不像往常那樣愁眉苦臉、哭窮訴苦。也不像往常那樣交頭接耳、竊竊私語。更不像是在談論小孩，搖頭咂嘴、連說帶罵。總之，那談話的內容相當重要，因而態度也顯得不同尋常。直到有一天下午，當第一個踏進上海新村的父親出現在某一個家庭時，當「阿爸」的稱呼第一次從某個孩子嘴裡脫口而出時；上海新村的心旌憾動了，思緒纏綿了，神采飛揚了！──傳說、議論、思念，終於成為現實！在接連的幾天裡，有十幾個家庭的父親相繼被監獄釋放歸來，上海新村從此有了真正意義上的父親的概念。熱鬧之餘，那種有了父親的親熱、自豪和強大，無不透露在有了父親的孩子們的臉上、身上和行為上。這些孩子臉上多了一層覷腆，身上多了一件襯衫，嘴上多了　一份自信，就連他們的威望也因為有了父親的光環而居居皆高──過去聽別人的，現在聽他們的；他們時常會把父親的光彩釋放出來，讓那些沒有父親的孩子們肅然起敬。沒有父親的孩子們從此依附有父親的孩子們，經常出沒於他們的家門，感受父親的氣息，聆聽父親的聲音，分享父親的溫暖。父親的形象在上海新村諸多孩童的心裡是一個謎、一團霧，一個似是而非、模糊不清的身影⋯⋯

　　我的父親留給我最深刻的印象是1958年春天的一個下午。那是一個充滿朦朧色彩的天氣，母親叫大哥二哥領著我去提籃橋監獄迎接被關押兩年出獄的父親。當我們哥仨疲憊地徘徊在橋頭上，左顧右盼幾乎失望時，突然，我被人從身後抱起，並高高地舉放在寬大的肩膀上——那就是我的父親！一個讓我們充滿自豪（父親長的高大帥氣）又充滿神秘的父親！

　　父親十七歲從江蘇濱海窮苦的鄉下到上海拜師學開車。二十四歲和母親結婚，先後生育我們兄妹五個。1949年11月，上海解放不久，父親因參加過國民黨反動組織（上海護工隊、大上海青年服務隊）被新政權逮捕，經審查半年後釋放。1952年被公安機關宣布「管制」三年。1956年以反革命壞分子罪名被判刑兩年。1958年「政治運動」不斷升溫，剛出獄不到兩個月的父親又被以「重罪輕判」為由，追加刑期八年，再度被投進監獄。從此開始了漫長、遙遠的牢獄之旅。

　　父親本應該在1966年刑滿釋放，但鑒於當時「革命形勢」的壓力，母親斷然回絕父親返回的願望，怕繼續影響家庭、牽連子女。直到1979年底，中共十一屆三中全會作出歷史性決定：階級鬥爭已不是主要矛盾，階級成分不劃了，「地富反壞右」帽子取消了。時已年近六十歲的父親才邁出勞改農場，重返社會，親人團聚。父親整整度過了二十二年的勞改生涯，年輕時的「政治熱情」不僅毀掉了他一生最珍貴的年華，受盡了人間地獄般的苦難，也給我們的家庭帶來了無窮無盡的災難，蒙受了幾十年的政治陰影。其間，受害最深、最苦、最痛的，莫過於我的母親。父母的一生，真可謂是人生最大的悲哀啊！

二、天地饑荒

　　當人們還沉醉在「人有多大膽，地有多大產」，「三年過渡到共產主義」的狂響曲中，載歌載舞、興高采烈地歡呼「十大慶」輝煌成就時，我國農業生產連續幾年大面積產量下降。1960年糧食棉花產量跌落到1951年的水平。工業也由於「以鋼為綱」，各地各部門大煉鋼鐵，輕工業生產被擠占，基本日用品生產大幅下降，許多商品庫存減少，到處供應緊張。加上支援「亞非拉」，給蘇聯還債等諸多因素的牽扯，無不給極度匱乏的食品供給以雪上加霜；當「虧空」和「虛報」累積在一起，一場在所難免的饑荒迅速遍及全國城鄉——人們毫無準備地一頭從共產主義天堂栽進了饑餓肆虐的深淵，昏頭昏腦地開始了「低標準，瓜菜代」三年大饑荒的生涯……

　　窮困潦倒的上海新村，對這場襲卷而來的大饑荒尤為敏感，尤為恐慌，她們首先跌入了饑餓的歲月，品嘗饑餓的滋味，領略饑餓的悲慘和哀傷……

　　饑餓是慢慢開始，由淺入深的。在最初的幾個月，人們只是感覺到吃不飽、不夠吃，期待著下一頓能夠美美地、熱乎乎地一大碗，以滿足香甜的食欲。但是一切期待都破滅了！人們開始心慌意亂，到處想方設法弄吃的，吃成了頭等大事！可市面上幾乎沒有普

通食品可供應的。一切憑票證定量供應，排隊買東西成了壓倒一切的當務之急！自由市場上瓜薯豆類，凡是能煮著吃的東西價格昂貴；一輛飛鴿自行車僅換取一口袋五、六十斤的蘿蔔，半口袋土豆。所謂的「低標準、瓜菜代」，那是高幹家庭的伙食標準，平民百姓家庭早已無標準可言。她們成群結夥地湧向郊外的田野，把能吃的野菜挖盡了，把能咽的樹葉捋光了。她們吃糠咽菜，氣色晦黯，清瘦的臉上不知不覺地浮腫起來，嚴重的幾乎睜不開眼睛，捋起褲腿在腿面上一摁一個青紫色穴渦。

　　那時候居民口糧供應按大人小孩區別定量，小孩則又按不同年齡段分別定量。我們家每月口糧定量合計為一百零八斤（粗雜糧近半），人均十八斤，每天人均六兩。食油每月合計一斤八兩，人均三兩。我們家的一個月口糧往往半個月就沒了。其中不夠吃是主要原因。但由於大哥時常向別人家借糧，還的時候總要給人家多還一些，那是周瑜打黃蓋、願打願挨，算不上高利貸，人家能借給你就算給面子了。加上有時把母親安排買東西的錢給挪用了，便出賣些高價糧食來彌補（一斤大米麵粉最低能賣三、四元錢）。二哥和我有時餓急了，也會趁大哥不在，撬箱子偷些糧食做吃的。如此，口糧的缺口越來越大，越借越多，越還越多，惡性循環，家中無米下鍋的日子時有發生。往往是前半個月一天兩頓飯，每頓飯尚能吃上米麵菜混合做的調和稀飯兩小碗。半個月後逐步減少，清湯稀面，菜越來越多，米麵越來越少，甚至連稀湯兩碗也保證不了。尤其在接近每月規定買糧的日子前三五天，我們甚至每天只能吃到二、三兩糧食，往往是一頓就吃完了，下一頓便有白菜吃白菜，有野菜吃野菜，有什麼吃什麼。什麼都沒有，就乾餓一半天是常有的事情。

有時候餓得兩眼冒金花、猛然栽倒，還以為是病了，喝點鹽開水打發打發也是常有的事情……

　　饑餓的孩子們心慌意亂，不知所措。他們成天圍繞著吃肚子打轉轉，只要能弄上吃的，人們便「呼啦」一下子全都湧了上去；挖野菜是這樣，捋樹葉是這樣，揀西瓜皮腌制當菜吃也是這樣。據說熬稀飯撒上一小撮碱面子，稀飯熬的又快又稠，家家如法炮製，全不顧這種做法如同催化，吃起來快，餓起來更快！看見人家生嚼大米，便把家裡的大米偷上兩把塞在口袋裡，邊玩邊當豆子嚼。看見市場上有小孩用鐵杷偷扎農民地攤上的土豆、蘿蔔，便興奮異常、如魚得水，紛紛效仿；尋找一米長的粗鐵絲，將一頭彎成握手，一頭放入火爐裡燒紅打尖，而後一哄而上湧入市場；前面的圍觀打掩護，後面的偷偷用鐵杷扎目標，一扎一個准，動作迅速、利索，一會兒就偷了一書包，飛跑回家、分享贓物，好不痛快！

　　我五歲的弟弟餓得一把皮骨撐個大腦袋，滴溜溜的眼睛隨時都在盯住別人的嘴，只要別人動嘴他就本能地流口水，那脖子間連同胸前成天是濕糊糊的。有一次我領他出去買東西，在市場上看見一個挑擔老頭，後筐裡放著幾個雞蛋，他居然毫不猶豫地跑上去伸手就拿，嚇得在後看見的我叫也不是，不叫也不是。幸虧老頭徑直朝前走，沒有發現後面的「小不點」驚人的舉動，否則，非讓老頭抓住打一頓不可！回到家裡說給大人們聽，大家啼笑皆非……

　　那些無法忍受饑餓折磨的單身漢們，豁出去一個月二、三十元工資，趕到商店購買一、二斤高價點心（最緊缺的時候達到八元一斤，相當於一個普通百姓一個月的生活費），雙手緊抱著蹲在商店

門口，狼吞虎咽般一掃而光。但他們往往再也站不起身來了，他們被那香甜的硬塊迅速膨脹，堵咽得再也沒有喘過氣來。有些血氣方剛有能力的青壯年人不是餓死的，而是撐死的。真正餓死的是無奈的老人、兒童和病人──那時候把餓死的說成是病死的，更是屢見不鮮！餓和病本來就是一對孿生兄弟，說病死的總比說餓死的要體面些。

曾經令人羨慕的有了父親的家庭，在經歷了半年黑色饑荒肆虐後，便分崩離析，嗚呼哀哉。原因很簡單，政治上有污點的父親雖然身強力壯，但苦於找不到工作，無法承擔起家庭的危難，終日無所作為，靠女人養活，很快就失去了家庭的地位和威信。加上居委會、派出所三天兩頭來訊問、訓話；一有風吹草動便集中起來強化改造，大會小會「地富反壞」、交待罪行，使得這些有丈夫的家庭優勢化為陰影，父親的光彩變成了羞辱。這些家庭因饑荒和政治壓力產生了排斥、吵鬧、乃至謾罵、毆打。那幾個曾經給上海新村帶來希望和溫暖的父親，終於不堪忍受社會的冷酷、親情的冷漠，出走的出走，自殺的自殺，或臥病在床，最終病死餓死；我曾現場目睹「胖胖」的父親被居委會組織批鬥的情景。此後傲氣十足的「胖胖」閉門不出，黯然失色；也曾親眼目睹「小當家」的父親遭遇親人嫌棄，長久病在床上無人照顧，渾身臃腫、面目皆非的身體，及其死後塌氣失水、瘦若皮囊的屍體……

上海新村是母系社會，上海新村的婦女們經歷過風雨磨難，習慣於獨撐門戶，衝著自己的子女們發號施令。她們樂於孤苦地往返於早出晚歸的上下班路途上，全不在乎有沒有男人的陪伴；白天投

身在緊張的勞動場面裡，夜晚被子女們圍在熱被窩裡，所謂「一窩老鼠不嫌臭！」這是她們無奈的自嘲。她們根本不需要一個已經把她們從上海牽連到寧夏來的丈夫，再來干擾由她們一手培植起來的生活；她們受不了「居委會」的婆婆媽媽們，為丈夫的事情對她們另眼看待、指手劃腳；對於那幾個本來就不應該回來的丈夫可悲的下場，她們往往冷冷地撇撇嘴，心中暗自把本來準備打開的門縫，又關得嚴嚴實實；她們死心塌地了，認命了！……從此以後再也沒有上海新村的父親們的身影出現。從此以後上海新村的孩子們也不再提起自己的父親；當這些孩子們開始咀嚼饑餓的滋味時，也開始感受到了家庭背景的壓抑……

——開春了！解凍了！孩子們急不可待地擁擠在荒蕪的田地裡，深挖地底下埋藏的「黑果子、茨果子」吃。那微如指頭蛋大小的草本根核，一黑一白，擦掉泥土便放入嘴裡嚼，又脆又甜略帶苦澀。把田地挖得坑坑窪窪、亂七八糟，農民們氣得跺腳大罵……

有本事的青壯年人到荒野去挖老鼠洞，一去幾天，風餐露宿，有的居然能帶回來一、二斤混雜的豆類穀物。於是轟轟動動成為頭條傳聞；一、二斤說成了幾十斤，害得多少年輕人雄赳赳、氣昂昂，卷上鋪蓋、扛上鐵鍬，去東山裡挖糧食去！幾天下來筋疲力盡，狼狽不堪，沒挖到一點糧食，倒貼了自己幾天的乾糧。

紅紅火火的夏天。人們滿河溝、滿稻田捉魚、抓田雞（青蛙），香噴噴的煮湯吃。惹得大龍的奶奶實在熬不住了，天天下午跑出去蹲在小渠溝旁，用棍子拍打那走不快、跳不高的「癩蛤蟆」，拿回來當田雞燉湯吃。吃得頭髮脫落、臉色發黑，兩個月後就死了。死的極其痛苦、呲牙咧嘴，嚇得大龍兄妹總是不敢待在家

裡。都說是「癩蛤蟆」肉吃死的，但究竟是吃死的，病死的，還是餓死的誰也說不清楚。大龍的媽總是擦著眼淚說：「死了好，死了好，死了少受些罪。」

饞嘴的孩子們照樣天天品嘗著各種各樣的野果、草根、蜻蜓、螞蚱，視死如歸地叫嚷道：

> 雨雨大大的下，淨溝子（淨溝子，方言光屁股）娃娃不害怕！
> 雨雨大大的下，該吃的不吃是王八！……

難捨難分的秋季，我們一幫孩子在退了水的渠溝裡追趕、圍堵剩水中的剩魚。那清澈柔軟、蓋過腳面的清水，如同鏡面一樣映照出藍天、白雲。一群群驚慌逃竄的小魚，彷彿在藍天白雲裡追逐、飛翔；興奮得我們撲上去狂捉亂抓，瞬間把一塊塊鏡面踐踏了、把水攪混了、把美妙無比的景色破壞了！滿身泥漿、筋疲力盡，魚沒捉上幾條全不見了！……

大家折騰累了，餓了，躺在田野裡晾曬衣服……忽然聽見有人大喊：「快來呀！有好吃的東西！」大家似信非信，乏得不想動彈，但又抵不住吃東西的欲望，便懶快快地爬起身來朝那小子望去，這一望可不得了，那小子分明是蹲在那裡一個勁往嘴裡填東西！「呼啦」一下子全都撲了上去，也一個勁地往嘴裡填！──邊吃邊樂邊琢磨：天下那有這樣的好事？揀起來就能吃！周圍的吃完了，再扒拉著其它地方，直到找遍了，沒有了才住手。一個個吃得手黑、嘴黑、心也黑，神秘兮兮地互相囑咐說：「這個秘密回去不要告訴別人，過兩天再來說不定還能吃上一頓！」──那原來是農

民偷田裡的毛豆燒烤，吃剩下的或未燒熟的殘餘被我們發現了，消滅了！

偷青吃青原本是農民的專利，由他們自己開始，迅速引發到城郊周邊，如星火燎原般越發不可收拾。從挑野菜的大人到遊蕩玩耍的小孩，無不趁機捎帶捏揹一把，把個能吃的莊稼地糟蹋得面目皆非！我們孩子往往成群結隊，站崗放哨，仗勢撐膽，竄到蘿蔔地裡拔起一個蘿蔔拼命地往田外跑！好像跑出田外就心安理得了……那時候偷並不恥辱，關鍵是有沒有膽量，敢不敢偷，有膽量敢偷的孩子是英雄！

冬天唐徠渠乾了，草湖凍了，到處是淒荒，到處是凋零，什麼吃的也沒有。只能躺在鬆軟的沙灘上畫餅充饑。雙手捧起那黃燦燦的細沙麵，想像著有一天蕎麥麵能像這麼多的沙子該多好啊！

記得那個寒冷的冬天，家中什麼吃的也沒有。我們兄弟三人跑到西門橋外一個大冰湖上砸冰撈死魚。那砸開的冰窟窿經我們用棍棒使勁攪動，死魚便順水稀稀拉拉地泛出水面，用手一條一條撈上來。衣袖全弄濕了，鞋、褲腿也全濺濕了。濕淋淋的雙腳踩在寒冷的冰水上，凍得渾身顫抖、哆嗦不已；紅腫的雙手發木、發硬、鑽心的疼痛。整整一下午，撈了少半盆小死魚。哆哆嗦嗦踩著已經凍硬了的濕鞋往回走。那五、六里漫長、硌腳的路啊！往常一奔子就跑回家去了，現在卻怎麼也走不完……

最令人難忘的是黃狗和黃狗的媽。他們母子倆在饑寒交迫的日子裡居然讓我們吃了一天的肉！那時黃狗的媽給廠裡餵豬，豬圈就設在自家的門前。黃狗經常拿些豬飼料中搭配的精品（豆渣豆餅）

給我們吃。他是那種懂事，知道疼愛人的大孩子。

寒冬臘月，風雪降臨，黃狗的媽把十幾隻留下過冬的小豬崽搬到家裡餵養。但小豬崽仍然沒有抗過凜冽的寒風。它們互相擁擠，互相踐踏，一夜間連凍帶擠壓死了五、六隻。黃狗的媽痛心不已，拿定主意準備給廠裡賠錢。遂橫下一條心，大喊黃狗燒水燙豬，燉肉吃！

時遇大哥上門找黃狗玩，進門就被那肉香味燻暈了，饞得東張西望愣是挪不動步。黃狗的媽見狀，可憐兮兮的，讓黃狗給大哥盛上一碗肉湯，大哥吃得狼吞虎咽、意猶未盡，黃狗的媽在一旁看了直抹眼淚。聰明仗義的黃狗趁機對他媽說：「媽，給永平家兩隻小豬吧，讓他拿回去做著吃，他們家人多，吃不上肉。」隨即從草堆裡提出兩隻凍的硬邦邦的小豬崽隨大哥一同到我家來，創造了困難時期令人難以忘懷的盛大節日！……

但讓人傷心的是：那場在饑餓中發起的「雙反」運動（反對地方民族主義、反對壞人壞事），如雪上加霜，凶猛無情地殃及千家萬戶。很多幹部、群眾，尤其是歷史上有問題的人，被視為「地方民族主義分子」或「壞人壞事分子」挨整挨鬥；天天都有人被鬥爭、被押送勞改隊。黃狗的母親因為有人揭發她「克扣豬食自己吃，故意凍死餓死豬崽吃肉」的罪行，被單位鬥得一塌糊塗。最後黃狗家悄然離開了上海新村，據說回老家南方鄉下去了。

1960年春節過後，我終於在銀川西街一所民辦小學上學了。1958年在上海讀過二年級，現在又接著讀二年級，功課壓力顯然不大。一下課就夥著同學們在學校後院操場上玩耍，學會了很多土腔

土調的兒童口語和兒童遊戲。那是一段新鮮、快樂又充滿飢餓、淒涼的時光。

7月下旬的一天下午，大家正在上課，校長來到教室對老師耳語了一陣，並用手在膝蓋上比劃了幾下，就匆匆離開教室。大家都奇怪地看著講臺上的老師，不知發生了什麼事情。老師猶豫了一會，便對大家說：「唐徠渠決口了，發大水了，現在就放學，大家趕快回家吧！」我們好奇地湧出校門一看，全傻眼了！大街上全是水，行人們卷褲撩衣趟行在大水中。我們把鞋脫了放在書包裡，把褲腿卷到大腿上，慢慢踩著校門臺階下到水裡，小心翼翼地趟水而行，一會兒就各自慢慢散開，朝著自己家的方向趟去。

我獨自離開街道，心懷忐忑地朝西南方向邊趟邊看，「一片汪洋都不見，知向誰邊？」原來回家的路早已被大水淹沒，到處是一片水汪汪的落魄景象。越往南走水越深，我把書包提起緊緊挎在脖子上。這裡的行人越來越少，本來就空曠得沒有什麼建築物的地面，現在在大水的覆蓋下更加讓人摸不著邊際。完全憑腳下著地的感覺和視覺方向探索前進，生怕一腳踩到坑裡嗚乎哀哉！

水面上飄浮的雜物越來越多；稻草、樹根，水桶、門板。看著這些漂浮的東西，讓人心裡更加恐慌。有幾個大人推波助瀾地從我身後趟過去，波浪把我掀得搖搖晃晃，幾乎要撲倒在水裡，急忙張開雙手浮在水面上，尚能控制平衡，站穩了身子再往前走。亦步亦行地跟在大人的後面，總算找到了些安全感。

趟過高高在上、孤苦伶仃的大廟，就算是找到了家的目標，上海新村就在前面。可我卻沒有辦法靠近它，幾次想接近它，都因為水太深，又折回繞道而行。上海新村的人很多，都在齊腰深的水裡

往出拿東西。

我終於走上了橫在上海新村正南面的公路上。這裡的水只在膝蓋下，很多上海新村的居民們都擁擠在這條公路上，眼巴巴地看著自己的家，想著再往出拿些什麼東西，但又怕水深萬一有個閃失……

不遠處大哥看見了我，揮手叫我。他心有餘悸地說：「家裡不能再進去了！全讓水給淹了！好歹糧食和被褥都拿出來了，其他人都到媽廠裡去了。」他是專門在這裡等我的。我倆順著公路向東行，到母親的廠子裡去避難……

我們在母親廠裡住了七天，大人沒有上班，小孩也沒有上學。大人們沒法上班，車間裡、庫房裡、辦公室裡全擠滿了人。上海新村的人都擁擠在各自的單位裡。她們沒有親戚朋友家可投靠的。那些天可熱鬧了，又像是回到了從上海剛到寧夏來的群居生活。小孩們天天成群結夥地跑回上海新村去看水退了沒有，有了玩耍的機會和理由，並沒有完全體會到大人們的心情和困難。其它地方的水在第二天下午就退掉了，惟獨上海新村的水沒有退掉。上海新村坐落在低窪地裡。據說過去是一大片鹽鹼湖，水全都聚集到那裡去了。

直到一星期後，靠南面公路附近的水才退掉，北面的很多房子依然泡在水裡。我們踩著泥漿走進潮濕的家裡，把門窗全都打開通風透氣。接連三天，天天如此。第四天硬是搬了回去。天天清理淤泥，架火燻房，把潮濕的東西拿到外面晾曬。往後的日子很多人家陸續搬了回來，重複著我們所做的一切。但也有很多人家的房子泡損嚴重，再也沒有能夠回到上海新村。那時的上海新村蕭條了許

多，荒廢了許多，也成熟了許多，沉默了許多。

顧阿姨一家嫌房子太潮，一直住在廠子庫房裡。半個月後，她們把東西全都搬走了。說是在其它地方找到了房子。從此我們一家人住一間房子，方便自在了許多。

晚上睡覺經常聽見泡在水裡的房子「轟隆轟隆」地倒塌，睡夢裡便會出現「炮聲隆隆、衝鋒號響、衝向敵人碉堡的壯烈場面」……

這場大水是對上海新村婦女兒童們的一次嚴峻的考驗。在貧窮、饑餓面前，再來點驚心動魄！來點傾家蕩產！老天爺彷彿有意檢驗一下現代文明人和遠古野蠻人究竟有多大差別？階級社會的人類究竟有多大能耐抗衡日益赤貧的程度？從而使他老人家能夠穩操勝券地把握住對生命極限的挑戰！實踐證明：上海新村除了砸死一個寧死不願搬動的老太太外，其他人都安然無恙。他們經受住了天災人禍！尤其是孩子們，他們更覺得刺激、有趣；他們玩耍的空間更大了，內容更豐富了！行為更無所顧忌了！儘管他們有氣力瘋狂的時間並不持久，但他們會充分抓住剛剛喝完一碗菜湯，幾十分鐘腹內尚存流質的時間，去拼命發揮生命的頑強，把玩耍當作生命的最大樂趣！他們光著膀子赤著腳，前仆後繼，呼嘯撲騰在陽光、泥土和水坑裡。他們站在高高的渠擺上，振臂高呼：「共產黨萬歲！毛主席萬歲！」視死如歸地躍身跳入水中。把《狼牙山五壯士》的英雄氣概演繹得驚心動魄！

他們的天真爛漫、無所畏懼，上帝也會為他們所感動，為他們所祈禱。上帝對母親們說：不要緊，只要給他們一把草，他們就能

生存，就能成長。「人類從遠古而來，不就是這樣發展壯大起來的嗎？」母親們哭笑不得，愛恨交加地說：「鬼，怪！不傷風、不感冒、不得病？──殺千刀的，整天就知道玩！」

這場大水損失最大的是上海新村，有近一半的房子先後都被水泡塌了。遭難最大的也是住在這裡的上海人，她們幾經周折搬了幾次家，最終散落在銀川的各個角落。

這場大水徹底根除了上海人的「馬桶文明」，她們從上海帶來的「馬桶」，在這場大水的沖淹下蕩然無存。倒省得天天早上倒馬桶洗馬桶的麻煩了。

這場大水衝破了上海人的生活習俗，加快了上海人北方化的進程。很多上海人家融入了本地人家的院落，接受他們的風俗，把上海人的彆扭語言，上海人的陳規陋習慢慢退化。

這場大水也破滅了很多母親寄希望於孩子上學的夢想，改變了上海新村孩子們的命運走向，使本來已經上了學的孩子，因這場大水的耽擱喪失了繼續上學的機會。很多孩子成天泡在坑坑窪窪的水裡玩耍，甚至把被水泡塌了的房子門板拆下來拖到水裡當船划，稍失平衡便「嘩啦」一下子撲倒在水裡，渾身濕透，索性脫掉衣褲繼續玩耍……（我也因學校被幾戶大水沖淹了的當地人家長期居住，無法上課而徹底失去了上學的機會。它的嚴重後果是，在往後漫長的歲月裡，我要為此付出百倍的努力來加以彌補。）

正當我們耍水耍瘋了的時候，忽然傳來了一個令人震驚的消息──「小米子掉進水裡淹死了！」大家急忙爬出水坑，拿上衣服就往公路南面的渠溝跑去。只見在渠溝旁小樹林裡圍了很多人，小米

子的媽媽抱著小米子癱坐在地上嚎啕大哭……

面對如此悲傷的場面，我們的心被震顫了！──活生生的人，怎麼說死就死了呢？大家都神情黯然，心頭被一層陰影籠罩著……

那幾天大家再也沒有耍水，八歲女孩小米子的面影時常會在晚上或者某個水面上出現。久而久之，那些善於搞惡作劇的小孩便會在大家玩興正濃的時候，突然大叫一聲：「小米子來了！……」大家便會嚇的心驚肉跳、一哄而散！──小米子活著時候的面影，已經變成了陰滲可怕的鬼臉。

小米子的死給大家帶來了一個極其複雜的問題──生與死。使大家頭一次感受到死亡的威脅。──人活著多好啊！有家、有親人，有吃不夠的饅頭、玩不夠的遊戲。人死了什麼都沒有了，脫離了家庭，脫離了親情，拋屍野外，成了人見人怕的孤魂野鬼。想一想，還真讓人多情傷感，莫名其妙的生命原來如此珍貴……

乾熱、短促的西北盛夏很快就過去了，涼爽、遼闊的秋天匆匆來臨。黃昏提前了，夜晚拉長了。母親接連幾個夜晚熬夜給大哥縫衣補被，準備行裝。大哥就讀的寧夏技工學校整體遷往黃河以南距離銀川一百多里的吳忠縣。大哥走後，二哥成了大哥的接班人，凡是母親操持不上的事情都由他代理。但憨直的二哥顯然不像大哥那樣聰明、乖巧、有張有弛，往往把一些事情辦糟、辦砸了。他會在剛買回家很多糧食的時候激動不已，頭腦一熱，便給大家做乾飯、烙乾餅，讓大家吃個高興。在糧食不多的時候便垂頭喪氣、無法周旋，乾脆把不多的糧食「改革開放、分糧到戶」，各掌各的口糧，各做各的吃食……

於是，家庭正常的做飯吃飯長規被打破了。這是一次深刻的「家庭革命」。在當時具有一定的普遍性和廣泛性；責任到人，風險自擔，做口糧的主人，品嘗當家作主的權利和自由。大家成天圍著鍋臺轉，你做罷了我做，我做罷了你做；你吃我看著饞，我吃你看著饞……

隨之而來的家庭交換又開始了！你做好的面餅給我吃半塊，我做好的麵糊給你還一碗；我的糧食吃完了，你借我少半碗，屆時我還你半碗。如此互相哄著吃，比著吃，直到大家都吃光了，都挨餓了為止。這樣的日子是極其艱難的、淒涼的、刻骨銘心的！大家在吃的交換中眼巴巴地看著「彈盡糧絕」！……

記得有一天下午，家裡沒有糧食吃了，我們餓得坐在家門口曬太陽，等待著天黑母親下班回來能帶些吃的。這時，有一位素不相識的阿姨注意到我們，她把我和二哥叫到她家裡，給我們每人盛了一碗調和稀飯讓我倆吃。吃完後，又讓把弟弟妹妹領來，同樣各盛一碗讓她倆吃。這位阿姨的善良行為，在那家家不夠吃的困難時期，真是感人至深！我和二哥不知如何感謝人家。晚上母親回來後，我們把事情告訴了母親，母親當即讓二哥領她到阿姨家去，她要當面感謝人家！從那以後認識了這位王姓阿姨家。母親閒時常去阿姨家聊天，逢年過節也會給阿姨送些副食供應的票證。我們也經常到阿姨家玩，幫助挑挑水、掃掃地，阿姨自然會給些吃的。在那困難無助的異鄉，這種親情往來是多麼溫暖、多麼可貴啊！……

後來，我們從母親嘴裡得知，這位阿姨倆口子沒有生育小孩，特別喜歡二哥，有意收養二哥。但母親像在上海時有人要收養我一

樣，再次婉言謝絕了人家的好意。母親時常對我們說：只要她有一口氣，再困難也不會放棄我們中的任何一個！

那是在1956年的冬天，父親被捕入獄，家庭風雨飄搖、無依無靠。母親起早貪黑整天為一家六口奔波忙碌；賣紅薯、賣冰棍，幫人家洗衣服，掙些零錢養家糊口。家裡時常缺錢買米，吃了這頓沒下頓。外婆眼看著這樣的日子實在難以維持下去，便一再勸說母親送掉兩個孩子給人家餵養（主張把我和弟弟送人），並私下裡托人說合。記得在一個黃昏，有一對中年夫婦領我出去逛街買吃的，又到戲院裡看戲。那是我頭一次，也是僅有的一次面對上海的戲臺子。朦朧中似懂非懂，只記得戲中男女主人公纏纏綿綿、淒淒楚楚。一個醜和尚像是多管閒事，從中作梗。最終撕破臉皮、大動干戈，雙方鬥得雷鳴電閃、神妖俱現，呼風喚雨、興風作浪！……

直到我漸漸長大後，才慢慢品味出那是著名戲曲《白蛇傳》，演的是許仙與白娘子的愛情故事。記得在劇情高潮時，整個戲院子人聲鼎沸，我則被瞌睡困擾得恍恍惚惚、昏昏欲睡。醒來已是第二天，媽媽問我：「叔叔阿姨好不好？」我傻裡傻氣地點點頭。又問我：「願不願意到叔叔阿姨家去，做他們的孩子？」我一聽就哭了，連連說：「不，我不去！」此後，再也沒有人提起要把我送人的事了。

我和二哥小時候形影不離，他出去玩必然會帶上我。有什麼事情總會說給我聽，尤其是學校裡的好玩的事情。我倆的共同特點就是話不多，在外人面前羞於露面，未曾說話臉就先紅了。

記得有一次賣冰棒，天氣要下雨了，急得母親沒有辦法，只好

把二哥和我也打發出去，讓我倆提上一暖瓶冰棒到街上去賣。我倆提著冰棒不吭不哈地在街上走了約莫一個多小時，一根冰棒也沒賣出去。大哥已經把一箱冰棒都賣完了，見我倆還沒回去，便急忙來找我們。見一暖瓶冰棒原份未動，而且已經開始軟化了，急忙接過冰棒冒雨跑到附近的玻璃廠去，叔叔阿姨見面就叫，甜言蜜語讓在場幹活的工人們慷慨解囊，每人一根，硬是把三十根已經軟化了的冰棒全部賣完了。回到家裡，母親罵我倆是呆子，啞巴，誇大哥會辦事，有出息，要不是大哥嘴甜，那天就血本了！

　　大哥是母親的好幫手，他聰明伶俐、能說會道。很小就陪著母親半夜三更去闖市場，把瓜果蔬菜以低價購進背回來，天亮前再在弄堂門口設攤叫賣，掙些辛苦錢維持生活。大哥屬雞，成天像雞一樣嘮嘮叨叨的，家裡的話幾乎讓大哥給說完了，大多數的事情也都讓大哥給包攬了。

　　大哥的能耐非同一般，我們離開上海一年後，他居然單槍匹馬扒火車去上海看望外婆。他來回轉輾了半個月，懷揣的五元錢竟然分文不動地又帶了回來。在那以後很長一段時間裡，寂寞的晚上，我們一家人就聽他講上海外婆家的情況和鄰里街坊的各種事情。那是一份多麼熟悉，多麼溫馨的牽掛啊！

　　二哥經常逃學，我們經常在渠溝裡摸魚。往往是二哥在水裡摸，逮住一條就往渠擺上扔。我在上面激動得手忙腳亂，抓起活蹦亂跳的小魚往盆裡按，觸溜溜鑽出手心滿盆蹦竄。偶爾摸到大一點的魚，劈劈啪啪在盆裡亂蹦亂跳，濺得滿臉是水興奮無比！順著渠溝往下摸一、二里路遠，約兩三個小時，就能摸到半盆小鯽魚。高

高興興端回家，大家動手、破魚掏洗，煮湯吃。那時候本地人不吃這種小魚，他們笑上海人太那個，什麼毛毛渣渣的東西都弄來吃。他們哪裡知道，正是這些不起眼的小毛魚，在困難的時期對我們這些特別困難的家庭來說，簡直是上天賜予的一份特別的關愛！——不用花錢、不占口糧、只是在玩耍的過程中集中精力、消耗時間，就能獲得白白濃濃、鮮美可口的魚湯！這在那饑腸轆轆、嗅不到肉香的艱難時期，是何等的誘人啊！——有時候抓的魚多，大的挑出來賣給那些生活條件較好的上海人，換些油鹽錢。小的吃不完就曬成魚乾；你一條，我一條，圍著火爐烤著吃，又脆又香，其樂融融……

　　二哥時常因逃學被母親責罵，甚至因拿不出像樣的學習成績而不敢回家。這種時候，他往往拉上我陪他一起在外面玩耍。一直瘋到晚上八、九點鐘，其他孩子都回家了，才不得不面對回家的尷尬。往往是悄悄溜到家門口前，觀察母親的舉動；躲躲閃閃，既想讓母親發現我們，叫我們回去，又怕被母親抓住挨打。直到母親氣消得差不多了，準備要睡覺了，才無奈地，可憐兮兮地一個拉住一個溜進家裡，準備共同承擔挨打的壓力。於是，一人挨上一個耳光：「下次還敢不敢了？」「不敢了！」然後在母親的呵斥下，端起飯碗，狼吞虎咽起來……

　　面對「大躍進、公社化運動」帶來的嚴重後果和教訓，國家開始實行「降溫收縮」的經濟政策。停建、緩建了一大批建設項目；大力精簡職工，減少城市人口；縮短工業戰線，實行「關停並轉」；大力支持農業戰線，以解決人們的吃飯問題。由於這些政策的實行和推廣，大哥就讀的寧夏技工學校最終還是停辦了。年底，

大哥又回到了家裡……

　　艱難的饑荒歲月又進入一個寒冷的冬天。大地枯荒，溝河冰封。沒有野菜，小魚接濟生活。雖然每人增加了二斤「代食粉」，但令人失望的是，這種用玉米、高粱秸杆及糠、麩混合研製的所謂「代食粉」，又粗又黑，吃起來又苦又澀，而且拉不出屎來。人們普遍接受不了，很快就停止了供應。

　　那些被饑餓驅使，到處遊蕩的孩子們，終於發現了一個儲存鹹菜的地點，就是那經常在我們眼前矗立，孤苦伶仃、無人光顧的大廟。大哥得知這一消息時，很多人家已經吃了幾天鹹菜了。於是，大哥、二哥夥同幾個小孩在當晚就加入了偷鹹菜的行動。不到一個小時，就興沖沖地端回來了一瓷盆鹹白菜。他們對母親說：「是人家好心送給我們吃的！」

　　幾天後的一個晚上，他們又去了一次。據說，還碰上了其他幾個小孩也在裡面偷；雙方都嚇得不知所措，呆呆地窺視著對方的舉動，隨時準備逃跑。但經過觀察卻發現對方也是偷鹹菜的！大家虛驚一場，於是就夥在一起大膽地偷、盡情地拿！……

　　偷鹹菜的人越來越多、膽子越來越大。幾乎家家都有鹹菜吃——鹹菜飯、鹹菜湯，手拿鹹菜邊吃邊玩的小孩隨處可見……

　　記得那天上午，一夥人在一個小孩的帶領指認下，挨家挨戶搜走了尚存的鹹菜。原來這個小孩在晚上偷鹹菜時被當場抓住，並且供出了其他偷鹹菜的人。這件事情在上海新村折騰了幾天，居委會的婆婆媽媽們領著看鹹菜的人各家調查、盤問、登記，嚇得很多大孩子白天不敢回家，生怕被人家抓走去勞改隊。

　　最後，不知是哪位領導動了惻隱之心，或者是因為偷的人太

多了，又都是些孩子，不好辦。偷鹹菜的事終於不了了之，風平浪靜。但那個叫馬龍的小孩，此後大家都不跟他一起玩了，認為他是個「叛徒」！

　　春節就要到了，陰霾寒冷的天氣呈現出節前的氣氛。人們開始打聽、觀看貼在商店門前的安民告示。副食店、百貨店、糧油店、肉食店，先後都貼出了春節供應的品種、數量，以及購買票證的號碼；從針頭線腦、糖果菸酒，到增加食油、大米、優等粉的斤兩，無不引人注目，令人歡心鼓舞。尤其是大肉、羊肉，還有羊雜碎。天哪！所有的好東西都會在春節前登臺亮相！人們競相傳說、競相湊錢；有錢的借錢給沒錢的，沒錢的把供應的東西分讓些給有錢的，互相調劑，各作打算。孩子們更是歡天喜地！互相吹牛：包一百個餃子！蒸幾大籠包子！——哇！好誘人的春節啊！……

　　正當人們整天忙著排隊購買供應的各種食品，準備歡歡喜喜過春節的時候，上海新村又發生了一件令人悲傷的自殺事件。

　　那天早上，凜冽的寒風呼嘯著，風刮的天空一片昏暗。人們一大早就傳說後面不遠處路旁老槐樹上有個女人上吊自殺了！很多人前去觀看，我也隨同大家一起去。上吊的女人已經被人從樹上取下來放在地上，被很多人圍觀著。我鑽進去目睹了讓我永生難忘的淒慘場面；五個男女小孩跪在母親屍體前嚎哭不已，他們使勁地搖動著母親的屍體，彷彿要把母親從死亡中喚醒過來，圍觀的人群無不為之悲傷落淚……

　　寒風呼號、哭聲漣漣。這位母親終於沒有挺住，她撒手而去了，拋下了五個無依無靠的孩子！她冷漠地躺在那寒冷的土地上，

任由她的孩子們苦苦地哭喊……這昏天暗地、揪心動魄的一幕，時常讓我想起來就心酸流淚。

後來，聽大人們說，這位上吊的婦女是無奈到極點了，因為她肚子裡有了幾個月的孩子，而丈夫卻遠在千里之外的監獄裡。這種不明不白的事情逼得她無路可走了！……於是，很多婆娘們一改往日的傳統觀念，咬牙切齒地咒罵那個不知名的肇事者——「有本事要女人，沒本事承擔責任！這種縮頭烏龜王八蛋，狗屎不如！……」

再後來，聽說單位裡照顧其十五歲的大女兒頂替她死去的母親的工作，掙錢承擔兩個弟弟上學，剩下的兩個小妹妹送到了孤兒院。

春節過後，孩子們頭一天去上學，又傳出了爆炸性新聞，說是那位上吊死的母親，其二兒子大清早走進教室，看見了她母親披頭散髮坐在火爐旁烤火取暖，還向他頻頻招手……嚇得孩子們不敢再進教室。老師驚慌地領著一大群孩子跑到教室，冰冷的教室裡什麼也沒有，便狠狠地批評了驚魂未卜、傷心抹淚的喪母孤兒，說他擾亂了課堂的秩序……

不久，這個可憐的孩子轉學走了……

三、心中有個太陽

　　1962年春天，大哥聽說建築公司收購碎磚碎石，做建房鋪墊地基用。便領著二哥和我到處撿拾廢磚棄石，用榔頭按規格砸成碎塊，賣錢掙錢。砸磚容易，砸石頭相當艱難。幾天砸下來，手指磨破了，指甲碰裂了。堅硬的石頭蹦起來打在腿骨上，疼得抱住腿倒吸冷氣，「唏唏」地一個勁搓揉著傷處，眼淚不由地奪眶而出……但是，眼看那日益增多，即將成方變錢的勞動果實時，心裡又充滿了憧憬──總是在盤算著能賣多少錢，給母親多少，留下多少，買些什麼好吃的，解解饞氣。

　　連續幹了十幾天，周圍的磚塊石頭都被我們揀光了，砸碎了，四四方方、整整齊齊堆放在那裡，等待收購的人來驗收。可是人家遲遲不見來，聽說要砸夠一大車人家才肯來驗收。於是我們又背上背簍，繼續尋磚找石。路越走越遠，操作也越來越艱難。粗糙的雙手傷痕累累，腫脹的握不緊拳頭。直到一個月後，我們辛辛苦苦地砸了大大小小十幾堆，人家終於來收購了。一堆一堆地丈量、慢條斯理地加減乘除，最後，結算為十七元八角六分錢。這可是一筆不小的收入啊！我們哥幾個簡直高興得不得了──終於把石頭變成錢了！

　　就在我們躊躇滿志、成天琢磨著怎麼能夠掙些錢補貼家用時，一場突如其來的災難從天而降！從未讓疾病糾纏過的母親被急性腸胃炎擊垮了，住進了醫院。我們危難的家庭面臨著命運的嚴酷挑戰！……母親擔憂、我們害怕：萬一母親有個三長兩短，我們兄妹將無依無靠，後果將不堪設想！……

　　在病情尚未確診、疼痛最厲害的時候，母親向醫生伸出了五個手指，示意她有五個孩子，她不能死！……當醫生們得知母親一個人帶著五個孩子從上海到寧夏來，無依無靠，獨自承擔一個貧窮的家庭時，無不同情母親的處境，敬佩母親的責任和擔當！她們一改平常冷漠的面孔，破例准許我們哥仨輪流守候在母親身邊過夜。正是她們給予的熱心善良、積極治療，使得母親的病情很快就有了好轉。

　　記得在醫院陪伴母親的幾個日日夜夜裡，看著母親面黃肌瘦、虛弱痛苦的面容，我們個個沉默寡言，萬般無奈。唯一能夠做的就是給母親熬稀飯，熱乎乎地端來讓母親儘量多吃一些。按時督促母親吃藥，家裡的事情一概不讓母親操心。恨只恨不能代替母親去病！去痛！暗暗祈求老天保佑母親平安無事，長大掙錢一定要好好孝敬母親！……

　　蒼天有靈，大地有情，母親在醫院住了十幾天就出院了。一場家庭危難雖然很快就過去了，但這場疾病使母親的身體受到了嚴重的影響。此後，母親的身體狀況一直不好，稍不注意就會犯腸胃病，大家都害怕再出現上次的險情……

　　屋漏偏遭連陰雨，船遲又遇打頭風。就在母親上班後不久，工廠「下馬」了。年輕力壯的、政治條件好的、分配到了商業單位，

老弱病殘的、政治條件差的被安排到了煤炭裝卸隊。她們失去了國營職工的身份，成為集體性質的合作職工。儘管很多人頗有非議，但也無可奈何，「莫斯科不相信眼淚」。繁重的裝卸工作對年已四十、大病初癒的母親來說，無疑是雪上加霜。母親除了白天上班裝卸煤炭外，夜晚，只要有拉煤的火車進站，隨時都要趕到車站去卸煤騰道。那時，每當夜晚遠處傳來火車呼叫聲時，我們的心便會緊縮起來，眼巴巴地看著母親扛著十幾斤重的大鐵鍬走出家門去……

這種重體力勞動，母親支撐了不到一年就再次病倒了，嚴重的腰脊病痛使母親喪失了勞動能力。萬般無奈之下，只好讓輟學在家的大哥頂替母親去上班。瘦弱年少的大哥，根本就不能勝任這種繁重的體力勞動，加上裝卸隊實行的是「多勞多得、少勞少得、不勞不得」的分配制度，大哥每月只能掙回來原先母親三、四十元工資的一半。家中的生活更加困難了，經常拿不出錢來買糧買菜，愁的母親東借西借、越借越多，越借日子越艱難……

我和二哥學當地人脫土坯賣錢，據說一塊土坯能賣六七厘錢，一天脫上一百塊，就能掙六七毛錢，何樂而不為？我們自己動手釘做了土坯模子，找了一塊空地便幹了起來。

上午挑水和泥，下午脫坯晾曬。每天早晨起來，首先把昨天脫的土坯翻立起來晾曬，天黑前再把這些晾曬好的土坯一塊一塊搬摞起來。每遇天陰下雨，就急急忙忙把正在晾曬的土坯搬起來碼成垛，用稻草一層一層遮蓋好。我倆整天撲騰在泥土裡，糊的跟泥人似的。皮膚曬脫了一層又一層，紅紅的脊背火辣辣地疼……苦苦幹了一夏天，先後賣了幾次土坯，總計也掙了幾十塊錢，多少替母親分擔了一些憂愁。

　　1962年下半年，殘酷的饑荒有所好轉，糧食定量略有增加，市場供應也有所改善，加上家中有母親操心，我們基本上有了熱湯熱飯吃。長時間的饑餓，不正常的生活狀況得到緩解。但家庭收入少，人口多，孩子們正是能吃長身體的時候，生活開銷的壓力越來越大。大哥每月只能拿回來二十元左右的工資，根本無法承擔一家六口人的生活費用。——負債累累、愁苦無奈的母親，經人介紹，終於走上了悲傷欲絕的賣血之路。在62、63兩年艱難的歲月裡，母親幾乎每月都要到醫院去賣上幾百CC血，拿上幾十元錢回來，淒慘悲涼地還債、安排生活。每當這樣的日子，家裡雖然有了糧油鹽，有了火爐上的熱氣和食物，但卻多了一種沉悶的疼痛。大家少言寡語，收斂起往日的吵鬧，儘量讓母親多歇一會，多吃一些。——母親為了這個家，為了她的子女們，付出了她所能付出的一切！

　　母親天生是一個性格剛強，執著自重的人。母親小時候讀書不多，十三歲就在日本人開辦的紡織廠幹活。那時候並不是因為家中養不起她，而是她不願意坐在家裡吃閒飯；一天十幾個小時的紡織工作，練就了全神貫注、刻苦耐勞的精神；長年累月風雨無阻，鑄就了頑強不息、始終不渝的人生風貌！

　　1949年上海解放後，母親成為新中國第一代紡織女工的師姐。由她手把手帶出來的紡織女工多達數十人；母親天生見不得嬌生慣養的人，更討厭別人在她面前嘮嘮叨叨喊苦叫累。母親當姑娘時腿上長了個潰爛的膿瘡，硬是天天下班回來用鹽開水擦洗，而不肯耽誤上班，到醫院去治療。要強好強的母親，年輕時充滿了骨氣、志氣和傲氣！

1954年我的弟弟出生後，為了照顧孩子們，母親辭去了幹了十七年的紡織工作。在父親遭遇「歷史審查」並入獄後，家庭陰雲密布，壓力重重，母親沒有趨附潮流，與父親劃清界限，開始新的生活。母親不是那樣的人，她沒有聽親朋好友的規勸，寧願遭受牽連與白眼，勇於直面世道炎涼，承受窮困潦倒，堅強不屈地帶著孩子們背井離鄉……

　　母親不是痴於父親的情感，她是痴於自己的秉性，忠實於自己的個性，恪守自己的一個大寫的「人」字。母親的人生觀，不屬於哪一個政治範疇，也不屬於哪一個道德範疇，沒有高超的理論、沒有玄奧的妙語、樸實的如同一張白紙，卻充滿了生命的執著與博大，充滿了人生的頑強與寬容。無論我們走到哪裡，看見了母親，便忘記了困難，想起了母親，便看見了光明！從母親的一生中，我們還能解讀出什麼呢？……

　　1963年春天，母親讓我到東門外一戶人家給人家看小孩，吃住在人家。這是我第一次離開家獨自生活。每天天不亮就起床，掃地、擦灰，收拾屋子。等人家起床後，再聽人家吩咐小孩的吃喝拉撒和家務瑣事。倆口子去上班後，我便操心照顧一個不滿兩歲的小孩；熱奶餵奶、抱著孩子在屋裡來回轉悠，哄孩子玩，生怕他哭鬧不聽話。上午十點多鐘哄著孩子睡覺後，便忙著挑水、做飯。做米飯、烙乾餅容易，但擀麵條卻很吃力，面和軟了，不勁道不好吃，生怕主人不滿意。就把面和的很硬，揉不動、擀不開，就站在板凳上衝著桌面使勁揉、狠勁擀，擀得又薄又大，累得氣喘吁吁，渾身冒汗……

　　晚上倆口子吃完飯沒事幹，經常約人在家裡打牌「爭上游」。誰當了「下游」就讓當「上游」的人刮鼻子，玩得不亦樂乎。我就縮在自己的小床頭想家，想入非非……

　　我時常把李家姐妹的形象當太陽，那是童年生活給我留下的最美好的記憶。對小姑娘印象如此深刻，主要是童年快樂的時光實在太少，只能把那曾經的你追我趕的「兒童遊戲」當作美麗的童話保留在貧困的精神世界裡。對三姐妹的情有獨鍾，還有一個更深刻的緣由，那是1957年的春天，當我天天早上背著書包沐浴在上海早晨的海風、陽光裡，唱著：

　　　　合作社裡養了一群小鴨子，
　　　　我每天早晨趕著牠們到池塘裡去。
　　　　小鴨子呀，跟著我呀，嘎嘎地叫，
　　　　再見吧！小鴨子，我要上學了！
　　　　再見吧！小鴨子我要上學了！

　　那一陣，朦朧的意識裡充滿了童年的幻覺——那浸透生命氣息、詩情畫意般的兒歌，像魔術般會湧現出一片金燦燦的「天鵝湖」，湖面上的小鴨子是世界上最美麗的小姑娘，她們活潑可愛、蹦蹦跳跳、搖搖擺擺地向我走來——那份天真爛漫的幻影，那份對美妙世界的憧憬，就像一個絢麗的花環在頭頂上縈繞……

　　跨進學校，果然在後院柵欄裡，看見了三個小姑娘的風采。她們一個比一個大一點，穿得漂漂亮亮、乾乾淨淨，在院子裡搖搖擺擺、跳方打包玩，燦爛得就像小鴨子一樣招人喜愛。她們就是在這

樣一個美妙的幻覺中出現和誕生的！因而有了想像，有了美好的記憶。

不幸的是，她們家是地主，我們的小學校就是從她們家的庭院中剝離出來的。她們的爺爺奶奶一副地主樣，時常在明媚的陽光下，躺在藤椅上打瞌睡。那些知道底細的孩子們時常會衝著柵欄做鬼臉，大喊老地主壞蛋！……

無獨有偶，一年以後，我們居然成為同是天涯淪落人的「狗崽子」，再見於遙遠陌生的大西北，成為童年青梅竹馬、你追我趕的兒童遊戲的夥伴。因此，有了銘心的情懷，有了寂寞時光的美麗的回憶！

一個多月後的一天下午，我終於按捺不住想家的念頭，早早動手把晚飯做好，一切家務事情都收拾完了，便抱起小孩順著大街往西走，一心想回家看看，天黑前再趕回來。可萬萬沒有想到，抱小孩走路竟然如此吃力；胳膊越抱越酸，雙腿越走越累。小孩抱在胸前堵的我簡直無法行走。那五、六里路，到後來幾乎是磨磨蹭蹭，一步一步挪過來的，到家已經天黑了。母親見我抱著小孩回來了，非常驚訝，生怕小孩傷風感冒，趕緊接過小孩看望。就在母親哄逗小孩玩耍時，那倆口子氣勢衝衝地闖進家來了，不問青紅皂白，當著母親的面就狠狠地指責了我一頓，並抱起小孩就悻悻地走了！——好尷尬的場面啊！就這樣，結束了我的一段小保姆生活。

1963年3月5日，毛主席發出「向雷峰同志學習」的偉大號召，各行各業迅速掀起「學習雷峰好榜樣」的熱潮。輿論界更是一浪高過一浪——報紙、刊物連篇累牘，電影、歌曲層出不窮。尤其是

《雷峰日記》，感染、薰陶了整整一代人。雷峰精神之所以能夠在很短的時間裡發揚光大、家喻戶曉，成為人們推崇和追求的人生目標，其主要原因是雷峰全心全意為人民服務的精神。這在那個困難的年代，充滿階級鬥爭、缺乏人情味的年代，如同冬天裡的一把火，使人心感到溫暖、看到光明……凡是從那個時代走過來的人，無不把雷峰光輝燦爛的笑容永存心間！

記得有一天，我們五、六個半大小子（十三、四歲）到隨廠遷移到新城居住的張阿姨家去玩。吃完晚飯又耽擱了一段時間，結果誤了晚間回銀川的末班車。當我們徘徊在空曠昏暗的大街上進退兩難時，從我們身後開過來一輛北京吉普車，「嘎吱」一下停在我們身邊。開車的解放軍叔叔伸出頭大聲問我們：「小鬼！是不是回老城去？」我們激動得一下子都擁了上去，迫不及待地搶著說：「是的，是的，回老城去！」「上車，我捎帶你們回去！」那一陣喜悅，從來沒有過。我們得意地坐在從未坐過的小車上，交頭接耳、神秘兮兮地說：「我們碰上了雷峰了，他就是雷峰！……」

儘管我們連這位解放軍的面容都沒有看清楚，始終不知道他是誰？甚至連當時我們究竟是哪幾個小孩都記不清楚了。但是，那一幕熱情洋溢、溫暖人心的往事卻感懷在心，永生難忘！

這年夏天，我終於能給母親解憂排難了。很多上海新村的婦女及其子女們，從糊信封、火柴盒補貼家用，轉而幹起了紡羊毛掙錢的活計。母親當時頗為顧慮，猶豫不決，問我有沒有把握幹？我說行，能幹！便下決心湊了七、八塊錢買了一架木制手搖紡線車，領來了加工成棉花狀的羊毛，開始了紡毛線掙錢的生活。起初，我一天只能紡出二、三兩毛線，慢慢熟練起來速度加快，最多的時候

能紡一斤二兩。那時候我非常喜歡游泳，天天吃完午飯就溜出去到唐徠渠游泳。有時候要忘了時間，耽誤了紡羊毛的時間。母親就給我規定了一天紡一斤毛線的任務。這樣，即便我多耍些時間也不要緊，晚上可以延長紡羊毛的時間，甚至紡到九、十點鐘。

母親和妹妹抽空一天也能紡上三、四兩線。除去合線加工捋線成股所占用的時間外，我們平均一天能紡出一斤線以上。這就意味著每天都有一元錢以上的收入支撐家裡的生活。一般每星期交一次毛線，所得六七元錢，母親總會給我兩三毛錢獎勵。我就買些炒大豆或廉價的熟豬肺和弟弟妹妹分享。也會跑到小書攤上花上兩三分錢看上幾本小人書。那時候我也非常喜歡畫畫，有時候看見小人書上線條分明、輪廓清晰的圖畫，便愛不擇手，偷偷撕下來拿回家，趁母親出去買菜時，放下紡車畫上一陣，畫好了一張張貼在牆上自我欣賞。

在我步入「少年壯志不言愁」的年齡時，偶爾做了一件見義勇為、奮力救人的事情。那天下午，七、八個十歲左右的孩子在湍急的渠溝裡耍水。一個孩子涉入深水中，怎麼也撲騰不出來。渠擺上的孩子們急得大喊大叫！這一幕恰巧被我碰見。我沒有猶豫，脫下鞋子就撲下水去！在漫過我頭頂的水下托抱起孩子，硬是憋住氣潛出了深水區。小孩被夥伴們拉上了渠擺，趴在那裡嘔吐、哭泣……

就在我抖抖索索，擠水晾曬褲子的時候，小孩的媽媽風風火火地趕來了。不顧不問地拉起小孩就朝屁股上打，打得小孩直往出吐髒水，她渾然不覺，只顧連打帶罵。罵夠了自己的孩子還不解氣，又衝著周圍的孩子們大罵——「挨千刀的！有人養沒人管的頑皮

鬼！成天死在一起頑，你們的大人全死絕啦？……」罵得孩子們一
轟而散！她才悻悻地拉起自己的孩子往回走……

　　我頗為自豪的英勇行為，在她的一片罵聲中落下了帷幕。當
時我是多麼掃興啊！彷彿我就是她罵的罪魁禍首！那天下午回到家
裡，又被母親狠狠地指責了一番，因為我耽誤了太多的紡羊毛的時
間。一件本來值得表揚的事情，被肆意踐踏的有口難辯，窩囊憋屈
在心裡，那是個多麼不堪、令人憂傷的糾結啊！

　　隨著廣播電臺事業的發展，輿論宣傳成為「興無滅資」的堅強
陣地。那也是人們唯一的精神文化傳輸線。不知是誰發明了簡單易
行，家家都能享用的礦石收音機。一時間興起了製作礦石收音機的
時髦！一根細鐵絲從房頂上拉進屋裡埋到地下，一個幾毛錢的小喇
叭，一團漆包線加一塊小礦石，把這些東西組合在一個小木匣內便
是一台收音機，可以聽到寧夏人民廣播電臺的聲音！家家半大小子
無不熱衷於這種實惠而稀奇的小製作，並且越做越好，越做越響。
從小喇叭「吱哩哇啦」到戴上耳機聲音清晰，發展到大喇叭、大音
量，歌曲、新聞滿屋響！……

　　每天中午一點到一點十五分，是電臺「每周一歌」學唱節目。
我戴上配製的耳機，邊紡羊毛邊學唱，學會了很多革命歌曲。其
中，影響最大、最深，「文革」時期唱響全中國的《大海航行靠舵
手》，就是那個時候開始唱起來的！

　　　大海航行靠舵手，萬物生長靠太陽。
　　　雨露滋潤禾苗壯，幹革命靠的是毛澤東思想。

魚兒離不開水呀，瓜兒離不開秧。

革命群眾離不開共產黨，毛澤東思想是不落的太陽！

　　這年暑假，坐落在賀蘭山下的南梁農場在各個中學招收學生搞「勤工儉學」，幫助給幾千畝稻田薅草，一天一個工一元二角錢。二哥托他正在上中學的同學替我倆報了名。能夠放下成天坐在家裡紡羊毛的活，和大家一起到外面去掙錢，那是夢寐以求的事情。母親也很高興我們能出去掙錢，替我倆準備了一條被一條棉毯。第二天一大早，二哥背上鋪蓋，我提著裝臉盆毛巾的網兜，高高興興到學校去集合。

　　上午九點多，農場來了六輛掛車廂的「東方紅」拖拉機，把我們滿操場一般大小，一般模樣，一般裝備的近二百名學生一下子全都給拉上了！我們擠坐在鐵皮鑲邊的車廂裡，興奮地看著前後一輛接一輛的拖拉機「突突突」地開出了銀川街道，奔向那廣闊無垠的原野。

　　——「好開心，好開心的事情啊！」敞開的天地、敞亮的心！生活一下子變得如此燦爛、生動。藍天、白雲、沙灘、荒草，遼闊曠蕪的西北高原，讓我們的胸懷一下子豁達起來。目光遙遙無邊，心情舒暢極了！——銀川城、上海新村、唐徠渠，在這一望無際的大漠上算得了什麼呢？那一陣，好像我們是世界上最豪邁的人！

　　一隻雄鷹自由地在藍天上翱翔，一隻兔子歡快地在沙灘上奔跑，一堆堆黃燦燦的芨芨草，在蒼涼的大漠上揮灑著西北高原的風韻。大家被眼前的遼闊天地感動得唱起了歌，彷彿要用歌聲喚發出心中理想的翅膀，去追隨藍天白雲、高山大海！……但遺憾的是，

那歌聲在拖拉機不斷吼叫的噪聲中，在上下顛簸、左右搖擺的慣力下，唱的那樣磕磕絆絆、斷斷續續，難以表達激奮、暢揚的心！索性不唱了，用眼睛看，用心看！一張張燦爛的面容充滿著憧憬和暢想……

賀蘭山越來越近，她的神秘越來越突出，她青黛色的面容，深褐色的皺紋，越來越清晰、越來越親切。她根本不是我們在銀川看見的那樣遙遠、生疏，毫無質感。她親近的把每一個容顏、每一個表情、每一個媚眼都展露給我們；我們恨不得跳下車去，立刻撲到她的懷抱裡去！把多少年的嚮往，多少個夜晚的夢寐向她傾訴……

一往無前、強悍有力的拖拉機，不倦地奔跑了約兩個小時。眼前出現了一片綠洲，像潮水般湧入我們的眼簾；到處是綠油油、水汪汪的稻田！到處是婀娜婆娑的柳樹、挺拔傲然的楊樹，還有那掛滿了累累果實的沙棗樹！——「好一片田園風光啊！」大家興奮地站起身來，指點、翹望，欣喜無比！……

迎接我們的是一排排整齊、開闊的平房，白色的牆面上鮮明地刷寫著「千萬不要忘記階級鬥爭」「水利是農業的命脈」等紅色大標語。拖拉機一輛接一輛，氣喘吁吁地進入場地，完成使命般地停在房前。十幾個穿背心、短褲、赤腳，渾身上下曬得黑黝黝的農場職工熱情地迎向我們，分別把我們領到早已準備好的、鋪滿乾草的房屋裡去。——「二十個人住一間！大家不要擠！」

我們各自把行李放在自己占領的鋪位上，坐在上面像侵略者一樣心神不定，生怕人家嫌我們太小不要我們。一位憨態可親的大娘提著一大桶開水進來，熱情的招呼大家喝水。她利索地把幾隻掛

在桶把兩邊的小瓷缸取下來，分發給擁上前去的學生們，大聲吩咐道：「歇息一會，大家就到後面食堂去買飯票吃飯。吃完飯，休息一下午，明天早上正式出工！」她的話像定心丸一樣，使大家愉快地結束了被篩選的擔憂。於是，大家興奮地解放鋪蓋，鋪床安家……

中午，大家紛紛湧到後面寬敞的食堂裡去買飯票；每人一天交五毛錢、八兩糧票，農場還給補貼二兩，一天伙食標準為一斤。這一天的中午飯，我第一次吃上了四兩一個，又香又白、熱氣騰騰的大饅頭；第一次端上了一大碗蘿蔔白菜還有肉片的大燴菜；第一次真正感受到吃飽、吃撐、吃得不想再吃的滋味……

吃完飯後，大家神氣十足，一夥一夥朝農場西側的賀蘭山走去！在泥沙亂石積澱的大緩坡上，發現很多球狀形的黑色物體在緩慢地滾動。近前察看，那是無數「屎殼郎」簇擁著乾牛糞在享受著天倫之樂。有人用石頭朝它砸去，「轟」地一下，「屎殼郎」騰空而起，「嗡嗡嗡」黑壓壓的一片亂飛，並向著人群撲來，大家驚恐地四下逃避……

有人說：古埃及人認為，太陽之所以會移動，是因為天上有一個巨大的「屎殼郎」在推動著它！「屎殼郎」是太陽的動力，成為人們崇拜的對象。因為有了「屎殼郎」才有了太陽的光輝和燦爛！——奇怪，太陽和「屎殼郎」竟然扯到了一起，這真讓我們耳目一新！對神奇的自然世界充滿了幻想……

烈日炎炎、大汗淋漓，大家高一腳低一腳、一步一步接近賀蘭山體。約一個小時的大坡面攀登，終於觸摸到了青褐、堅硬、涼

爽、舒心的賀蘭山！坐在陽光燦燦的山腳下，極目遠眺那斑斑點點的農場，瘴氣霧罩的農田，遼闊蒼黃的原野，心情無比愜意、爽朗！……

躺在賀蘭山清涼的懷抱裡，仰望陽光燦爛的天空，「太陽和屎殼郎的故事」又浮現在藍天、白雲之間。——讓思緒的翅膀翱翔呵，翱翔！一忽兒推動太陽，一忽兒推動牛糞，一忽兒風起雲湧萬馬奔騰！一忽兒金光閃閃逃之夭夭！那如夢如幻、如痴如醉的幻覺，把飄渺的生命和壯麗的宇宙融為一體，任由思緒的翅膀自由翱翔！頭一次感觸到生命的翅膀竟然能飛的那樣高，那樣遠，那樣遼闊無垠！——美好的人生之舟將載著絢麗的夢想，從那雲端之上開始揚帆起程，奔向那絢麗多彩的明天！

第二天早飯後，以房為單位，二十個人一組，在各組領隊的帶領下，大家愉快地奔向蛙聲齊鳴、清新涼爽，一片碧綠繁盛的稻田中去。小夥子們齊刷刷地站在田埂上，聆聽農場職工關於薅草的要求，觀察他的示範動作，然後，急不可待地「撲通撲通」跳到沒膝蓋的水田裡，與綠色的生命融為一體，順著一路路長勢茂密的稻苗，拔起周圍競相蠶食、瘋狂擴張的雜草來……

第一個回合幹下來，感覺還好，就是討厭的蚊子滿胳膊滿臉地叮咬，不斷地用手撲扇著蚊子，但毫無作用。一兩個小時過後，已經顧不上蚊子的進攻了，任憑它們在已經叮的紅腫的胳膊上、臉上嗡嗡發難、隨便亂咬。我只是一次又一次地伸腰展背、不斷地拍打腰背，輪流拔出深陷在泥漿裡的雙腿，交替讓它們放鬆一會，以緩解酸痛的腰和腿。如此動作，此起彼伏，大家都在艱難地與自身無

法抑止的痛苦抗爭著。拔草的進度顯然緩慢下來，說話的聲音漸漸多了起來……

突然，我的小腿肚被什麼東西猛刺了一下，針扎般疼痛，伸起腿一看，心驚肉跳！一條像蜈蚣一樣的毛毛蟲叮咬在上面，還扭動著尾巴緊緊咬住不放。我嚇的用手一把掃去，毛毛蟲被撲打在水裡。二哥說：「那是被『毛夾夾蟲』咬了，不要緊。我已經被咬了兩次了，吐點唾沫在上面抹抹就好了。」

好不容易熬到中午，兩輛毛驢車拉來了幾籮筐饅頭，一大鐵箱菜湯，停在離人們最近的路旁樹下。田間四處吹起了稀稀拉拉的收工哨聲，大家紛紛拖泥帶水地爬上田埂，乏不邋遢地向驢車走去。可能是太累太曬的原因，我只吃了半個饅頭，喝了一碗菜湯，便躺倒在路旁沙土地上閉上眼睛昏昏然，抓緊時間休息一陣，準備經受下午更加艱難的考驗……

不到一個時辰，哨子聲再次響起，各組領隊大聲喊叫：「上工啦！」「起來！」「幹活了！」大家懶洋洋地爬起身來，頂著烈日炎炎的太陽，疲乏地再次投入到水田中去。綠色的田野一片寧靜，蚊子沒有了，青蛙不叫了，沉悶、熾熱的空氣裡散發出濃烈的腐臭氣味。火熱的陽光紋絲不動，死死地灸烤著人們的頭和背。強烈的陽光照耀著晃動的褐色水面，泛泛折射出熾白的天空，刺的人眼花繚亂、頭昏目眩。二哥後悔，沒有買兩頂草帽帶來，現在只好乾曬著……

艱難地熬到下午五點鐘，終於傳來了收工的哨聲，我們拖著疲憊不堪的身體，踉踉蹌蹌地跟著大夥返回農場。回到涼爽舒適的宿舍裡，什麼也顧不上了，躺在鬆軟的草鋪上沉沉欲睡……

　　幾天後，我們的手腳起了一層「癢瘋疙瘩」，癢得人心瘋意亂、胡搔亂摳，腿和胳膊都抓爛了，又紅又腫。還有很多被尖硬的東西劃破了的血口子，傷口被泥水浸泡得發白咧嘴，走起路來小心翼翼、瘸瘸拐拐、疼痛無比。胳膊、腰背也曬得紅腫脫皮，火辣辣地疼痛，晚上只好趴著睡覺。大家的思想開始動搖起來，沒有了歡聲笑語，沒有了調侃逗樂。一切都變的那樣的沉重……

　　就在我們幾乎難以再堅持下去的時候，夜晚忽然下了一場大雨，老天爺好像故意照顧我們似的，讓我們得以休息了整整一天。這一天的休息至關重要，本來準備打退堂鼓的幾個夥伴終於放棄了準備當逃兵的想法。否則，我們有可能隨大夥半路退出，充當不光彩的角色。

　　雨後晴朗的天氣使大家神情煥然，我也感覺輕鬆了許多，似乎有點適應了這種惡劣的勞動環境，克服了怕下水的心理。蚊子對我們曬黑了的皮膚再也不感到新鮮，我們對「嗡嗡」發難的蚊子也不再感到心慌意亂。曝曬的陽光，悶熱的空氣似乎都無所謂了！

　　像很多沒戴草帽的同伴們一樣，我和二哥一人頭上頂著一圈柳樹枝編制的遮陽帽，滿身泥土、稀哩嘩啦地隨大家一起上工下工，吃那大而白的饅頭，喝那蘿蔔白菜湯。晚上睡覺前總是繞有興趣地逗樂子、講故事，那感覺倒也逍遙自在。

　　轉眼，半個多月過去了，給稻田薅草的勞動結束了。農場在那天晚上還專門給我們放了一場露天電影《雲霧山中》，激烈的剿匪戰鬥看得人十分過癮。散場後，大家躺在地鋪上遲遲不睡，繼續議論著電影中的故事情節。「反正明天不上工了，吃完飯領了錢就回

家！」大家無所顧忌地折騰了半夜……

　　第二天上午，我和二哥領到了三十六元錢！高高興興捲鋪蓋準備回家。可是左等右等不見農場拖拉機來送我們。直到中午飯後，聽說今天不走了，拖拉機沒有準備好，要等到明天才能走。大夥又開始打撲克爭上游，直打到下午三點鐘左右，又聽說很多人都背鋪蓋走了！說是離農場七、八里路遠的蘆花台火車站，四點鐘有一趟路過的火車可乘坐到銀川。於是大家又慌了！我們十幾個人急忙背鋪蓋拿東西，匆匆忙忙去趕這趟火車。可我們走了很長時間才找到鐵路。沿鐵路南上趕到蘆花台火車站時，四點鐘的火車早已開過去了！氣得大家互相埋怨打撲克耽誤了事情。無奈，我們只好硬著頭皮順著鐵路繼續南上，決心沿著鐵路走回到銀川去！

　　蘆花台小火車站離銀川火車站三十多里路，這對於我們這些背著行李、提著東西，從未長途遠行過的學生們來說無疑是一次艱難的跋涉。開始，大家精神抖擻甩開大步，一步一個枕木，毫不含糊地朝前走。後來腳力漸漸地跟不上了，邁起了小步，兩步一個枕木。再後來就慘了，磨磨蹭蹭、走走停停，恨不得找個地方躺下休息，不走了！

　　每當有火車過來時，我們就急忙跳下鐵軌，扒在路基斜坡上，雙手緊摀著耳朵，任憑頭上的火車風馳電掣般地「轟隆轟隆」地開過去。少頃，再爬上鐵路繼續行走在兩軌之間，默默地數著被腳步跨過的散發著油臭氣味的枕木。數著數著就數丟了數，於是再從頭數起。就這樣艱難地行走了約三、四個小時，天完全黑了下來，大家實在累得走不動了，便聚到一起，坐在路基旁啃乾饅饅吃，勻著喝幾口從農場帶出來的水。二哥給大家打氣說：「不遠了！最多

三、四里路就到火車站了！我們可以坐公共汽車到銀川去！今天晚上肯定能回到家裡！」大家強打精神背起行李繼續趕路……

漆黑的遠處高眺著一顆比星星還要高，還要大的紅色燈光。大家興奮地說：「那是火車站的信號燈！不遠了！就要到了！」

看著那盞夜空中高挑而孤獨的燈光，大家努力向前走，可總也走不到跟前，彷彿它永遠是那樣遠，那樣高，那樣難以接近！我的兩條腿幾乎抬不起來了，每挪動一步大腿都抽著疼痛，渾身像散了架似的軟弱無力，真想就地躺在地上，什麼也不管了！哪怕躺一陣也行。但走在前面的二哥他們一個勁地催喊著：「再不加緊走，九點鐘以後就沒有公共汽車了！還要走二十里路才能到家！」這可是個可怕的鞭策！我硬撐著搖搖晃晃的身體，繼續艱難地往前走……

終於看見了一片隱隱約約的燈光在前方閃爍，總算是看見了光明，接近了車站！大家的心一下子熱了起來，步子也不由地帶上了勁，匆匆跨過鐵路，穿過安靜的車站大廳，又急忙朝車站廣場奔去！但是，昏暗的燈光下竟然沒有一輛公共汽車的影子！……

大家又急忙返回車站大廳，抬頭看那懸掛在售票窗口上的大鐘，已經是九點二十分了！「完了！回家的希望徹底泡湯了！」大家唉聲嘆氣，後悔不迭：「早知如此，還不如等到明天，舒舒服服地坐拖拉機回呢！」「全是打撲克耽誤的事，要不然我們早就到家了！……」大家互相埋怨、互相指責，無可作為、無可奈何，只好乏不邋遢地把行李放在長條椅上，一個個像洩了氣的皮球，癱軟在椅子上：「不走了！走不動了！」「就在車站待上一晚上吧！」好在夏天不冷，各自選擇了一條長椅躺在上面……

第二天一大早，大家乘上了第一班去銀川的公共汽車，饑腸轆轆、滿臉灰塵地回到了家裡。這是我第一次出門勞動掙錢的經歷，那時候我十四歲。

　　1964年至1965年，我的家在母親的苦苦拉扯下，終於熬到了早晨八、九點鐘太陽的時辰；可謂是蒸蒸日上，充滿希望！那時候大哥已經十九歲，在煤炭裝卸隊頂替母親工作。二哥十七歲，到處做臨時工。我十五歲，在家紡羊毛。妹妹十三歲，上學。弟弟十歲，上學。

　　那時候我的母親已經四十二歲。我們離開上海整整七年了。這七年無論是家庭還是國家都發生過很多事情。在母親三十七歲最黑暗的日子裡，也是我們離開上海剛剛三年，母親就失去了在上海苦苦等待她的母親，我們的外婆。那正是大饑荒最慘烈的1961年。母親離開上海時曾對她的母親說過：兩至三年她一定會回去看望她的。但母親沒有做到，母親真的是想不到她會做不到。說一不二的母親真的是失言了！其實，母親收到她母親病故的電報時，也沒有想到她要回去，她倒是想到了她是回不去的！那時，她已經無力做她想做的事情了！她只是默默地流了一夜的眼淚，第二天湊夠了五塊錢寄回了上海。這是母親在當時窮困、窘迫的條件下唯一能夠做到的了。從此，我們失去了與上海親戚的聯繫，也失去了重返故鄉親人團聚的期盼。直到四十年後，九〇年代末，我的母親以七十五歲的高齡，在我的弟妹兩家人的陪同下，才返回上海看望了一回。那時，她曾經的上海，已經灰飛煙滅！⋯⋯

第二章

共和國第一代

一、上山下鄉

　　1964年下半年，在「社會主義教育運動」深入開展，戰果輝煌的季節。我曾幾次在鞋後跟裡墊上約一公分厚的木塊以提高自己的個子，十分彆扭地擁擠到人滿為患的勞動職業介紹所大院裡去，想碰碰運氣，能否被招用適合自己做的臨時工。但幾次嘗試都失敗了，因為我的年齡太小了。當時需要的臨時工大多數是壯體力勞動；在賀蘭山上炸石頭，西大灘上篩沙子，適合我的年齡在工廠從事一般性勞動的活幾乎沒有。找不上工作，就得窩在家裡紡羊毛，枯燥乏味、百無聊賴……

　　那是秋末的一個晚上，大哥聽說新城街面（距銀川老城約二十里路）有一個鞋鋪要招收學徒工，便要領我去試試看。等大哥下班回來，我們乘坐公共汽車趕到那裡已經是晚上八、九點鐘了。漆黑的街面上已無行人，借著朦朧的月光我們找到了那家鞋鋪，敲開門，進入昏暗的燈光下，大哥向人家說明了來意。幾個正在納鞋、釘鞋掌的師傅們幾乎同時抬頭看了看我，那神情是不屑一顧的。但其中一個比較年輕的大概是負責人，倒是很爽快地大聲說道：「行！還可以，但要把戶口遷過來，吃住都在這裡……」

　　在回家的路上，我和大哥都鬱悶無語──那昏暗的手工作坊，學徒做鞋還要遷戶口？這不等於把自己永遠拴在那個令人窒息的鞋

匠鋪裡了？這對於充滿夢幻年齡的我，無疑是苦悶的，想必大哥當時的心情和我是一樣的。回到家裡，在把情況告訴母親時，我倆都特別強調遷戶口的事情。母親一聽說要遷戶口，心裡便犯嘀咕，害怕骨肉分離。加上我和大哥的消極態度，這個唯——次就業的機會，就這樣放棄了。

1965年秋天，有人報名到賀蘭山下的前進農場去。那時已有數千名北京、天津知青在那裡落戶。銀川也先後有青年去，據說各方面條件還可以，離家也僅有七、八十里路程，交通很方便。但我那時想的很浪漫，也很簡單——「不走則罷，要走，就走得遠遠的！不活個人樣決不回家！」我那時步入十六歲的夢幻年華，心裡、眼裡除了時代的浪漫激情外，根本就沒有什麼實際生活的內容。更何況從小到大缺吃少穿，困難的家庭並沒有給我提供任何物質需求的奢望，貧窮的物質世界裡一窮二白，除了積極向上、遠走高飛的精神追求，便一無所有！

我和孩子們玩耍的興趣沒有了，我恨自己長得太慢、太瘦弱，不能理直氣壯地站在時代的前沿去高歌猛進！我的心在期待、在選擇，在準備飛翔……但飛翔的目標，未來的追求卻是那麼空洞、茫然。我的家庭不能給我任何啟示和幫助，更談不上親朋好友托關係、找門路。沒有人能給我指出一條切實可行的路。與其說是我在選擇，不如說是我在期待；期待國家的召喚，期待招工進工廠，期待出現奇蹟報名參軍……

如果那時候有新疆軍墾農場在銀川招收青年，我會毫不猶豫地報名前往。因為我受《軍墾戰歌》的影響太深了！我喜歡軍隊性質

的生活。儘管軍墾農場開荒種地、吃苦流汗，但只要能跨上解放軍的邊，再苦再累也心甘情願！——「天山高峰高上天，天大重擔戰士擔。革命不怕千般苦，創業不怕萬重難！……」那高亢的歌聲、那神奇的土地、那一手拿槍一手拿鎬，軍墾戰士戰天鬥地的風貌，多吸引人啊！那正是我理想的境界！那也是很多共和國同齡人的一個精神世界！

十月國慶節後，「社教」工作隊組織轄區街道青年學習，聽報告。既而由街道辦事處出面進行「上山下鄉」的宣傳動員工作；說得天花爛漫，蓬蓽增輝！——「半天勞動、半天讀書，那是社會主義勞動大學！三年後畢業可以回城市分配工作等等。」天哪，這不正是我所期待的嗎？有書讀，有飯吃，三年畢業還給分配工作！——不能說這純粹是欺騙。因為當時對「上山下鄉運動」的理解和認識仁者見仁，智者見智；不排除寧夏的父母官們最初是想在南部山區建一個類似半工半讀、自食其力，培養鍛煉青年的「試驗點」，以此來緩解城市就業壓力的美好設想。正是這個美好的設想，誘人的展望，使很多高考無望（家庭出身不好）、求職無門（待業找不到工作）、自謀生路（家庭生活困難）的青年們躍躍欲試，試圖走出一條光榮而理想的人生道路來。姑且說，這是上下兩個意志的美好結合吧！

十月中旬的幾個下午，在銀川電影院、政府大禮堂，連續召開了幾場銀川下鄉知青典型事跡報告大會。已經下鄉到寧夏南部山區去集體落戶的七、八十名知青代表（黃峁山知青點的創建者），滿懷激情地講述了他們在固原黃峁山下鄉半年的勞動、生活和思想感

受；那聲情並茂的召喚、戰天鬥地的風貌，把政府的號召具體化、形象化、激情化！他們的家長也光榮地走上台去，講述支持兒女們到山區去安家落戶的態度和期望……

一切都是那樣的順理成章、動人心弦、催人奮進！……散會後，大家圍著黝黑、健康、熱情、豪邁的男女知青代表，問這問那，親如一家；那一刻，被召喚的對象們決心已下，就跟他們走！……

熱情凝聚成激情，激情彙集起潮流；追隨潮流是那個年代最具代表性的特徵！

在往後的日子裡，青年們紛紛報名，上山下鄉到固原黃峁山去！……

為了做好銀川首屆大規模知青上山下鄉工作，政府部門抽調領導專門負責，協調各方齊心協力，全力以赴做好知青下鄉前的準備工作；他們把所有報名參加，符合條件的近三百名男女青年組織起來，以各街道為編隊，進行為期半個月的集中學習——提高認識、統一思想、集體吃飯、集體活動。使這些散漫的青年有組織、有領導、有紀律地準備出發，奔赴山區！

那是一段陽光燦爛的日子，一段充滿信心和理想的日子！這一幫子來自銀川各轄區街道，年齡在十五歲到二十歲之間的初、高中待業學生，被一個共同的理想、共同的選擇、共同的志向召喚到一起，相互間有一種天然的親近、天然的語言和天然的想往；他們以革命的名譽、躊躇滿志、無憂無慮地接受組織的培訓和教導，天真爛漫地暢談理想和夢想；十個人一桌圍在一起，大口吃那免費供應的米飯、饅頭、四菜一湯。他們頭一次吃上了政府供應的伙食，而

且是銀川著名的「同福居」大食堂的伙食，心裡充滿了公家人的自豪感！

當呼號的寒風即將送走1965年最後兩三天時光時，我收到了紅紙黑字、摧人奮進的通知書：

銀川市知識青年參加山區建設批准通知書

××青年：

　　你積極響應黨的號召，報名參加山區社會主義建設，已被批准，特此通知。希做好準備，於×月×日，持此通知到安置辦公室報到，辦理手續。並希望到達山區後，發揮知識青年的特點，加強主席著作學習，努力向貧下中農學習，用毛澤東思想武裝自己，在山區建設、移風易俗和三大革命運動中發揮積極作用。

　　此致　銀川市安置辦公室

××年×月×日

我懷著激動不安的心情，如期與夥伴們到安置辦公室辦理了相關手續。回饋我們的是一身藍色學生服和嶄新的被褥，還附帶幾句熱情的祝賀和鼓勵！——真乃萬事俱備，只欠春風！春節過後，我們將揚帆起程，奔向那光輝燦爛的人生旅程！

1966年2月25日上午8點，我在母親、弟妹和街道居委會幹部的陪送下，背著黃挎包、胸戴大紅花，像英雄模範似的朝集合地點西

街百貨大樓走去（銀川唯一一座新建的商業大樓）。大街上到處是「歡送知識青年上山下鄉」的大小標語和送別人群。當我們來到百貨大樓寬闊的街面時，那裡已是人頭攢動、歌聲嘹亮；上千人聚集在那裡，準備舉行隆重的歡送大會！那場面是令人難忘的，富有開創性的！不大的銀川城為此而哄動，地圖上找不到的黃峁山也因此而家喻戶曉！

當銀川市市長出現在人群中時，很多下鄉知青們湧上前去，紛紛拿出自己的日記本，請市長簽字留言。我也急忙掏出隨身攜帶的紅色日記本，擁擠上去……這位五十多歲、神采奕奕的地方行政長官，熱情洋溢地為我寫下了「廣闊天地，大有作為」八個大字！我興奮地拿著日記本，被擁上來的夥伴們圍繞著、羨慕著——那份榮耀，那份激動，決不亞於三十年後，歌迷影迷們追逐明星的狂熱痴情！

充滿殷切希望的歡送大會結束後，知青們排成了六路縱隊，在夾道歡送的人群中，光榮地走向南門汽車站。那裡有十幾輛披紅掛彩的大轎車和無數等候送別的親人們……

——此時此刻，多少想像、多少憧憬，多少激情、多少浪漫，終於都化為現實。走的和送的，已經上車的和正要上車的，人們的心情一下子落到了傷感離別的氛圍裡。眼淚從反覆囑咐的母親的眼睛中溢出，簌簌的一把一把地擦拭著……

當汽車一輛一輛緩慢啟動，沉重地、戀戀不捨地離開張張泣淚的面孔和無數揮動的手臂，開出二道城門時，我身後的幾名女青年已經抱頭嗚嗚大哭起來……

這是一幅深刻而難忘的畫面，一幅動人心魄、催人淚下的畫面，一幅千百萬下鄉知青曾經擁有、伴隨終身的畫面，每當想起便

會令他們心潮起伏、熱淚流淌的畫面……

　　我懷著一種茫然若失的心情，傻傻地看著車窗外沉悶的田野；它們在旋轉、在變換、在消失；車內和車外一樣，沉悶得好像都要睡著了。剛才熱鬧的歡送場面瞬間化為烏有！只有那高一陣低一陣的汽車發動機在轟鳴。要不是它時時提醒，我恐怕不知道現在是怎麼回事？在幹什麼？腦子裡一片空白，只殘留著剛才母親和妹妹以及很多送別人群的張張含淚的面孔，一幕幕像電影鏡頭一樣，瞬息消失，怎麼也停留不住，把握不住，除非再從頭想起，但眼睛一眨又閃了過去，就像車窗外熟悉的田野，不斷地旋轉、不斷地重複、不斷地被奔馳的車輪拋撒過去！……

　　以現在的心境回顧昨天，昨天的現在在幹什麼？在想像今天！在期待今天！彷彿在另外一個世界裡！昨天的心情和現在的心情落差太大了，無法兼容！儘管過去想像了很多，預知了很多，但惟獨沒有想到現在的心情感知；那是一種從未有過的、沉悶的、酸澀的，又含有一種莫名其妙的，說不清道不白的滋味……

　　——「看，黃河！」車上一陣騷動，大家競相望去。第一次面對黃河，那淒迷蒼涼、布滿坎坷的河灘，擠壓著尚未融化的冰雪，漫不經心地向北漂去。絲毫看不出波瀾壯闊、洶湧澎湃的氣勢。——「現在水小，夏天水大，一眼望不到邊！」不知是誰這樣解釋著……

　　——「大家唱一首歌吧！提提精神！」坐在車頭一側的領隊胖大姐，笑盈盈的操著陝北口音的普通話，站起身來，大大方方地起唱並指揮！

到農村去！到邊疆去！
到祖國最需要的地方去！
祖國啊，祖國！
養育了我們的祖國，
要用我們的雙手，
把你建設得更加美好！

　　胖大姐三十多歲，街道辦事處幹部，專門負責我們街道幾十名下鄉青年的前期安置工作。她熱情爽朗、憨厚樸實，頗具組織工作能力。經過一段時間的接觸，早已和大家打成了一片。尤其是那些女青年們，巴不得她不要回去了，一直和她們在一起。而胖大姐總是樂呵呵地說：「我不會很快就回去的，我和你們在一起，一直到把你們都安排好了，不想家了，我再回！」

　　汽車急切地穿過大哥待過的吳忠縣城後，便進入了荒無人煙的高原曠野，在鋪撒石子的路面上顛簸起伏。大家「嘰嘰咕咕」地看著窗外荒涼的景色，指指點點、唏噓感嘆。他們不知道身外的世界如此荒蕪淒涼，正如我不清楚，「時代的車輪已經再次把我帶向一個遙遠而陌生的世界！」……
　　那時候我身邊的熟人只有王偉和吳浩。他倆大我兩三歲，懂得比我多。他倆的沉鬱似乎也比我多。一路上很少說話，除了囑咐我打瞌睡時坐穩、不要讓車顛簸得碰了頭，在喝水的時候總是問我喝不喝？像大哥似的呵護著我。他倆都是因為家庭出身不好、高考無望，被動下鄉的，情緒上自然少了些歡快與熱情；他們的理想是

上大學，大學的校園才是他們夢寐以求的世界！可上大學只是少數青年的可望，大多數青年甚至連中學都不能如期完成。除了政治條件外，還有經濟條件；一家五、六個孩子窮得連鍋都揭不開，還上什麼學呢？趁早找個工作掙錢，有個生活著落是最實際的問題；好歹政府對文化程度要求並不高，政治出身、思想覺悟才是面臨選擇的首要條件。——讀書無用！不僅是想讀書而不能讀的青年們的悲哀，也是不想讀書要工作的青年們的悲哀！「讀書無用論」在那時具有普遍的社會基礎……

　　下午兩點鐘左右，我們這支熱情而悲壯的車隊駛進了中寧縣城。在招待所大門口，很多當地幹部、群眾敲鑼打鼓地迎接我們，把我們領到安排好的客房裡，提來了洗臉水和開水，大家高高興興洗臉、喝水，又急不可待地跑出去遊覽以紅棗、枸杞出了名的中寧縣城。面對呈十字型的小縣城，一個個彷彿是大城市來的人，眼睛裡盡是同銀川相比的反差，大家的心還停留在銀川……

　　五點鐘剛過，人們就紛紛聚集在招待所大餐廳和街面大食堂裡。那時候才身臨其境，扎扎實實地坐在異鄉的飯廳裡，歡歡喜喜吃起異鄉的大會餐！……晚上，縣電影院還專門為我們放映了一場電影《革命家庭》。當我們躺在六人一間的招待所大通炕上時，已經是晚上十點鐘以後了；經過一天的奔波、忙碌，離別、變遷，大家疲憊地很快就入睡了。沒有聽見哪一個人哭鼻子喊叫著要回家，這是胖大姐最擔心的事了！

　　第二天早飯後，大家按時登車出發。汽車穿過冷清、不長的中

寧街道，朝著紅彤彤的太陽和輝宏的山巒奔去⋯⋯

　　一個多小時後，車隊在一座山梁上停下。大家急忙湧下車去，男左女右，紛紛尋找凹地背坎方便排洩。爾後輕鬆自如地駐足高原、放眼寥廓，大發感慨！──寂寞空曠的山野裡，頓時有了人氣和靈氣。

　　「走了這麼長時間，幾百里路，全是荒山禿嶺！」

　　「祖國如此遼闊偉大，卻又如此貧瘠荒涼。」

　　「胖大姐，這裡是什麼地方？」

　　「長山頭⋯⋯」

　　「我們去的地方是不是也是這樣？」

　　「不，比這裡好多了，那裡有山有水有人家。」

　　「那我們就在這裡開荒種地，扎根落戶吧！」

　　「我們要把這裡變成花果山，米糧川！」

　　「可這裡沒有水，乾旱的連草都長不出來。」

　　「我們要戰天鬥地！」

　　「把黃河水挖過來！⋯⋯」

　　汽車繼續南上，山越來越大，坡越來越陡。大家的心也被忽上忽下的路面忽地提起、忽地沉下，激動得滿車人噢噢亂叫⋯⋯這是胖大姐最高興的事，她怕大家沉默，總是讓大家唱歌、逗笑⋯⋯這時候的胖大姐是我們的中心，我們的太陽！

　　中午，在回民聚集的同心縣吃完飯後，長長的車隊拋下頭披黑、白蓋頭的穆斯林婦女賣餅賣水的吆喝聲，信誓旦旦地行進在黃土高原上。渾厚的黃土塵沙鋪天蓋地，鋪疊成高山峻嶺，鋪疊成斷

崖峭壁，鋪疊得一望無際，鋪疊得山巒重疊……偶爾有人家，黃色的土院、黃色的屋面、黃色的模樣、黃色的面孔，一掠而過；偶爾有羊群，白色的斑斑點點，如影如幻，一晃即無。惟有雲天不動，陽光不動；陽光把輝煌全部奉獻給大地，使大地蒼黃無際、輝煌燦爛！此時此刻，所有的人都有了離家遙遠的感覺，真正意識到了他們面對的世界是荒蕪人煙，窮山惡水的世界！

　　——「黃峁山荒涼，不長茅草不長糧，沒有人煙只有狼」的傳說在腦海裡迴響，大家再一次陷入沉抑和茫然，連胖大姐也默默無言。好在這樣的時間並不長，兩個小時後，車隊就翻過了最後一座山梁，一路下坡直奔坐落在群山環抱的固原山城！大家的心再次被喚醒……

　　鑼鼓鞭炮在固原招待所大門口響起。在「歡迎銀川知青上山下鄉建設山區」大幅標語的引見下，汽車一輛接一輛拐進了招待所大院，歡迎的人群像親人般簇擁上來，大家在充滿熱情的氛圍中被安排到各個房間。放下行裝，又紛紛湧到門口已經準備好的臉盆熱水，圍在一起痛快地洗理，清除滿身的塵土，頓時煥然一新，彷彿有了到家的感覺。

　　有消息傳來說：我們要在這裡整休三天，然後再上離固原城僅有五、六里路的黃峁山！於是，大家就抓緊時間先睹固原山城的風貌。我們一行男女十幾個，由北向南沿著緩緩下坡的街道觀光遊覽。面對古樸陳舊的民宅商鋪、畫梁雕鳳的樓臺亭閣，雖已風雨斑駁年事已久，卻充溢著古老文化氣息和地方民俗的韻味。尤其是那一張張飽經高原寒風吹刮的紅撲撲的婦女兒童的臉頰，更讓人感到

一種淳樸的人性美與自然美。固原人的話語更是高低錯落卻又婉轉流暢，就像在吟唱「眉戶」小調一樣。

由於時間所限，我們沒有走出南城門去，便在城門洞一側拾階而上，興致勃勃地爬上了城門樓。站在高大雄偉的城樓上，鳥瞰固原城廓，四四方方、完整固若地坐落在黃燦燦的山的懷抱裡。那份安詳、那份神韻、那份遠古蒼黃的輝宏，讓人心曠神怡、思緒連翩……

從城牆上往西走，邊走邊議論古往今來，守關禦敵的豪情壯志，身如其境，意氣風發！不一會就走到了我們居住的招待所，它就在腳下！大家高興得衝著下面房簷下說話的夥伴們大喊大叫，惹得那幫子人急忙趕來，順著招待所後院爬上城牆，大家歡呼，驚嘆：「哇！這在哪一個城市能擁有如此古老而完整的城牆通道啊！……」（可惜如此完整的固原城牆及其城樓皆毀於「文革」破四舊運動。）

固原的城廓、城牆，樓亭、商鋪，高低錯落的街道，以及四面環山的地理風貌，給人的影響太深了！那一陣，誰都沒有感到寂寞想家，彷彿自己是在旅遊觀光……

接連三天休整學習，主要是對「上山下鄉」運動的再認識；堅定信心，排除雜念，整頓紀律，聽從指揮。按照部隊的建制，把連同先前下鄉的幾十名知青和我們一起合計三百六十多人劃編為九個排。其中男青年三個排，女青年六個排，一個排三、四十人不等。以排為單位，每個排設政治工作員一名，正、副排長各一名。這些排幹部除了年齡大一些，全是青一色的共青團員。每個排下設三個班，我被編在男一排二班裡。

一切安排就緒後，大家便抽空給家中寫信。頭一次以全新的視角、成熟的姿態、親切的語言，告慰親人也告慰自己：「一切都很好，勿念！」匆匆忙忙為自己生命歷程的第一步畫上了圓滿、慷慨的句號！

1966年2月的最後一天上午，固原山城有一支三百人的隊伍由城西向城南進發。這是一支年輕的，身穿藍色學生服的隊伍。走在前面的是英姿颯爽、神采飛揚的女青年，後面是生氣勃勃、英俊瀟灑的男青年。他們邁著整齊豪邁的步伐，邊走邊齊聲附和著領隊的口令：「一二一！一二一！一二、三、四！」那莊重、熱烈的氣氛，彷彿是在接受盛大的軍事檢閱！稍頓，他們又放聲高歌：「革命青年志在四方，要為祖國貢獻力量！……」踩著歌聲的節拍，齊刷刷地向前走！那整齊的步伐、嘹亮的歌聲，使急忙湧來看稀罕的當地百姓不禁拍手鼓掌、贊嘆不已！……他們就是這樣走出了固原山城，跨過了南河灘大橋，離開了「銀平」公路，登上了夢幻縈繞的黃峁山！開始了他們滿懷理想的人生步履！……

坐落在固原東南面的黃峁山，背靠博大渾厚、連綿不絕的高山峻嶺，腳踩蜿蜒曲折、貫穿南北的「銀平」公路（寧夏銀川至甘肅平涼）和長年奔流不息的清水河，以它黃燦燦的貧瘠，頑強地繁育著固原東南部十幾萬祖祖輩輩靠天立命耕耘播種的農民。黃峁山雖然貌不驚人，樸質得連綠草都不好好生長。可它左不攀結聞名遐邇的六盤山，右不仰仗歷史悠久的固原城，獨自一方、孤陋寡聞，卻硬是把遠在繁華都市的幾百名風華正茂的生靈招攬到自己的懷抱

裡，演繹出無數喜怒哀樂、感天動地的青春故事！——「念天地之
悠悠，獨愴然而涕下……」

　　坐上了大卡車　戴上了大紅花
　　年輕的朋友們　黃崶山來安家！
　　來吧來吧　年輕的朋友　親愛的同志們！
　　讓我們一起來相會　一起來建設黃崶山
　　一起來綠化黃崶山！
　　不送你哈密瓜　不送你酥油茶
　　送你一束沙棗花　清香純樸情誼長！
　　來吧來吧　年輕的朋友　親愛的同志們！
　　讓我們一起來相會　一起來建設黃崶山
　　一起來綠化黃崶山！

　　在充滿激情和歡樂的歌聲中，我們與先前上山半年多的幾十名
知青在黃崶山峽口匯合。他們用自編自唱的歌聲歡迎我們，用熱情
粗糙的雙手迎接我們，用兄弟般的情義撫慰我們，分別把我們領到
早已收拾好的依山傍坡而建的房屋、高低錯落的土窯洞裡去，幫助
我們解裝鋪床、布置宿舍……

　　這是一個原始部落，一座貼在山坡上的栖居地。從上到下布滿
洞疊洞、房挨房、院套院的神秘與淒迷。它遠離農舍村莊，獨僻一
方。它的肩部還殘留著令人望而生畏的崗樓。還有腹部藏而不露的
土圍子。它的地理構造獨居匠心，充滿人工斧鑿的設計與艱辛。據

說它原先是羈押犯人的勞改農場，一個天然的改造人類自身的屯居地！三百多青年在它的懷抱裡竟然虛懷若谷，安之若素。——遠遠看去，它昂然起首，以它的高大、渾樸，默默地守護著自己的歷史尊嚴；假如你不深入地考察一番，你怎麼也看不明白，它就是一座普通而荒蕪的山！

　　幾聲婉轉的小號聲，飄然而至又飄然而去，像母親親昵的呼喚聲，把散落在坡上坡下、屋內房外的人群召喚——「哦，到吃飯的時間了。走，先吃飯去！」談興正濃的政治工作員高鵬不無遺憾地笑著說。大家跟隨他走出屋去，踉踉蹌蹌地竄下山坡去。

　　可容納三百多人吃飯的大食堂，就在山坡下平地四合院裡。進院正面是一排土黃色舊平房，左邊兩間存放犁、耙、耱等農具。右邊三間堆放蕎、蓧、穈各種雜糧種子。西側一排土房依次是開水房、灶房和炊事員宿舍。寬大的院內便是大夥就餐的露天大食堂。我們來到的時候，院裡已經排成長長兩隊手拿碗筷，分別在兩個窗口打飯的人群。那些已經打上飯的人，手捧像小瓷盆一樣大的黑色大老碗，或一字排開蹲在屋檐下，或一夥圍成一圈，正吃的酣暢淋漓，稀裡呼嚕的。我隨大夥在窗口旁竹筐裡取出碗筷，迅速到隊尾排隊打飯。忽聽前面窗口一聲尖叫，「啊唷！哐嚓！」一聲，抬頭望去，只見一個瘦小單薄的女青年，不！不如說是一個女孩，雙手捂臉在哭；幾個人上前哄勸，並幫助她重新打飯。——「太小了，純粹是個學生嘛，怎麼也下鄉來了？」「也就是十三、四歲吧，連個碗都端不動……」「哎，你別說，咱們還真要向人家學習呢，小小年紀，人小志氣大嘛，好樣的！」站在我身後的政治工作員高鵬

接過大夥的話贊許地說⋯⋯

當我在窗口接過一大碗油汪汪、熱乎乎的羊肉湯時，不由地也一陣緊張，生怕端不好也像那個女孩一樣砸了飯碗：「難怪她沒端住，這碗也太大了！」我小心翼翼地捧著飯碗對周圍人，也是對自己說，彷彿是有意替那個女孩開脫似的。躲開窗口擁擠的人群，抬頭在院裡尋找自己落腳吃飯的地方，只見王偉、吳浩、鐘兵三個人蹲在農具房前正吃得熱乎，我便前往加入⋯⋯

在黃岇山吃的第一頓飯，我只吃了少許饅頭，就那一大老碗羊肉湯吃的我美美實實，回味無窮！⋯⋯因為，往後的伙食反差和我的肚量反差實在太大了！每每吃不飽，就會拿著空碗在食堂外面等著。只聽那一聲「加菜啦！」便爭先恐後地向窗口擁去。這時，常常會想起那第一頓飯和那女孩燙了手、砸了碗的情景⋯⋯

三月的黃土高原，既有陽光明媚，春色顯露，大地復甦的晴朗天空。又有寒風料峭，陰霾飄雪，冬天依舊的天氣。在這樣的時節裡，山區農民一般都窩在熱炕上，吃罷晌午飯後才會出門。但黃岇山的知青們自從踏上黃岇山那一天起，就過著一種準軍事化的生活；每天早晨六點鐘天還未亮，在一陣軍號聲的呼喚下，就緊張地穿衣起床，迅速朝山上操場上跑去。一陣急促的點名報到後，便開始跑操；「一二一！一二一！」口令聲聲，步伐陣陣。跑上幾圈後嗓子發乾、胸部發堵，氣喘吁吁、咳嗽不斷⋯⋯跑著跑著，就有人不斷往後看，且從後面發出「咪咪」的笑聲。我趁隊伍拐彎時往後瞥了一眼，才弄清大家笑的原因；在隊尾有一隻小狗追隨著隊伍奔跑著；隊伍跑得快、它也跑得快，隊伍跑得慢、它也跑得慢；「呼

哧呼哧」、蹦蹦跳跳，惹得大夥不斷扭頭看它發笑。隊伍鬆垮了，氣得帶隊教練高鵬跑到小狗跟前抬腿就是一腳，只聽「吱哇哇」一聲慘叫，小狗像足球一樣從操場上落到了山崖下──「立定！向左轉！立正！」操場上空氣驟然緊張起來，大家直怯怯地看著神情嚴肅的高鵬，等待發落。但高鵬氣呼呼地凝視著隊列，愣是什麼話也沒說。少頃，便进發出：「向右轉！起步跑！」「一二一！一二一！一二三、四！」⋯⋯

七點鐘，灰濛濛的天空似乎不肯開眼，天氣依然陰沉沉的。大家準時來到二十多人住的大宿舍。這是坐落在場部頂端，操場北面山圪塄裡的一排磚瓦平房，白牆粉面，全場唯一一處最好最亮堂的房子。其中三間會議室因大批知青的到來而改作宿舍，另外兩間分別是場長和指導員的宿舍兼辦公室。大家進門面對兩邊疊得整整齊齊的大通鋪，一分為二、脫鞋上床盤腿而坐，例行每天上午兩個小時的政治學習。主持人高鵬坐在靠門一側挨牆放滿茶缸牙具的課桌旁，見人到齊了，便嚴肅地宣布道：「現在開始學習了，今天學習毛選《反對自由主義》，請郭排長給咱們念。大家要認真聽，學完後要聯繫自己的思想和行為討論發言，尤其是昨天沒有發言的同志，今天要踴躍發言⋯⋯」坐在課桌另一邊的郭排長迅速翻開書本，咳嗽了兩聲，清了清嗓子，用普通話大聲朗讀起來⋯⋯

郭排長和高鵬都是去年第一批下鄉知青，又同是銀川二中高中畢業生，像其他因家庭政治背景考大學無望的同學一樣，他們自發組織起一批同學，積極響應黨的上山下鄉號召，到艱苦的山區經受鍛煉。他們具有很強的自我改造意識和吃苦耐勞精神。在黃崌山

三百多名知青中，無論是文化程度還是成熟程度都是佼佼者。因此，他們二十多名同學分別擔任著各排排長、班長、團支部書記、支委等職務，成為黃岕山知青的中堅力量。

在郭排長念文章的時候，我認真地一句一句地聽，並在同一篇文章的單行本上不時地將自己不認識的生字通過郭排長的發音，用筆加上認識的同音字——這是我學習文化、掃除盲點的原始方法，它為我日後在會上輪流讀文章（當時政治學習的一種方法），不為生字所難，不當眾臊毛，暢通無阻地讀文章開了綠燈。

上午九點多鐘吃完飯後，由於天氣不好，自由活動。自由活動的含義通常是就地待命，等待領導的安排。大家三五一夥說話聊天，或聚在門前指手劃腳比試體力，爭強好勝！不會有人到女生宿舍去調侃逗樂，更不會有人擅自離隊到城裡去消遣閒逛，那是違犯組織紀律的。

下午照例安排文藝活動；全場三百多名青年齊上陣，排練革命音樂舞蹈史詩《東方紅》，準備在五一勞動節到固原城劇院向上級領導彙報演出。在團支部書記兼男二排政治工作員司汗青的指揮下，開始練習大合唱《東方紅》。我記得當時有多種唱法：男女大合唱、男女輪唱、女高男低伴唱，一遍一遍練習，越唱越整齊。一個多小時後稍作休息，又分開練習獨唱、表演唱及舞蹈、造型等。整個院子裡熱鬧無比，歌聲迭起。四十多歲的趙場長在動員大會上曾自豪地說：「要通過這場青年文藝演出活動，歌頌中國革命的光輝歷程，向山區人民展示下鄉青年的精神風貌！……」

大家唱歌跳舞練習到五點鐘，在開飯的號聲中，熱哄哄地湧到

食堂大院裡去,一個白麵饃、一個蕎面饃,一黑一白加上一碗土豆白菜湯。吃起來稀裡呼嚕、不知何味,填進肚子裡卻實實在在、舒舒服服。我們過的是政府供給制生活,伙食標準每人每月十元錢,糧食定量每月三十六斤。另外每月給我們每人發三元錢生活津貼。不論職位高低、男女大小、統一一個標準。

吃完晚飯後,大家會利用這段休閒時間,或登高遠眺日薄西山的餘輝,或下到溝裡遂溪流散步。愛好打籃球的便會邀三呼六,跑到位於場部頂端的操場上去一展身手!那裡相對豎立著一對用粗壯的樹幹劈成的籃球架。只是出手要小心,別把球扔到了山崖下,那可要跑到女生大院裡去找個苦!

晚上七點鐘,通常是以班為單位召開班務會,主要是個人生活檢討和衛生值日方面的瑣事。有時班務會沒啥安排的,就安排個人給家裡寫信或寫學習心得。總之,每天的生活安排得非常緊湊,一切行動規範劃一,充分體現了毛主席在延安時期為抗日軍政大學題寫的「團結、緊張、嚴肅、活潑」八個大字。

眼下尚處於農閒節氣的知青們,不是窩在屋裡學習,就是圈在院子裡唱歌,雖然舒適歡樂,可我心裡總有點不踏實,總想儘快體驗一下勞動的感覺,倒不是我喜歡勞動,其實我對勞動有些膽怯;都說農活又苦又累,我能幹得了嗎?我會幹好嗎?別人似乎無憂無慮,甚至還有比我歲數小的,可人家的身體比我結實多了;他們扳手腕較勁時,那胳膊上的肌肉鼓得像小山似的。而我,瘦弱得摸不出一塊肌肉。每當他們扳手腕、玩摔跤時,我便自愧不如地閃到一邊,避免別人挖苦我……

一個晴朗的早晨，大家跑完操看著東方剛剛露頭的太陽，火紅的朝陽冉冉升起：「難得的好天氣！」郭排長站在大宿舍門口，破例地對大家說：「今天不學習了，大家到下面保管室去領鐵鍬，收拾收拾，吃完飯後，拿上鐵鍬在食堂大院裡集合……」

　　九點多鐘，大家吃飽喝足，紛紛扛上鐵鍬到大院去集合，參加第一次正式出工勞動。院裡早已熙熙攘攘，男女各排迫不及待地整隊待命。一陣「向右轉！齊步走！」各排一隊跟一隊地邁出了土木堆壘的大門，跨過積石累累的河灘地，順著對面山腳下一條蜿蜒的小路，向七、八里外的田窪知青點走去。勞動的磨礪從此開始，並與我們結下了不期之約……

　　黃峁山下有一條南源北流的河灘地，它把東坐的黃峁山與南臥的田家山梁分隔開。晴天，河灘地裡溪水蜿蜒、潺潺而流，最終穿過「銀平」公路與北下的清水河會合。雨天，溪流變成多股聲勢浩大的洪流，攜沙滾石、轟轟烈烈地奔騰咆哮，甚至摧毀公路、沖過橋梁與清水河共嘯。在這片恬靜而狂放的河灘對面，便是田家山梁。它平地隆起，連綿而舒緩，無論是山勢還是氣勢都不如黃峁山那樣恢弘、霸氣。但田家山梁更顯得雍容大度、更像母親無私地敞開胸懷，任由子女們耕耘播種……

　　遠看田家山梁，就像一個個排列的、碩大無比的花卷饃；層層梯田、疊疊鋪展，直盤到山脊梁。在田家山梁下面，是幾十里開闊的山川地。穿插著南來北往的「銀平」公路，默默流淌的清水河畔，它們在這片土地上送往迎來，使這裡成為知青帶隊胖大姐所說的：「有山有水有人家」的好地方！

　　約一個小時的路程，二、三百人的勞動隊伍相繼來到了設在田家山梁腳下的田窪知青點。初來乍到的知青隊伍並未進院子歇息或看看稀罕，各排只是派人到院子裡各自拉了幾輛架子車，按照統一劃定的勞動地段散開而去。在連綿起伏的山川地裡，幾百人瞬間就不見了，他們消失在大塊大塊的條塊地裡；任務是把地埂旁、溝窪裡，一冬天吹刮堆積的殘雪、冰渣用架子車拉出來，拋撒到乾旱缺水的條塊地裡去。這在乾旱的山區，叫作「揚雪保墒」。

　　大家裝車的裝車、拉車的拉車、你來我往，幹得熱火朝天！我和王偉、吳浩三個人負責一輛車的卸車和拋撒；一車冰雪拋撒五、六平方米面積，挨地來回拋撒，力爭讓乾旱饑渴的土地都能吃上些雪水、沾上些濕氣——「這對春耕播種極為有利！」

　　接連兩天，溝畔、低窪、田埂窩藏的殘雪冰渣都被拉完了。計劃三天的任務兩天就完成了，大家信心百倍，意猶未盡！儘管我的兩個胳膊揮撒得酸疼不已，但自我感覺良好，只是饑餓難奈……下午收工回到場裡已經餓的連坡也上不去了，滿臉的灰塵、髒兮兮的手也顧不上洗，先到食堂打上兩個饃饃填肚子，等有勁的吳浩上去到宿舍裡一併把碗筷拿下來再打菜吃……

　　第三天的勞動是擔糞撒糞。那一大堆一大堆從牛羊圈裡刨挖出來的糞土、炕灰堆積在路旁、田邊。我們用兩隻柳條筐把它擔到很遠的田地裡去，每隔四、五米倒一堆，後面的人便挨個把它揚撒開。這擔糞的活看似簡單，可幹起來卻很不容易，不僅吃力而且彆扭。小時候挑水都是兩個人抬一桶，走起來既便當又省力，從來沒有實踐過獨自一人挑擔子的滋味。剛開始大家爭先恐後，只嫌糞筐裝得太少，一個勁嚷嚷要裝滿，並未意識到挑著兩筐沉甸甸的糞土

行走在疙疙瘩瘩、鬆軟起伏的沙土地上的艱難。等幾趟擔下來，一個個累得歪歪斜斜、齜牙咧嘴，兩腿發軟。原先的爭強好勝、爭先恐後的勁頭悄然而失⋯⋯

連續幾天的擔糞勞動，排裡先後有三、四個人請病假，大家的情緒因勞累和想家而低落。下午田間休息時，政治工作員高鵬熱情地把大家叫到一起，有話沒話地逗大家說笑。可大家愣是提不起精神，話茬接連不起來，氣氛乏不拉遢。郭排長便鼓動愛唱歌的人稱「甘丫頭」的甘永泉給大家唱個歌，提提精神！「甘丫頭」一聽唱歌，便笑眯眯地翻起身來。郭排長扭頭對大家大聲道：「嗨！大家都坐起來，歡迎甘永泉給大家唱個歌！」甘永泉笑而作忸怩狀地問郭排長：「唱個什麼呢？」「就唱你拿手的女高音獨唱『邊疆處處賽江南』！」大家疲乏的眼睛都轉向了甘永泉，心想，看這小子還怎麼唱這女高音？⋯⋯可甘永泉並不含糊，只見他輕輕地清清嗓子，開始細聲細氣地唱道：

> 人人哪都說江南好，我說邊疆賽江南。
> 哎！⋯⋯哎！⋯⋯賽呀，賽江南。
> 朝霞染湖水，雪山倒影映藍天，哎！⋯⋯呀來！
> 黃昏煙波裡，戰士歸來魚滿船，哎！魚呀魚滿船。
> 牛羊肥來瓜果鮮，紅花如火遍草原。
> 哎！⋯⋯哎！遍呀遍草原，哎！⋯⋯
> 偉大領袖毛澤東，領導我們永遠向前。
> 革命大旗高高舉，天山南北紅光閃。

哎！呀來，哎！呀來，哎！紅光閃，哎！紅呀紅光閃。

各民族兄弟幹勁衝天，要讓邊疆處處賽江南。

哎！……哎！賽呀賽江南，……哎！

　　當第一段剛唱完，大家不由地齊聲鼓掌，大聲叫喊唱的好！——「真是絕了！比女同志還唱的有味道……」高鵬趁機對大家說：「來！乾脆咱們一塊唱！」大家的情緒一下子提了起來，獨唱變成了合唱……

　　說是說笑是笑，苦歸苦樂歸樂。此刻，最讓我煩惱的是，我的肩膀已經疼得不能動彈，肩胛骨上的皮肉已被堅硬的扁擔擠壓的皮破肉綻。儘管用毛巾厚厚的墊在肩上，但擔起糞來仍然疼痛無比，瘦弱的肩膀根本使不上勁，全憑身子骨在苦苦地支撐著；歪歪斜斜、舉步維艱，畏畏縮縮、疼痛不已——咳！去它的吧！乾脆放下擔子振作振作精神。於是就咬牙切齒捶打肩膀，掄甩胳膊以痛治痛，再咬緊牙關挑起擔子往前走；你愛疼不疼、愛累不累，別人能行你就能行！……就這樣下狠勁、死勁、呲牙咧嘴地一趟一趟往下擔！實在不行了，就倒在地上，閉上眼睛歇一歇，翻起身來接著再幹！心裡想著「愚公移山」，默默念著「下定決心，不怕犧牲，排除萬難，去爭取勝利！」……

　　十幾天的農業備耕勞動總算是熬下來了，幾乎沒有人手掌和腳趾不磨出幾個血泡的。而我肩膀上的皮肉損傷遠比手掌腳趾磨出的血泡要疼痛的多。早我們半年下鄉的「老同志」教我們用針扎破血泡放血，免得它越磨越大腫脹難受。還告訴我們幹活不要用死勁，握鋤的手不要攥的太緊，磨煉上幾個月皮膚厚實了就不會打泡了。

痛苦的備耕生產結束後，留下部分知青協同老農耕地播種，其他人全部集中到溝裡知青點去植樹造林。大家又投入到新一輪緊張艱苦的勞動中去……

　　與田窪平川相反，溝裡知青點在場部山腳下，沿著河灘地逆流而上。溝越走越窄，兩邊是懸崖峭壁，直走到溝的盡頭，便開始爬坡上山，攀上一道山梁，就深入到了黃峁山的腹部；眼前山巒起伏，野風蕭蕭。在一處半山腰裡，錯落著七、八間泥土房子，這就是溝裡知青點。從場部來到這裡，要走兩個小時的路程。

　　在陡峭的山坡上挖坑種樹，最大的難度是既要站穩腳防止滑坡，又要騰出腳踩鍬挖坑，二者必須兼而顧之。於是只能斜跨身子高低腳、渾身彆扭地協調動作，否則就會有滾坡摔傷的危險。把挖出來的土塊培在土坑的外圍，形成盆式的育林坑，避免水土流失，這是保證樹苗成活生長的基本條件。

　　進入四月的高原山野，依然荒蕪蕭瑟。久旱的風土揚塵把幹活的知青們撲打得灰頭土臉，蔫不邋遢。不知不覺中，手掌又磨出了血泡，嘴唇還裂開了流血的口子。幾天幹下來，知青們全都變了樣——蔫了、黑了、啞了、傻了。尤其是那些女青年，幹著幹著，就呆呆的看著遠山背後的天空，流出了眼淚；當你喊她時，她回過頭來，不好意思地眨巴眨巴眼睛，彷彿是山風吹閃了她的眼簾……

　　往常，下午收工集合整隊返回，甚至還要「一二一齊步走」，唱上幾首凱旋而歸的歌。這幾天，從山上造林回來，早已失去了往日的光彩——一個個蔫頭蔫腦、一瘸一拐、稀稀拉拉地從山上下來，踉踉蹌蹌地走出溝灘，乏得骨架子都散了……

　　沉重的農業勞動終於嚴峻地向這些肩不能挑、手不能鋤的城市青年袒露出勞動的份量，勞動鍛煉、勞動改造的真正含義。其實，勞動並不是我們張嘴就來的口號，也不是寫在紙上的讚美文字，它是痛苦的時間煎熬，汗水和泥土的艱難磨礪；勞動最光榮，可勞動是痛苦的，它需要身體的付出、需要極大的忍耐、需要痛徹全身的脫胎換骨！此時此刻——黃崆山的知青們對勞動的認識是矛盾的、痛苦的，他們的理想和信念將面臨著嚴峻的、日久天長的勞動考驗。

　　1966年清明節，場裡組織去烈士陵園掃墓。那天早晨天氣晴朗，知青們個個精神煥發，爭先恐後。因為我們要步行五十里，來回一百里山路的考驗，才能完成這次充滿革命意義的掃墓活動。當時領導提出有病的，有特殊情況的女同志可以不參加，但沒有人願意放棄。

　　記得我們三百多青年排著隊，唱著歌，在旗手的牽引下上路的。印象最深的是，在走完了多一半路程後，帶隊的政治工作員便開始鼓動大家；能不能跑上一段？——能！大家毫不含糊，像衝鋒奪碉堡一樣爭先恐後地撲向前去。那最後十幾里路，幾乎是跑著完成的。當然，那時的隊伍已不是一個整體，而是一撥一撥的，最多的幾十人，最少的五、六人，拉在後面的全是體弱的女同志。

　　我既沒能跑在前面，也沒有拉到後面。那跑在最前面的一撥子據說中午11點鐘就趕到了。我是隨大多數11點半到的。我們休息了約半個小時（沉重而好奇地在烈士陵園荒蕪的墳堆裡探訪），待後面陸續趕來的人到齊了便開始舉行祭奠儀式。記得我們把自己做的小白花戴在胸前，順序排開面對和我們人數差不多的烈士墓地；默

哀，唱掃墓歌，宣誓，聽守陵人給我們講那場發生在寧夏解放前夕的戰鬥故事。

1949年9月上旬，西北野戰軍一支先遣部隊由南向北挺進，某營急行軍至清晨，進入寧夏境內彭陽任山河峽谷地帶，遭遇馬鴻逵部隊山上伏擊。遂幾次組織力量向山上猛烈進攻，馬軍佯作投降，待野戰軍衝向近前便開始瘋狂射擊，致使野戰軍損失慘重。這是解放寧夏的唯一一場戰鬥，卻犧牲了三百多名指戰員，他們多數為四川籍人。很多墓碑沒有名字，很多烈士連家屬也沒有找到。——副營長、連長、排長、班長、戰士，還有那麼多無名英雄，為了中國人民的解放事業，為了奪取戰爭的最後勝利，這些年輕的生命永遠躺在了這片蒼涼而沉寂的黃土地上。

回去的路上，照例是列隊返回。大家的心情沉重，饑渴疲乏，沒有唱歌，沒有呼應步調的口令，大家的情緒還停留在那片寂寞而悲壯的墓地上⋯⋯

下午兩點多鐘，我們還沒有走完三分之一的路程，天氣就變了；烏雲驟起、雷聲轟鳴，四月的第一場雨，也是下鄉後的第一場雨如豆般潑灑下來，猝不及防的隊伍沒有地方躲避，唯一的辦法就是向前跑，希望前面的雨下小了，或者不下了。

毫無希望的隊伍潰散了，大家都在努力地奔跑，不斷地抹去額頭上的雨水，一個個早就成了落湯雞。風雨呼嘯中傳來了熟悉的機器轟鳴聲，兩輛拖拉機從我們眼前急駛而去，車廂上擠滿了落後的人群。我們無望地羨慕著，她們幸運地叫喊著⋯⋯

那雨一直沒有停，不過下的鬆散了些。但那個冷啊，我們幾乎不能再跑，山風吹來，渾身冷得發抖，只好疾步行走，企圖走出點

熱來；偏僻的山路，沒有希望，沒有依賴，只有不停地走，走！把
衣服脫了擰去大量的雨水，穿上再走！鞋裡全是水，走起來噗嗤噗
嗤不方便，把鞋脫了，踉踉蹌蹌地走！……

　　那天走到場部已經天黑了。最遲到的是那些沒有擠上拖拉機的
女同胞們，回來已經是夜晚9、10點鐘了。第二天沒有出工，因為
近乎百分之百的知青們都輕重不一的感冒了！這是下鄉遭遇的第一
場大雨，也是下鄉十幾年唯一一次去烈士陵園掃墓留下的一個刻骨
銘心的清明節！

　　持續了近半個月的植樹造林結束後，已經到了四月下旬，距
五一勞動節只剩下三、四天的時間。為了保證「五一」演出成功。
場裡在這幾天什麼活也沒有安排，集中人員全力以赴排練節目！知
青們又穿得乾乾淨淨、精神飽滿地投入到各自扮演的節目中去。於
是，場部的坡上坡下、院裡屋內，又呈現出人氣旺盛、歌舞迭起的
熱鬧場面。尤其是最後一天進行節目組合彩排時，更是形神兼備，
激情萬端！——三百多名青年粉墨登場，鑼鼓喧騰、歌舞飛揚！如
此龐大的演員陣容，把沉寂的荒山攪得翻天覆地！——上下幾千
年，黃峁山哪見過如此生動壯觀的場面！……

　　五一勞動節來了！天藍藍，氣爽爽，溪水清流，山川秀麗。黃
峁山知青們一大早起來沒有例行去跑操，而是端著臉盆紛紛來到山
腳下，蹲在河灘地上洗衣服；男男女女、歡聲笑語，濯污揚清，好
不愜意！他們經過一段時間的緊張勞動難得休息半天；把那汗泥夾
拌的髒衣服盡情搓洗，把那勞累疲憊的身心重新調整過來；下午，
他們還要更衣化妝，到固原城去一展風采！晚上，還要在固原劇院

裡登臺演出！這一天，注定是無與倫比，輝煌壯麗的一天！

　　——五月的春風舒心暢意！到處是生命的氣息、青春的氣息；離家兩個多月了，那最初的忐忑不安、想家戀家、苦澀的勞動煎熬、痛苦的思想鬥爭，彷彿一下子全都被洗刷了！生活變的陽光明媚、豐富多彩！山野、溝灘、綠樹、村莊，都變的親熱可愛！一切都沐浴在春風裡，春風把大地、把人融和起來，使生命有了依托、有了依戀、有了精神世界和物質世界的溝通、融合，有了充滿活力的青春激情！這種激情迸發在下午三百多名青年行進在固原街頭的神情裡、腳步上、歌聲中……

　　這支聲勢浩大的隊伍，前面是花紅葉綠、載歌載舞的女青年，後面是意氣風發，舉旗扛槍的男青年。他們頭戴紅星帽、身穿綠軍裝，高唱「三大紀律八項注意」，把革命的史畫活生生地搬上了固原山城的大街上，讓山城百姓開了眼，看了稀罕！彷彿看見了當年的工農紅軍匯合在西北高原上！……

　　晚上，三百多青年又在固原劇院正式演出了革命音樂舞蹈史詩《東方紅》，轟動了整個劇場！——從南昌起義的槍聲，到長征翻雪山過草地；從南泥灣的歌聲，到東方紅太陽升五星紅旗迎風飄揚，把一幅幅波瀾壯闊的革命史詩表演的淋漓致盡，蕩氣迴腸！台上聲情並貌、歌舞迭起，台下掌聲熱烈，贊嘆不已！臺上台下心潮起伏、激動無比！此情此景，讓人銘肌鏤骨，難以忘懷！……

　　黃崰山的知青團體因此在固原山城傳為佳話，他們用汗水和智慧贏得了當地百姓的贊許，為沉默荒蕪的黃崰山贏得了名氣和榮耀！

　　「五一」過後不久，由於大量春耕生產基本結束，場裡決定把

男生三個排分別安營扎寨到三個知青點去。即：男一排進駐田窪，男二排駐守溝裡，男三排上山蹲守前山點，負責那裡一百多隻羊群的放牧及其大面積播種的小麥管理。男二排在溝裡主要是墾荒植樹和胡麻、土豆等粗雜糧的耕作生產。我們一排在田窪，除了大面積的平整林業苗圃地外，還要種好門前十幾畝菜地和十幾頭騾馬牛的飼養。相比之下，一排的地理條件好於二排和三排，但繁重的勞動生產任務，明顯大於二排和三排。

　　場部的決定在晚上排務會上一經宣布後，第二天一大早，我們就捆綁鋪蓋、準備行裝，吃完晌午飯後便背上鋪蓋、提上東西，唱著：

　　　　打起背包走天下，我們都聽黨的話！
　　　　那裡有困難，那裡就是我的家。
　　　　那裡有困難，嗨！那裡就是我的家！
　　　　向田窪知青點出發了……

　　田窪知青點坐落在田家山梁腳下。不大的土院依山就勢分為坡臺上和坡台下兩層院子。臺上依坡開挖出一塊平地，築有五間泥土房子，為一班住宿的地方。和它毗連的是打麥場及依坡一溜開挖的舊窯洞。台下又分前院和後院。前院五間土坯箍築的大窯洞和數間掏挖的小窯洞，是二、三班住宿的地方及庫房。北側三間平房是灶房和炊事員、管理員的宿舍。後院是牛圈、馬棚及草料房。田窪知青點雖然不大，但上下前後用途不小。假如把臺上依山掏挖的七、八個破舊的土窯洞利用上，駐守一個騎兵連在此還真不是個問題。

站在坡臺上低矮的土牆前，向北望去，眼前是一片綠黃灰白四色相間，層次分明的平川地。那綠色是春意盎然的冬小麥，黃色是耕犁過的等待播種的秋田。那蜿蜒悠長，把平川地一分為二的灰白色公路和波光閃閃的清水河，它們各自比肩而行，遙遙遠去……在我們的身後，便是田家山梁的層層梯田和溝岔，很多村莊農宅都隱沒在這些溝岔的山屹嶗裡，那些成天忙活在地裡刨食的莊稼人，窮苦得很少出山進城……

　　廣闊的田窪平川，人煙稀少，一天也見不上幾個人影。我們栖居的上下坡院裡，除了幾十張熟悉的嘴臉外，幾乎沒有新鮮的、令人感興趣的面孔。只有在場部調動女排來集中突擊某項農活時，大家才精神煥然、熱鬧一陣。平常的光景單調乏味、寂寞無聊，心慌得連螞蟻都要捉來耍弄一番。整天在地裡勞動，偶爾看見公路上急駛而過的汽車，便一個個脖子伸得跟雁似的矚目觀望；那種茫然的神色、莫名的惆悵，隱含著深深的孤獨與凄涼。有時候見到公路上兩三個騎著毛驢去城裡趕集的婆姨、漢子，調皮的傢伙們便會大驚小怪地叫喊道：「看！騎兵！騎兵來了！……」大家抬頭望去，隨即一陣哄然大笑！想著想著地笑，笑出了苦澀的淚水、笑出了心中的鬱悶、笑出了對銀川親人的思念和渴望……

　　晚上，大家擁擠在保管室大土炕上例行「天天讀」。昏暗的煤油燈下，除了能看見政治工作員高鵬念文章的面孔外，其他人都影影綽綽、像幽靈一般蹲在土炕上，全心全意聆聽毛主席在「老三篇」中追悼張思德同志的講演──「人總是要死的，但死的意義不同。中國古時候有個文學家叫做司馬遷的說過：人固有一死，或重

於泰山，或輕於鴻毛。為人民利益而死，就比泰山還重；替法西斯賣力，替剝削人民和壓迫人民的人去死，就比鴻毛還輕。張思德同志是為人民利益而死的，他的死是比泰山還要重的。」……

　　一堂全心全意為人民服務的生死觀教育後，大家在黑暗裡鑽進了自己的窯洞。離熄燈睡覺時間大約還有半個小時。楊紅旗、鐘兵爬上炕躺在被褥上，有一句沒一句地繼續哼唱著：「我的家在東北松花江上，那裡有森林、煤礦，還有那衰老的爹娘……」不安分的閻軍早已竄到其它宿舍謅嘴去了。

　　我獨自坐在用泥糊的土桌前，在煤油燈下想著寫日記。所謂的日記，其實全是些重複的勞動感受和學習體會。單調貧乏的生活使日記也千篇一律。有時，日記僅有三個字「晴、鋤草」。但寫日記在上世紀五、六十年代是一種時尚，一種革命的情操，一種積極向上的人生態度。知青們都崇尚雷鋒、王杰的光輝日記，幾乎人手一冊，以此為榮！學習、效仿英雄的生活，錘煉、鑄造自己的人生。翻開日記，人人都是活雷鋒！

　　在我思考如何把學習《為人民服務》張思德平凡一生贏得不平凡人生價值的感想記述在日記上時，漆黑的窗外忽然傳來一聲「黃峁山有狼……！」拉長帶拐彎的怪叫。這一聲熟悉的腔調不由地把我的思路拉到下鄉前，那是在一次知青座談會上，社教工作團老團長在講話中親切地問大家：

　　「黃峁山很苦，你們能不能吃苦？」──「能！」

　　「黃峁山離家很遠，你們想不想家？」──「不想！」

　　「黃峁山有狼……！你們怕不怕？」──「不──怕！」

大家熱烈而輕鬆地回答著，充滿了自信和力量。下鄉後，這位老團長濃重的山東語調，便時常會重複在一些貧嘴人的口頭上，時不時習慣地撂上一嗓子，以發洩某種說不清、道不白的情緒……

　　「噓！……」尖銳的熄燈哨吹響了。我收起思緒裝上日記本，起身出門去上廁所。幽黑的夜晚，寂靜得近乎神秘。我熟悉地拐到房後土牆邊撒尿，抬頭仰望稀稀疏疏的星空。忽然，身後「拍」地一下，雙肩被什麼東西按住！我猛地一驚！嚇得一蹦子跳轉過身來，還沒看清楚什麼，便聽到「哈哈哈！」一陣大笑──是閆軍在搞惡作劇！我氣得破口大罵。閆軍見我真的生氣了，急忙賠不是，嬉皮笑臉地解釋說：「剛才在郭銳那裡講狼吃人的故事，出來時剛好見你去上廁所，就演練了一回狼從背後咬人脖子的動作，沒想到你猛然跳起來，倒把我給嚇了一跳！……」

　　躺在被窩裡，怎麼也睡不著。剛才非同一般的驚嚇，使得心驚肉跳的我無法平靜下來。腦海裡思緒翻滾，胡思亂想──那黝黑的山野，身後猛然撲上來一條大灰狼，這一幕始終在腦海裡糾纏不休。那毛茸茸、帶勾尖的狼爪子搭在後背肩上，凶狠、猙獰的狼頭張開尖牙利齒，「呼哧呼哧」吐著舌頭，等待我回頭一顧，「哇嗚」一口，一命嗚呼！連叫喚一聲都來不及！……假如不回頭，又會如何呢？反手死死抓住狼爪，與狼搏鬥……不行！我的手和狼爪糾纏著，我騰不出手來，狼卻可以用嘴咬我的手，吃虧的還是我。不如從下面出手，緊緊托背起狼，那又會怎樣呢？……那不是搏鬥，那是背起狼兄回家了！與狼共舞、親密無間？真是太滑稽可笑了！……想來想去，還真沒有對付狼從背後襲擊人的好辦法來。

　　身旁一排挨下去入睡的是楊紅旗、鐘兵、閆軍。這三個傢伙已

經睡得深深沉沉，還時不時高一陣低一陣地打呼嚕，更增添了一份煩躁與難眠……

　　眼睜睜地看著頭上一團漆黑，眼睛失去了作用。眼睛看不見的東西，腦子裡全展現出來了。而且比眼睛看得更多、更廣、更遠：它把過去和現在交織在一起，把城市和山區濃縮在一起，把現實和夢幻攪和在一起。沒有時空、沒有界限，只有想像、只有翱翔……

　　往常儘管不能倒頭就睡，無非就是把一天的事情從頭到尾回顧一下，品味一番，不久也就睡著了。可是今天晚上，月亮已經升到當空了，清白的月光透進窯洞窗口、門縫，把窯洞照的亮堂堂的。夜深了，遠處真的傳來「嗷嗷」的狼嗥聲……

　　兩天後的一個上午，場部司號員小馬匆匆趕來，讓我們派人到場部去拉肉！大家一下子高興得不得了，要吃肉了！這可是難得的好事啊！可緊接著又氣憤得不得了！……原來，前天晚上狼真的竄到了山上知青點羊圈裡，把十幾隻羊給咬死了！大家恨得咬牙切齒、紛紛叫嚷著要到前山點羊圈去守夜打狼！……

　　兩個小時過後，分管後勤伙食的副排長吳浩和擔任食堂管理員的王偉，用架子車拉回來了三隻血跡斑斑的大綿羊。炊事員董祥、王光明連同班長陳興、郭江河等四人，像屠夫一樣操刀剝皮、開膛掏肚忙活起來。大家饞得在地裡邊幹活邊議論狼和羊，心裡卻惦記著香噴噴的大塊燉羊肉……

　　接連三天，上頓下頓吃羊肉，吃得滿院子羊膻味。惹得方圓七、八里遠的狗，紛紛跑來滿院子啃骨頭。每當吃飯的時間，人在吃、狗在啃，「吧唧吧唧、喀裡叭嚓」，好不熱鬧！……

人吃飽了沒事幹，就拿狗尋開心，打狗「運動」開始了！以郭江河、閆軍為首的四、五個小夥子，關起院門來痛打落水狗。打得狗「吱哩哇啦」亂叫、滿院子亂竄。氣得聞訊趕來的高鵬站在坡臺上大聲呵斥，才結束了這場殘酷的「圍剿」行動。

　　頗有諷刺意味的是：高鵬曾經在操場上一腳把跟在腳後跑操的小狗踢到了山崖下，惹起了不小的民憤，由此被一些人耿耿於懷，背地裡指戳他為「陰險毒辣」！可時隔不久，正是這些人一反常態，毫不手軟地痛打「落水狗」，偏偏又被高鵬出面嚴加制止！不同的時間、類似的事情，竟然演繹出截然不同的兩種行為舉止。這讓我頗為感慨，彷彿從中看到了人性的虛偽和兩面性，頗感人性的原則原來是善變的，而且變得如此荒唐，如此尷尬；人啊！有時真讓人感到不可思議……

　　十幾畝菜地活忙完了，排裡把主要勞力集中在門前一條乾溝旁，準備在這裡挖一個大澇壩，積蓄山水和雨水，以解決人、畜飲用水的困難。田窪川地乾旱缺水，我們用的水井深不可測，「咕轆咕轆」半天把桶放下去，提上兩桶就再也提不上水了，還要等上半天才能提上水，而且水混得跟稀泥湯似的，要沉澱上半天才能飲用。食堂管理員王偉最愁的就是水，為水的事沒少和人拌嘴；每天早上洗臉，一人一馬勺，決不能多給！有時乾脆沒水洗臉：「井裡提不上來水，連做飯的水都不夠，哪還有洗臉的水？」這樣的事情時有發生，實在沒有辦法，排裡就派上兩個人用驢到三、四里路外的清水河去馱水。

　　清水河南來北往，彎彎曲曲、延綿不斷，直奔入千里外的母親

河——黃河。清水河四季敞懷坦胸，不斷容納山山峁峁、溝溝岔岔的大大小小的水流。即使是寒冬臘月，它也要千方百計地把冰封下的暗流送往遠方。在乾旱貧瘠的黃土高原上，清水河不愧為一道靚麗的風景線！我們時常在十天一休的假日裡，端著充滿汗臭、髒得不能再髒的衣服到清水河去洗。有時陽光充足天氣暖和，就乾脆脫掉衣服下水把自己也洗了。但讓人遺憾的是，清水河如此美好的潺潺流水，卻不能用作黃土地上乾旱缺水的農業灌溉，這種自然流失的現象，時常讓人嘆惜不已！……

大家都去挖澇壩，留下幾個傷病號給菜地趟水灌地。我也因手掌心磨打出的血泡潰爛而留在菜園裡灌水。我們幾個人分成兩班，日夜守護在一條只有尺把來寬卻長達十幾里路遠的小渠道上。整個白天未見一點水流下來，急得班長陳興再也待不住了。他提上馬燈、扛上鐵鍬要上去看水。他說：「如果今晚水下不來，那明天白天還是把水放不到地裡，還要耽誤一天。」他讓我守在菜地裡，他上去看看究竟是咋回事？他沿著纖瘦細長的小渠道蹣跚而行，微弱晃悠的燈光，跟隨他慢慢消失……

我孤零零地守候在漆黑一片的菜地裡，壯著膽子四下轉悠了一圈，便躺在田埂下對著夜空數星星。數著數著就數出了母親、大哥二哥和弟妹，一張張熟悉的笑臉，像燦爛的星星一樣，一眨一眨的。一種家庭溫暖的遙望和身處漆黑孤荒的反差，久久地徘徊在心裡，那淒涼孤獨的感覺是無法形容的……雖然人的思想可以跨越千山萬水，去與親人團聚，卻不能像照相機那樣讓他定格停留；雖然人的想像能夠自由自在地飛翔，去捕捉星光燦爛，卻不能把美妙的

想像化為現實；無奈啊！權當是望梅解渴！──長長地吸上幾口夜色清冷的空氣，把思想的觸鬚從浩瀚的星空中收回，強迫自己面對黑暗的現實！……

懷裡緊緊抱著鐵鍬，時不時掏出手電四處照射一番，揀起土坷拉往遠處漆黑的地方胡亂扔幾下──虛張聲勢，以驅趕猛不防竄出來的什麼怪物。此時此刻，說句實話，一陣風、一聲鳥叫，都會風聲鶴唳，讓我膽戰心驚、惶恐不安……

好不容易熬到後半夜，那盞微弱的燈光，終於又進入了我的眼簾，我的心一下子暖和起來。──「今天晚上沒指望了，上面的水渠讓『蛤蛤』給毀了（中華鼢鼠）。我收拾了半天也堵不住，只好等明天多叫幾個人上去修渠。」陳班長乏不邋遢地說著。而後，我倆便一前一後踩著漆黑的田埂，像喪家犬一樣向知青點方向竄去……

第二天，天剛麻麻亮，陳班長就把我和楊紅旗、鐘兵、閆軍挨個叫了起來。我們跑到食堂臉也顧不上洗，先拿上饃饃吃了起來。用馬勺在水缸裡舀起涼水「咕咚咕咚」灌到肚子裡，便扛上鐵鍬往菜地裡走去。陳班長讓我照舊守候在菜地裡等水。我心有餘悸地說：「不，今天我死活不在菜地裡守候了，我和你們一起去堵水！」「那你的手腫成這樣，怎麼幹活？」「不要緊，我注意點就行了。」最後陳班長就讓閆軍留下，閆軍咧嘴一笑，心裡巴不得呢……

我們一行四人，加緊腳步朝小渠上游走去。──「東方欲曉，莫道君行早。踏遍青山人未老，風景這邊獨好……」鐘兵邊走邊觸景生情地朗誦毛主席詩詞。是啊！六月的田窪大地，山川秀麗、天

高氣爽。到處是一派生機盎然的景色！不知不覺中，紅彤彤的陽光就爬滿了山山峁峁，山川地裡大片大片的綠色反襯出太陽的爛漫和輝煌，整個山川絢麗多彩，奪目耀眼！如果不是去忙著修渠堵水，我們肯定被眼前朝霞繽紛的世界給陶醉了！

　　我們一口氣走了一個多小時，來到了一片沙礫地。眼前的渠道早已被水化作一灘水流地。「就在這裡！」陳班長氣喘吁吁地說。隨即，又不無遺憾地說：「昨天晚上我本想在原渠埂上修修堵堵，把水放下去就行了。但費了很大勁，一會兒就泡湯了！這裡的沙土地根本經不起活水沖。我們今天的任務是，在上面重新挖一條約二十米長的渠道，和原來的渠口連接上，這一段爛渠就不用了。」於是，我們四人，兩人一組，分別到渠的兩端接口處，深一腳淺一腳地幹了起來。開始，我的爛手握鍬把時脹疼脹疼的，根本就無法用勁。但事已至此，不出力咋行？便狠下心使勁幹了起來，一陣劇烈的疼痛後，也就無所謂了……

　　太陽升高了，汗水順著額頭蟲子般往下爬，我們先後都脫掉了衣服，赤膊上陣，揮汗苦幹！……實在曬得難受，就跑到破水渠下水灘上，扒開一個坑，捧起集中而來的水往臉上貼，往嘴裡吸。一陣輕鬆涼爽後，再接著幹！——我把裹在爛手上的濕手絹解下來擰乾再纏上，那皮肉分離、血肉模糊的手心，不看則罷，一看就揪心的疼，索性不去管它了，幹活要緊！……

　　中午，炎熱的太陽垂直懸掛在頭頂上，曬得人汗如雨下。實在擋不住了！也餓得不行了！陳班長讓我們到不遠處一個大石碑背陰處休息，那是唯一一處能夠遮避陽光的地方。他說他給食堂炊事員

說好了，要是我們中午趕不回去，他們就會把飯給送來，我們在這裡等著就行了。

　　我們乘涼歇息的這塊大石碑約有三米寬九米高，上面刻有碑文，兩邊雕龍畫鳳，氣宇軒昂，不可一世地矗立在荒涼曠蕪的沙礫灘上。陳班長說：「上邊三十里鋪還有一塊，它是清末漢將董福祥家族的碑坊⋯⋯」就在陳班長給我們講述西北重鎮固原，及其董福祥殘酷鎮壓義和團西北拈軍，大受慈禧太后賞識時，送飯的炊事員王光明挑著饅饅和菜湯上來了，高興得楊紅旗和鐘兵趕緊迎上去接過擔子，不無討好地說：「可把你給盼來了！天爺呀，你要是再不來，我們可就餓趴下了！」王光明笑得露出兩顆虎牙，邊擦汗邊得意賣派地說：「今天管你們吃飽喝足！我把剩下的菜湯全給你們擔來了！⋯⋯」

　　這一頓飯我們幾個狼吞虎咽，一人吃了兩個饅頭、兩大碗土豆白菜湯，吃得肚脹腰圓、直打飽嗝，這還真要感謝王光明呢！要不是他把剩餘的菜湯都擔來，我們的肚子是吃不飽的。——吃飽了肚子，大家勁頭立馬又足了起來。陳班長說：「咱們抓緊時間幹吧，幹完了早點回去。」我們接著又幹了兩個小時，終於把水渠挖通了！

　　我們輕鬆愉快地跟著渠水慢慢往回走。遇上往外流水的「蛤蛤」洞就連堵帶拍，堅固好水渠後，就在周圍尋找被水灌出來的「蛤蛤」蹤跡。只見那醜陋不堪的「傢伙」，長得像鼠又像豬，渾身濕淋淋的，呲牙咧嘴地爬行著、掙扎著。我們衝過去用鐵鍬對準它胖乎乎的身體（足有一斤重）猛的扎下去，以洩心頭之恨！一路上我們堵了四、五個洞，消滅了四、五隻「蛤蛤」。要不是順水而下、堵塞漏洞，八輩子也把水放不到菜地裡去。難怪當地老鄉最

恨「蛤蛤」，它不僅禍害莊稼，而且是水庫、渠壩、山野植被的天敵……

　　就在我們全力以赴，挖澇壩、蓄山水，守水渠、灌菜地，整天為水而奮鬥的時候，場部紛紛揚揚傳來了兩件激動人心的大事：

　　其一是，我們黃峁山三百多名知青將與1965年到固原下鄉的以北京知青為主的「水土保持團」以及當地林業工人為主的原六盤山林業管理局所轄各個林場合併，組建中國人民解放軍西北林業建設兵團第三師。

　　其二是，上面派來了工作組，動員、領導全場開展無產階級文化大革命。這兩件大事情，在我去場部治療潰爛感染的手掌時得到了證實。

二、文化大革命

　　公元1966年，我們下鄉不到半年時間，文化大革命爆發了！

　　給我印象最深的是6月1日，人民日報發表《橫掃一切牛鬼蛇神》的社論；號召人民群眾行動起來，進行無產階級文化大革命！由此，一場要砸爛一切「舊思想、舊文化、舊風俗、舊習慣」的紅色風暴迅速在全國掀起！各地學生、紅衛兵首當其衝，鬥志昂揚！到處都在打砸搗毀，到處都在寫大字報，貼大字報；很多學者教授、文學家科學家被宣稱為「資產階級反動學術權威」而遭遇遊街示眾；很多家庭被當作「牛鬼蛇神」清理、遷趕出城市……

　　地處西北一隅的寧夏銀川也未能幸免這場浩劫；學生、紅衛兵們競相效仿，如法炮製。在瘋狂的「打砸燒、揪鬥遊」的革命風暴後，又開始大規模的清理「遷趕」行動；在警察、居委會的大力配合下，把數以萬計的所謂「地富反壞右黑幫」及其家屬「遷趕」到農村、山區去，交由當地貧下中農監督改造……

　　我的母親弟妹包括已經工作的大哥二哥，均被「遷趕」到了黃河邊上靈武縣新華橋生產隊，算是離銀川較近的地方；大多數人被「遷趕」到「西海固」黃土高原大山深處去，受盡了流離失所、饑寒交迫的災難。直到數月後，紅衛兵的「遷趕」行動被上面叫停，並被指責為「走資派轉移鬥爭大方向，干擾破壞文化大革命」，這

些人才得以陸續返回銀川。當我得知家裡被「遷趕」的消息後，並不敢聲張或訴說，像很多家庭被「遷趕」的知青一樣，默默地承受著沉重的壓力和痛苦。對街道居委會那些婆娘們翻臉無情、為虎作倀的行為，尤為氣憤不平！——別人不瞭解情況，面對浪潮，推波助瀾。可她們前腳剛剛送走了被她們譽為革命母親、送子下鄉的光榮家庭，怎麼後腳就裝腔作勢，興風作浪，把一個剛剛從苦難中拉扯起來的家庭再一次推向深淵！——人心啊，人心！人心讓我心寒！

　　這件事情對母親的打擊更甚於當年從上海來寧夏時的打擊，那時畢竟還掛一個支援寧夏建設的招牌。而這一次，竟然什麼臉面也不顧了，直截了當、赤膊上陣，所有的醜惡嘴臉都暴露無遺！——母親告訴我說：那幾天家裡已經被人監視，進出有人跟蹤。臨行前那天下午，他們把大哥和二哥從單位叫回來，大哥和二哥要跟他們理論，被母親死死拉住；母親說她怕大哥二哥被他們毆打……為什麼呢？沒有理由！僅僅就是為了要表現自己是革命派。或者是為了保住自己，拉大旗，作虎皮，冒充革命！更可惡的是，有些街道居委會還把被「遷趕」的家庭通知下鄉知青的所在地，株連殃及不少知青被迫脫離知青隊伍，同家人一起作為「牛鬼蛇神」遷趕到山區農村接受監督改造！母親說：到了農村後，她曾想乾脆寫信把我也叫回去，死活一家人在一起！……

　　當全國各大城市「橫掃一切牛鬼蛇神」的時候，遠離城市文明的黃峁山知青們正在接受兵團建制的編制，滿懷豪情地跨入到軍墾戰士的行列。他們由黃峁山青年林場一個縣屬知青點，上升為中國人民解放軍西北林業建設兵團第三師第一團建制下的一個連隊。毫

無疑問，他們的人生舞臺得到了一次光榮的提升！為此，北京知青專門譜寫了《林建戰士之歌》（張中燦詞，溫中甲曲），把滿懷豪情化為鏗鏘有力、堅韌不拔的誓言，唱響在黃土高原上：

> 我們是林建戰士，
> 成長在毛澤東時代。
> 一手拿鎬，一手拿槍，
> 戰鬥在祖國的僻野荒山。
> 狂風，狂風不能擋！
> 巨浪，巨浪不能攔！
> 為了祖國山河一片錦繡，
> 我們願把青春貢獻！
> 我們願把青春貢獻！
> ……

這首飽含青春熱血，展示一代知青風貌的歌曲，成為集合在林建三師旗幟下三千多名北京、天津、河南、銀川、固原知青生涯中一段最響亮、最難忘的插曲！……

但軍墾兵團畢竟不是脫離現實的世外桃源。黃峁山知青「文革」運動在工作組統一領導下進行。遂以批判文化界「反動學術權威」鄧拓、吳晗、廖漠沙及其「三家村」、「燕山夜話」等拉開序幕！——看大字報、抄大字報、寫大字報成了時髦，成了中心任務！工作組成了具有絕對權威的領導。場長、指導員被「靠邊站」

了；他們閒著沒事，時常會默默地轉悠著看大字報。在他們的臉上顯然多了一種困惑和茫然⋯⋯

不久，神秘而權威的工作組先後召開了兩個「會議」；前者是由工作組挑選，來自各排家庭出身好的積極分子參加的，所謂「徵求意見，布置任務」的會議，會議開的群情激憤，鬥志昂揚！後者是各排幹部、團支部成員參加的，所謂「端正思想，輕裝上陣」的會議。在這個會上，工作組開門見山，直言不諱地指出：在過去一段時間裡，團支部基本上是犯了方向、路線性錯誤，要求支部成員、各排幹部，端正思想、輕裝上陣⋯⋯豈料，此結論一下，會場便開始交頭接耳、議論紛紛；排幹部們不僅沒有積極響應，反而不以為然，且大有反唇相譏的意味。面對如此不恭的場面，工作組組長終於耐不住了，他一拍桌子，大喝一聲：「難道你們就沒有一點錯誤？是不是要查一查你們的家底，亮一亮你們的家譜？」會場頓時陷入一片愕然，目瞪口呆⋯⋯

有一個大個子不服氣，嚯地站起身來說：「如果說我們的方向、路線錯了，那也是上面領導錯了，我們是在連黨支部的領導下開展工作的⋯⋯」此言一出，立即引起會場一片積極的響應，大家紛紛表示：團支部的工作有目共睹，尤其是前一段時間搞的知青文藝匯演，成績不能抹煞⋯⋯工作組組長再也坐不住了，他氣憤的站起身來，手指大個子呵斥道：「你分明是含沙射影，攻擊黨的領導！你要對你的言論負責！」⋯⋯

至此，一直保持沉默的團支部書記司汗青再也坐不住了，他站起身來表示說：「團支部的工作有啥問題，那是我的事情，是我沒有把工作做好，與其他同志無關，我願意接受組織上的批評⋯⋯」

會議陷入沉悶，並不歡而散！

　　客觀地講，這兩個會議的安排和召開，並不是工作組頭腦發熱，隨意決定的。它是在當時紅色風暴席捲全國，橫掃一切牛鬼蛇神的革命形勢推動下，經過深刻領會精神，審時度勢、理論聯繫實際作出的「開展文化大革命具體安排部署」之一。雖然當時中央對建設兵團如何開展文化大革命尚無明確的文件規定。但「文革」初期，由上面派工作組統一領導文化大革命，是由上而下貫徹執行的普遍做法。正是這兩個鮮明而深刻的「會議」，把黃峁山知青「文革」運動，從報紙批判文章的摘抄翻炒，過渡到「上掛下連、刺刀見紅」的實質性階段！（它也為後來群眾在運動中形成的造反派、保皇派、及其錯綜複雜的派性鬥爭埋下了深深的伏筆）

　　幾天後，令人想像不到的事情發生了！工作組竟然把黃峁山知青團體最初發起者——原銀川二中二十多名學生中，近一半人的檔案公布於眾！一時間，這些曾經讓人羨慕的高材生，下鄉知青的佼佼者，一個個成了地主、資本家、軍閥的孝子賢孫！曾經擔任黃峁山連隊各排主要負責人的知青骨幹力量，成為工作組開展「文革」運動的首選打擊對象！

　　一夜間，大揭發、大批判，輪番上陣；大字報、大標語鋪天蓋地！一場以家庭出身、階級成分來劃分的政治圍剿開始了！

　　那個剛剛不久還帶領全場知青排練革命舞蹈史詩《東方紅》的團支部書記司汗青、那個曾經在銀川上山下鄉動員大會上現身說法的男三排政治工作員馬捷、以及同他們一起下鄉的同學八人，因為不服，因為辯解，因為要替同學說幾句公道話，而被作為「反革命

小集團」舉辦「學習班」交代罪行！──他們首當其衝地被「上掛
下連、刺刀見紅」了！他們終究沒有逃脫社會上「橫掃一切牛鬼蛇
神」的厄運！──他們被恥笑、被侮辱、被孤立！他們一下子由革
命青年變為反革命狗崽子；他們被監管人員監督打掃院子、清掏廁
所、做最重最髒最苦的活；他們的書籍和日記被搜繳；他們失去了
自由，隨時準備接受革命群眾的批鬥！而那個膽敢在工作組會議上
公然跳出來叫囂的大個子馬捷，及其「地富反壞」的代表人物司汗
青，則被作為重點批鬥對象單另監管交代罪行！

　　為了羅列他們的罪狀，工作組採用小會攻心、各個擊破，分化
瓦解的手段；造謠生事、挑撥離間、大搞逼供信、肆意橫加罪名，
從而使他們同學之間產生猜疑、埋怨，進而發展到互相揭發，互相
憎恨，使本來很好的同學關係、同志情誼、被無情地拋棄，肆意地
踐踏！……

　　最淒慘的是，女二排政治工作員田佳玲，在往山上背煤時，
由於背負的背篼太大太重，壓的站不起身來，竟然被監管人員一腳
踢翻跌滾坡下；女五排政治工作員穆蘭，因為家裡被紅衛兵「遷
趕」，而受到牽連被清理回家；男三排一班長董光遠，因為給上級
寫了一張大字報，被公安機關逮走。關押了兩個月後，沒有事實證
據，又被秘密遣送到六盤山林區最偏遠的二龍河林場。後又被發配
到荒蕪人煙的護林點去，開始了他數年鮮為人知的孤苦生涯……

　　最悲哀的是，他們還把男女同學關係，硬說成是「亂搞男女
關係」，遂夜以繼日、輪流上陣，設圈套、挖陷阱、大搞逼供信；
謊稱某某已經交代了，反戈一擊、重新做人，爭取寬大處理等等，
硬是強迫一方含羞忍辱，低頭認罪！……如此，又如法炮製、故技

重演，迫使另一方信以為真，落入圈套……如此陰毒的整人手法，猶如一把出鞘的雙刃劍，橫加在他（她）們之間，令他（她）們萬念俱灰，痛不欲生！於是，一個繩索勒脖，欲求一死；一個精神崩潰，求死不得……他們年輕的身心受到了最卑鄙的摧殘！他們純潔、真摯的友情，被欺騙、被出賣、被玷污！他們剛剛邁開的人生第一步，竟然遭遇了「文化大革命」的滅頂之災！

　　——面對掛在會議室裡那面「身在黃峁山，心向天安門。手扶木犁把，胸懷全天下！」的紅色錦旗，作為這些知青的帶頭人司汗青，不禁失聲痛哭！……那是臨下鄉時，學校領導專門為他們二十多名下鄉同學們製作的……

　　不久，司汗青被發配到後溝知青點（距場部二十里的荒山野嶺），飼養放牧在那裡的牛羊騾馬。剛下鄉不到一年的他，根本就不懂得放牧，整天在山野裡追趕那些放不到一起的牛羊騾馬，筋疲力盡、饑腸轆轆。晚上一個人蹲守在牛羊圈棚裡，不敢睡覺，時常會有狼群來虎視眈眈。他便使勁用木棍敲打臉盆，既為自己壯膽，又為驅趕狼群；倘若牛羊圈遭遇狼群禍害，他司汗青將再劫難逃！……

　　如此淒涼孤苦的日子，終於在一個大雨瓢潑的下午，在司汗青追趕、吆喝、渾身淋透，跌摔滾爬、筋疲力盡，都無法把四處逃散的牛羊趕到圈棚裡去。此時的司汗青徹底絕望了！他跌跌撞撞朝著一處山崖走去，渾身泥水站在山崖上；他想到了死，他想一躍而下，一了百了！他站在那裡，任由那雨水沖刷那一股股心酸的淚水，卻怎麼也無法沖刷那內心鬱積的痛苦、屈辱和悲愴！——他想起一年前高考無望的迷茫和愁苦，想那在銀川一家工廠做臨時工時

的情景；為了配合動員上山下鄉，廠裡辭退了很多年輕人，卻把他悄悄留下，廠領導安慰他說：好好幹，總會有辦法轉正的！可後來學校領導找到他，動員他帶頭上山下鄉時，作為學校團支部書記，他還是聽從了學校領導的安排，毅然辭去了工作，帶領學校二十多名同學上山下鄉到固原黃峁山落戶！豈料，不到一年的時間，他竟然落得如此下場！

　　——天啊！哪裡有我的活路？他向茫茫煙雨呼號，回應他的依舊是風雨交加的宣洩！他想他死不足惜，只是死的太窩囊！他沒有辦法讓那顆悲憤的心平靜下來，他有太多的鬱悶需要釋放；他對不起和他一起下鄉的同學們，更對不起那個已經考上財經學校而硬要跟隨他一同上山下鄉的李建峰同學！他辜負了學校領導對他的信任和囑托！他也辜負了工廠領導苦心挽留他的一番好意！——此時此刻，他突然感到後悔了，悔不當初沒有珍惜工廠領導的一片真情厚意！

　　就在他胡思亂想、悲憤欲絕的時候，有人在他身後一把抱住他，他猛地一下回過神來，只見一個披著雨氈的放羊娃緊緊抱住他；那娃一個勁地說：「快離開這裡！快離開這裡！雨水快把這裡給沖塌了！」硬是把他拽到一個放羊人在山裡掏挖的避風遮雨的小窯洞裡，遂架起一小堆柴草燃起的煙火取暖。還對他說了很多放牲口的訣竅，讓他以後跟他合夥在一起放牧，一準莫麻達！（方言，一定沒有麻煩）司汗青被眼前這個十幾歲的放羊娃深深感動了！他默默地看著眼前這個本來應當上學，卻孤苦山野、無怨無悔的放羊娃。他彷彿看到了些什麼，感悟到了些什麼，剛才波濤洶湧的情緒一下子平伏下來；他情不自禁地一把拉起放羊娃的手說：「走！到

我那裡去，咱們烙乾餅吃！」——正是這個風雨中的放羊娃，在他生命危難的緊要關頭，給了他一劑支撐生命的強心劑！在以後漫漫人生征途上，成為他度過各種艱難險阻的力量源泉……

應該說，在這段灰暗的日子裡，司汗青並不是最慘的。最慘不忍睹的事情往往發生在眾多的人群裡；人為的鼓噪、人為的敵視，讓狂妄的人更加瘋狂！——在場部，人們目睹了陳指導員（年近四十歲的女性，因為歷史上參加過「三青團」被視為混入黨內的階級異己分子）、女二排政治工作員田佳玲、男三排政治工作員馬捷（皆因家庭出身不好），被接連不斷地批鬥、辱罵、毆打的場面——眾目睽睽之下，把糞便往人臉上塗抹，把蒼耳刺往人頭髮上黏貼；在場裡揪鬥不過癮，還拉到城裡去遊鬥，以擴大「對敵鬥爭」的勝利成果！極盡非人之羞辱，遭受非人之折磨！……

（遭受這次打擊的知青及其整人的花樣還有很多，這裡不一一贅述。其實，這場突如其來的「狂風暴雨」注定是短暫的。在很多知青還沒有回過神來時，它就悄然地過去了。真正意義上的「文化大革命」在黃崑山才剛剛開始，連同一貫正確執行黨的階級路線的「工作組」也逃脫不了被衝擊的厄運！）

在七月流火的一天下午，黃崑山知青們終於迎來了幾十名北京知青，他們是林建三師二團長山頭連隊的「造反派」，專程到各兄弟連隊進行「串連」、宣傳，播撒「革命」火種的。他們男男女女意氣風發、鬥志昂揚，帶來了大量的「文革」信息和「造反」精神。整個下午，把黃崑山知青們鼓動得身同感受、熱血沸騰！——要砸爛一切條條框框！革命無罪，造反有理！要是革命的就跟毛主

席走！要是不革命的就滾他媽的蛋！……尤其是北京知青那一身黃軍裝、紅袖章、軍腰帶，更讓黃崀山知青們羨慕不已、紛紛效仿！

　　無獨有偶，一支來自銀川寧夏大學的學生串連隊伍也在匆匆趕往黃崀山。（他們是銀川二中六五屆考上大學的大學生）當他們得知老同學司汗青被發配在二十里外的知青點上隔離審查時，氣憤不已，遂連夜趕往後溝荒山野嶺去找司汗青！而此時的司汗青，正在漆黑的羊圈小屋裡，靜聽一個又一個屬於他的風聲鶴唳、草木皆兵，隨時準備拿起棍棒和臉盆衝出屋去對付常來騷擾的狼群。忽然，他隱約聽到有人在山野裡呼喚，以為是山裡人趕夜路吆喝壯膽的，並未多在意。漸漸地聽那呼喚聲由遠而近，直奔羊圈來了，似乎是在向他呼喚。這讓他好生納悶，半夜三更怎麼會有人到這荒山野嶺來？就在他詫異、疑惑時，那呼喚聲已經接近了羊圈，變成了不斷的叫喊聲，他分明聽清楚了有很多人在叫喊他的名字。他驚訝、他奇怪，他感覺一定是發生了什麼大事？遂提上馬燈開門迎出去，那一瞬間，他被他的同學們緊緊擁抱在一起；司汗青哭了，他和他的同學們抱頭痛哭！……

　　這一夜，黃崀山場部的知青們也幾乎徹夜未眠；他們或以班排為主，或以群夥為主，紛紛成立了名目繁多的革命群眾組織。第二天天剛亮，就有五、六個「組織」把自己的「宣言」用醒目的大紅紙張貼在食堂大院裡。這些組織的「宣言」個個文采飛揚、氣勢豪放，充滿了對偉大領袖毛主席的赤膽忠心，對資產階級反動路線的刻骨仇恨！充分表達了關心國家大事，投身「文化大革命」的決心和意志！

司汗青在與同學們徹夜長談後，第二天便隨同學們一起離開了後溝羊圈。到場部他先找場長交代了後溝牲畜羊群的情況，並說自己很長時間沒有回家了，想回家看看，請場長派人去後溝接手管理羊圈。而後就去找工作組，要求請假回家！面對司汗青背後十幾個橫眉冷對的學生造反派們，工作組一改往日驕橫跋扈的嘴臉，沒有附加任何條件，當場同意司汗青請假回家！——其實，這幾天工作組早就蔫了，尤其是昨天，北京知青和銀川學生先後到來，更加讓他們惶恐不安！他們意識到，他們隨時都有可能成為革命群眾組織矛頭指向的對象……

　　司汗青沒有採納同學們的建議：跟他們一起走，到延安、北京等地串連去，然後再返回銀川到學校去造反！也沒有同意黃峁山很多知青們的意見：就地揭竿而起，造工作組的反！而是按照他自己的想法，去西安看望他多年未見的姐姐，看看外面的文化大革命究竟是什麼形勢？……

　　當日下午送走了同學們，他就買了前往西安去的車票。——他在西安親眼目睹了城市文化大革命的形勢，他被西安翻天覆地的革命潮流震憾了！他再也待不下去了，他要響應毛主席的號召：你們要關心國家大事，把無產階級文化大革命進行到底！一周後他返回了黃峁山，並成立了以男二排為主的「永衛東」革命群眾組織……

　　黃峁山知青率性而立的各個革命群眾組織，最初以十幾人、二、三十人不等，還有個別組織乾脆就是兩個人，且以「無產階級革命左派聯合指揮部」冠名，惹得觀看者啼笑皆非，見他倆就稱其為「左派或老左」。有的組織在「宣言」下面專門留出一大塊空

白，讓願意參加的群眾簽名加入。很多人圍在這些組織「宣言」前觀看、掂量、選擇，看究竟加入哪個組織好。也有一些人不以為然，他們才不幹這種傻事呢，跟在別人屁股後面轉，不如自己扯起旗子來幹！還有一些人站得遠遠的，好像他們對這些事情並不感興趣。其實他們在觀望、在猶豫，按照當時的時髦話叫作「觀潮派」。

這些「組織」接連幾天，天天出大批判文章，貼最醒目的標語；他們在競相造勢、提高聲望，爭取群眾、爭奪革命的頭冠！凡是已經有「組織」歸屬的知青，其精神狀態、穿戴打扮、說話口氣，都讓人刮目相看！就連最不注重外貌形象的人，當他一戴上「造反派」紅袖章時，也會在腰裡勒上一條軍用腰帶，以示其「造反派」的戰鬥風貌！

這些自己管自己的「革命群眾組織」，很快就打破了原先的班排編制和駐地界限，紛紛集中到場部「鬧革命」！各知青點留下的少數人是一些蔫勒吧唧、不願湊熱鬧的「逍遙派」。大多數人都到了場部安營扎寨，真正意義上的「文化大革命」在黃崿山登臺亮相了！

——在8月召開黨的八屆十一中全會政治局擴大會上，毛主席發出了《炮打司令部——我的一張大字報》：指責「在五十多天裡，從中央到地方的某些領導同志，站在反動的資產階級立場，實行資產階級專政，將無產階級轟轟烈烈的文化大革命運動打下去，顛倒是非，混淆黑白，圍剿革命派，壓制不同意見，實行白色恐怖，自以為得意，長資產階級的威風，滅無產階級的志氣，又何其毒也！」當這個令人振奮的消息傳來時，那個領導知青「文革」運動的工作組，終於悄悄地溜走了！

8月18日，毛主席在北京天安門第一次接見百萬紅衛兵，把文

化大革命推向了史無前例高潮！……

　　黃峁山知青造反派們也終於打響了第一槍；他們一批批乘坐師部的卡車湧到涇河源團部去（林建三師一團）揪鬥驚魂未甫的「工作組」，並勒令原「工作組」組長戴向前，到黃峁山接受革命群眾的批鬥，肅清其執行「資產階級反動路線」、迫害革命群眾、制定「條條框框」、壓制群眾革命、干擾「鬥爭大方向」的流毒！（我也跟隨大夥一起參加了這次行動，這也是我第一次到涇河源團部去）

　　與此同時，一些造反派要求團部給黃峁山知青發黃軍裝，與北京知青一樣待遇──「誰克扣革命群眾，決沒有好下場！」他們砸了庫房分了服裝……

　　還有一些造反派把老團長緊緊圍住；要他「批條子」給錢，支持他們到北京去搞革命大串連！老團長執拗地不給，堅持說：「要就地鬧革命，抓生產。」幾個「愣頭青」小夥子衝到老團長身旁，其中一個舉起「鋼鞭」朝老團長身上打去，老團長呻吟一聲，仍然坐在板凳上低頭不語。有人帶頭高呼：「誰反對文化大革命，就堅決打倒誰！──革命無罪，造反有理！」更多的人附和著湧了上去，把老團長死死圍在中間，迫使老團長簽字給錢，讓他們到北京去搞革命大串連！老團長無奈，抬頭抹淚擦汗，遂在造反派打的「條子」上簽字，給錢。這些人拿上錢高興得頭也沒回，就直接到革命聖地北京去了！

　　在空前高漲的革命大潮推動下，前不久挨「工作組」整的馬捷、司汗青等各班排負責人，很快就站了出來，以他們的聲望和進取精神，紛紛成為各個革命群眾組織的負責人，繼續領導著黃峁山革命事業的新潮流！

在一派熱血沸騰、揚眉吐氣的「文革」高潮中，我們男一排的情況有些難堪，沒有形成這種引為自豪、爭先恐後的現象；男一排的高材生們似乎多慮了、遲疑了、滯後了。可男一排的「勇士」們並沒有等閒視之；他們紛紛加入了其他排為主的造反組織，摩拳擦掌、意氣憤發！倒楣的男一排政治工作員高鵬，再也控制不住所屬成員了。在這些「勇士」們衝破牢籠鬧革命的時候，還被他們圍攻了一氣，挨了一記嘴巴子。言稱：「這是對他過去高高在上、盛氣凌人的懲罰！」有人不解氣，手指毛主席坐著抽菸的畫像指責高鵬說：「你說抽菸是流氓二流子習氣，禁止我們抽菸。你看毛主席抽菸作何解釋？你分明是含沙射影攻擊毛主席！」嚇得高鵬連連承認錯誤，說好話，在知青們極力勸解下，才避免了一場極其可怕的糾纏。應該說，高鵬是唯一沒有挨「工作組」整的男性政治工作員，可他卻沒有躲過身邊「造反派」的一記革命的耳光。從此他更加明哲保身、少說為佳，收起了正兒八經、教育人、幫助人的嘴臉，放棄了政治工作員的職責，吟起了「熊管娃、打電話，別人幹啥我幹啥」的百姓口頭禪。

值得一提的是，當造反派們翻天覆地鬧革命的時候，還有一個讓激進的造反派們壓根就瞧不上眼的組織——毛澤東思想紅色造反隊。他們的主要成員是王偉、唐杰、吳浩、我和高鵬。還有那個下鄉第一頓飯就端砸了飯碗的中學生海漩、善良樸實的蘭溪和女五排政治工作員卡紅梅、排長馬蘭花及其她們的追隨者們。這個組織的人員最多的時候有三、四十人。但這個組織的主要成員文質彬彬、不善於「革命」行動，書生意氣，只會在筆墨上施展文采。更讓人受不了的是，他們沒完沒了地組織勞動生產，尤其在別人鬧革命的

時候，他們抓生產，別人自由散漫的時候，他們抓革命；他們這種近乎苦行僧似的精神狀態，讓人消受不起，別人以為他們太保守了，太缺乏鬥爭精神了⋯⋯

眼下，揪鬥、批判鬧得紅紅火火、熱熱鬧鬧，他們卻在紅紅火火的太陽底下鋤草鬆土、抗旱保苗。很多人受不了他們這一套，慢慢的脫離了他們。剛剛成立不久的紅色造反隊，眼下只有十幾個人在堅持著幹。對此，他們自己依然如故，自以為是。其實，他們所以會這樣要求自己，除了正面接受事物、正確理解「運動」、正常發揮作用的主觀意識外，更深層的原因則是家庭政治因素在起作用；他們多數人的家庭成分不好，或者政治背景複雜，他們經受過家庭在歷次「運動」中被施加的種種不幸遭遇。他們在很小的時候，心靈就留下了一片政治陰雲──「夾著尾巴做人」是他們不言而喻的共同的內心獨白⋯⋯

面對轟轟烈烈的文化大革命，他們之所以沒有當「逍遙派」或「觀潮派」，除了積極向上的革命熱情外，不排除害怕「不革命就是反革命」的嫌疑。因為他們出身不好，天生就該在社會主義革命時期左右為難、畏首畏尾，不能理直氣壯地做人。在他們痛苦的內心世界裡，比一般年輕人更多了一層壓抑和理智；他們過早地背上了瞻前顧後的包袱，他們的「革命」行動往往是馬後炮，而且是空炮；別人說他們是機會主義，是口頭革命派！

他們在夾縫中求生存，在生存中求革命。要說他們的理想，給他們一片陽光，他們就能燦爛！給他們一匹戰馬，他們就能馳騁天下！──可他們美好的思想有什麼用呢？國家的階級鬥爭、路線鬥爭並不像電影上演得那樣，陣線分明、衝鋒陷陣，在所不惜！現實

中沒有那樣痛快的事情！魚目混珠、泥沙俱下、混水摸魚，方顯英雄本色！因而，他們注定是窩囊的，不得志的，他們不含污泥濁水的思想，往往讓人一眼就看到了底——不過是幾個紙糊泥捏的蠟槍頭，成不了氣候的文弱書生而已……

聰明的海漩沒有上完初中就打起背包「上山下鄉」了。因為她的父親歷史上曾經加入過國民黨，這便成了一道難以解脫的緊箍咒。儘管她的父親學識淵博、教書育人，在當地文化界頗有名望。但歷次「運動」已經把她的家庭從學校大院整到了郊區農村，又從銀川平原「遷趕」到了海原山區。面對風雨飄搖的家庭，不能完全理解的海漩，像很多這樣家庭的子女一樣，帶著課本、帶著理想、帶著決心和志向，堅決地走出了家庭的陰影——立志在農村廣闊天地裡脫胎換骨，使自己成為一名響噹噹的革命青年！但在那個「唯成份論」的年代裡，那個「老子英雄兒好漢，老子反動兒混蛋」的荒謬絕論中，要想當一個有出路的革命青年，談何容易！

順便說一句，這一幫子志高氣短、用心良苦的「志士」們，在成立自己的組織起名時，還頗費了一番心計，刻意繞開了過分誇張的字眼；什麼「千鈞棒」呀、「風雷動」呀等等，都有失於偏頗。避免這些打啊殺啊，叫起來痛快，聽起來彆扭，分析起來更是經不住邏輯推敲的詞語，他們不會採用；他們生怕被人置疑，被人鑽空子。以「毛澤東思想紅色造反隊」命名，較為穩妥，誰也找不上毛病，挑不出茬。如此心態，既反映了他們多慮慎重的政治態度，又表明了他們投身革命、不甘落後的時代精神。其中，蘊含的困惑、茫然，只有他們自己才知道……

夏天的黃土高原，不僅氣溫反差大——早穿棉襖午披紗。而且氣候多變，晴空驕陽的天氣，瞬間會烏雲密布，急聚而來的暴風雨驟然而下，連躲避的機會都沒有！那山雨攜帶的指頭蛋大的冰雹傾瀉而下，打得乾土硝煙彌漫，打得綠樹葉落枝斷，打得鴉雀滿地撲騰，打得人們抱頭鼠竄……少頃，只聽那轟轟聲由遠而近，猶如轟炸機慢慢逼近，「第二輪襲擊」開始了！那洶湧澎湃的山洪爆發了！裏挾著泥沙滾石，從大大小小的溝壑中沖出，彙集到溝渠、河灘，以排山倒海之勢，摧枯拉朽，一往無前！……

　　就在我們慌忙跨過丈把寬的小渠溝的瞬間，那招呼別人、落後一步的高鵬，被洶湧而來的山洪沖出了數十丈遠，幸虧前面是橫擋的公路，緩解了肆虐的洪峰。否則，全國第一位在洪水中犧牲的上海知青金訓華（1969年8月15日，因山洪爆發為搶救國家物質犧牲於激流中），將排列在高鵬之後。——幸運的高鵬渾身泥漿、泥人似的迷迷糊糊被人們拖起，嘴裡、眼裡、耳朵裡都灌滿了泥漿，大家不斷地給他清理，脫掉泥糊的外衣，身上青一塊紫一塊，那是被洪流衝撞、抽打的……

　　大家圍著高鵬驚駭不已！那些女生們驚駭得哭了——她們何時見過如此難以想像的場面？……再看那田窪山川，大地一片狼藉，出穗的小麥全趴在了地裡，莊稼人看著眼前的情景，跪在地頭上呼天喚地、嚎啕大哭！……

　　山頂上隆隆的炮聲響起，遲到的「反擊戰」打響了！只見那四周山頭上的土炮、機關炮紛紛向濃厚、翻騰的烏雲打去，黑雲間爆炸的氣浪逐漸驅散了烏雲，撩撥出晴空、陽光！

　　驚險過後，知青們又奮不顧身地衝向公路旁大樹下，揀拾被冰

雹打死的麻雀、撲捕無力起飛、滿地亂竄的傷雀——那可是一頓美餐呵！……

在一片革命浪潮的洶湧下，我們迎來了第一個秋收季節。收穫我們在春天播種的勞動果實。還沒有完全失去理智的各個革命群眾組織，在老場長和老農的統籌指導下，各排知青點開始了繁重而漫長的收割、拉運、打碾、歸倉等一系列的艱苦勞作。最令我難忘的是；從11月到12月整整兩個月，我們在老農張滿倉的指導下，打碾小麥和胡麻。天天早晨天不亮就起來拆垛攤場，然後跟在牛屁股後面一圈一圈地碾壓。經過三番五次地翻場揚灰，渾身上下被灰塵、麥芒叮咬的刺癢不堪。直到下午起場，把脫粒的麥草收攏堆成垛，再一遍一遍地揚篩麥粒，最後把揚篩乾淨的麥子裝入麻袋，一袋袋扛進庫房。而此時，天已經完全黑了，人也累的只剩下填肚子的力氣了——我那件泡在臉盆裡的黃色襯衫，整整兩個月沒有時間洗。當忙完打碾作業後，去洗那件已經凍乾了的黃色襯衫時，經熱水一泡，它已經發臭了，一搓揉就爛了！那是我唯一一件正規的襯衣啊！

1967年元旦後，場裡安排第一批知青回家探親的分配名額；一個排安排十個，抓鬮定人；我有幸抓到了這個首批回銀川探親的春節假期！凡是抓到這個令人盼望的最佳假期的人，無不眉開眼笑、歡天喜地！但是，誰也料想不到，在這個皆大歡喜的假期裡，滋蔓著一個令人痛心疾首的厄運！——由兩個回家探親的知青男女在公園門前的一次相遇，竟然演變出一場撲朔迷離的政治鬧劇，由此給黃崑山知青留下了一頁最悲慘、最糾結、最難忘的事件！並改變了

黃峁山知青「文革」運動的格局，改變了一些人的命運去向……

1967年，上海的「一月風暴」把文化大革命推上了向黨內走資本主義道路當權派進行奪權鬥爭的新高潮！毛主席大力支持這個奪權行動，把它看作是貫徹文化大革命方針而徹底改組各級領導的有效方式。接著，山西、青島、貴州、黑龍江等地的造反派組織也先後宣告奪了省、市、黨政財文的領導權，均得到中央的認可。

1月27日，寧夏造反派組織奪了楊靜仁、馬玉槐等「走資本主義道路當權派」的權。全國的文化大革命形勢到了奪權鬥爭的關鍵時刻，毛主席和中央文革小組對奪權鬥爭寄以厚望，稱贊其形勢不是小好而是大好！

面對大好形勢的黃峁山知青「文革」運動卻節外生枝，飛災橫禍！就在黃峁山知青「文革」還沒有來得及完成「奪權」鬥爭的關鍵時刻，由一次「探親相遇」所產生的幾句「閒言碎語」，伴隨首批銀川探親知青如期返回黃峁山；在那個二月寒風的吹刮下，幾句不經意的「閒言碎語」，成為人們背後熱議頻率最高的話題……

不久，在那個寒冷的夜晚，那個充滿昏暗、僅憑一盞油燈支撐的小屋裡，十幾個知青男女在噪動著一場「追問與指責、辯解與抗爭，乃至爭吵、漫罵」的鬧劇！由此引發了一場令黃峁山知青終身難忘的悲劇！（男女間的一次相遇及其產生的閒言碎語本無傷大礙，但在那個悖論的年代裡，一但涉及男女談對象並附加階級屬性，就會釀成悲哀！）

當第二天太陽照樣升起的時候，女三排排長共青團員付英卻服毒自殺了！

　　女三排政治工作員倪艷因此被一些知青圍攻、毆打，辱罵得死去活來……

　　男二排政治工作員、排長、副排長，也是革命群眾組織響噹噹的三位負責人，也因此被「公檢法」三家聯合行動——把付英之死作為「階級報復、致死人命」案，被捕押送監獄……

　　一夜間，黃峁山的「文革」形勢驟然急下，人們被眼前的嚴酷現實震懾了！——悲憤、沉悶、疑惑、迷茫，一下子把黃峁山籠罩得嚴嚴實實，所有的人都被這一連串驚心動魄的「事件」攪得暈頭轉向……

　　接連幾個夜晚，黃峁山沉溺在黑色恐怖之中——在昏暗的燈光下，不時從女生大院裡傳出一片慟哭聲；幾乎天天晚上都有哭得憋死過去，繼而又瘋瘋顛顛大叫大嚷「吊死鬼、白骨精、牛鬼蛇神全來了！」搞得人心驚膽顫、喪魂失魄！

　　醫務室大夫成夜守護在這些「轉了邊」的精神失常者身旁。大夫說：「這是極度恐慌引起的『癔病』。」但又有人私下裡說：「這是被付英死不甘心的陰魂給纏住了！」……

　　更讓人驚恐不安的是：「癔病」具有傳染性，往往是剛剛穩住了一個「瘋子」，剎那間又傳來了某某又「轉邊了」！於是，大家又慌慌忙忙地擁去探視……

　　後來，「癔病」居然傳到了男生宿舍，平時活潑多話的「左派」，人稱「老左」的張揚居然也「轉邊了」！（當時對神志失常者的瘋魔行為稱之為「轉邊了」）

　　面對這場嚴峻的「付英自殺事件」（又稱2.28事件）及其普遍

造成的恐慌心理，黃峁山的「文革」運動陷入僵局。不少女知青想方設法回銀川去躲避這「可怕的日日夜夜」！一些對男二排三位領導持有「成見」的人，更加理直氣壯！把付英之死說成是他們蓄意謀劃、瘋狂圍攻造成的，是「地富反壞」對貧下中農的階級報復！因此，「把他們抓起來實行無產階級專政是完全正確的！」……

　　一時間，很多知青和造反派們情緒低落、悲觀喪氣；眼看著轟轟烈烈的「文革」運動一夜間風雨飄搖，寒氣襲人；他們無法解釋眼前的殘酷事實，也無法相信，性格活潑開朗、能歌善舞的付英怎麼會服毒自殺？漂亮瀟灑、令人青睞的政治工作員倪艷怎麼會在付英死後遭人唾罵？更讓人無法接受的是，場團支部書記、男二排政治工作員、響噹噹的革命群眾組織負責人司汗青，及其兩個很有威信的正、副排長，怎麼會牽扯到「付英自殺事件」而身陷囹圄？這一切，撲朔迷離，讓人不可思議！

　　——失去三位「精神領袖」的知青和造反派們，在寒風瑟瑟的氛圍中常常聚在一起，時不時齊吟共唱：抬頭望見北斗星，心中想念毛主席。黑夜裡想你有方向，迷路時想你心裡明……

　　「大鳴、大放、大字報、大奪權」，必然會引發多方面、多層次、多角度的「大辯論」。隨著「運動」的發展，人與人之間的關係格局開始分化瓦解，新的人際關係逐步形成，新的矛盾代替舊的矛盾，舊的矛盾加劇新的矛盾，並促使這些簡單的矛盾擴大到複雜的「派別」之爭。人們往往把不同意見、不同看法，甚至性格差異、愛好長短，隨意貼上政治標籤，人為地劃分「造反派」、「保皇派」、「中間派」、「騎牆派」等等，互相攻擊、互相排斥，唯我獨革、唯我獨尊！

　　儘管在很短的時間裡，各地造反派完成了「從上到下」的全面奪權任務。但奪權者同反奪權者，這一派同那一派之間圍繞著誰掌權的問題展開了激烈的鬥爭。由此引發了「打倒一切」、全面內亂的無政府主義狂潮，全國陷入空前的混亂之中……

　　為了穩定局勢，中央發布了一系列通知、指示，要求學校停止大串聯、復課鬧革命；廠礦企業、農村生產隊要堅持業餘鬧革命；維護鐵路、港口、交通運輸秩序，保護電臺、銀行、倉庫、監獄等。最重要的是，毛主席決定派解放軍執行「三支兩軍」（支左、支工、支農，軍管、軍訓）任務。按照毛主席的估計，這種全面奪權在三、四月裡就要看出眉目來。但是，事情遠不像他所設想的那麼簡單。在「權」字這個根本性的問題上，各地造反派組織寸步不讓，爭奪激烈，釀成殘酷的武鬥。由於「支左」部隊的介入，難免支持這一派或那一派。於是，造反派組織同「支左」部隊之間也發生許多糾紛和衝突。不少地方出現造反派衝擊軍事機關並釀成流血慘案的事件。

　　7月20日，武漢發生圍困中央文革小組代表王力和數十萬軍民示威遊行的事件。

　　7月22日，中央文革小組江青向造反派組織提出「文攻武衛」的口號。

　　6月到8月初，北京和外地的上千個造反派組織，糾集數以萬計的人圍困「中南海」（號稱「揪劉火線」把鬥爭的矛頭直接指向時任國家主席的劉少奇），衝擊國家最高領導機關……

　　在一片迷茫、困惑、苦悶的日子裡，時間把人們拖向1967年的

秋天。面對報紙上連篇累牘的戰鬥檄文，及其「從上到下奪權」鬥爭的大好形勢——黃峁山知青們越來越感到黃峁山「文革」現狀不正常，黃峁山不能再這樣猶豫沉悶下去了！不能讓三位同學、戰友長期遭受冤獄之苦了！他們把一些有針對性的報紙文章相互傳閱，共同探討黃峁山「文革」運動面臨的實質性問題；他們互相啟發、互相鼓勵，躊躇滿志地帶著黃峁山的「問題」走上了社會，得到社會上很多革命群眾組織的同情和支持；他們終於下定了決心，要為自己的戰友們伸冤，要營救他們出獄，要把壓制黃峁山「文革」運動的頑石徹底搬開！

他們在一夜間準備好了充分的「武器彈藥」，當黎明的曙光剛剛把大地映紅時，他們就把這些強烈的戰鬥檄文紛紛貼滿了黃峁山場部的上上下下，裡裡外外。

他們站在食堂大院裡擺放的桌子上，大聲呼籲革命群眾振奮精神，堅定不移地投入到文化大革命的滾滾洪流中來！

他們同樣以「政治事件」的高度，揭露「資產階級反動路線」在固原的代言人，借「付英自殺事件」，殘酷迫害革命群眾，壓制「文革」運動的險惡用心，號召知青們擦亮眼睛、辨明是非，決不允許「用死人壓活人！」……

山窮水盡疑無路，柳岸花明又一村；黃峁山再一次沸騰起來了！一些原來對「付英之死」遷怒於造反派的觀點，看法消除了！人們終於走出了低迷沉谷，看見了一片霞光冉起，紛紛投入到營救三位革命戰友的隊伍中來……

他們在固原地區革命群眾組織的大力支持和配合下，衝進了「公檢法」、圍困了「公檢法」、迫使「公檢法」無罪釋放了三位

革命戰友！並大張旗鼓地把蹲了近十個月的患難兄弟從監獄裡接了回來！

　　他們在固原體育廣場召開了聲勢浩大的「聲討資產階級反動路線，鎮壓無產階級革命派的誓師大會！」他們把這一天視為勝利獲得解放的紀念日！從此以後，9月4號作為一個特殊標記被印襯在佩戴的紅色袖章上。從此以後，黃峁山革命造反派不僅在知青中占據了主流，而且在社會上頗具影響，成為固原地區革命造反派的一支有生力量。

　　8月上旬，上海、南京、常州、鄭州、長春、瀋陽、重慶、長沙等地相繼發生大規模的武鬥……

　　8月8日，寧夏「造反派總指揮部」與「保皇派大聯合籌備處」在銀川大觀橋發生大規模的武鬥。僅「總指揮部」就有數以百計的人員傷亡。幾十具屍體停放在中山公園門前的體育館大廳裡清洗……

　　我之所以目睹了這悲慘的一幕，是因為形勢動蕩不安，一些造反派組織走上了社會活動，很多膽小怕事的人都先後回了銀川家中，黃峁山幾乎場空人淨。我們五、六個小青年實在是待不下去了，便心慌意亂地夥在一起回銀川去；為了當天能趕回銀川，我們下午在中寧下車後沒有停留，步行七、八里路，在黃河邊乘坐羊皮筏子渡河到石嘴火車站坐火車回去；為了省錢，我們每人只買了一小站三毛錢的車票，節省了四塊五毛錢，心裡卻忐忑不安地擠上車去。列車上擁擠不堪，根本就無秩序可言。我們混過了一站又一站，根本沒人查票，我們的擔心是多餘的……

在列車下一站就要到達銀川平吉堡車站時，忽然擁擠上來很多人，紛紛議論今天上午銀川發生武鬥的事情——「打得非常殘酷，死了很多人！」我們聽到這個消息後，心裡又開始犯起嘀咕來——不知道哪一派勝負，恐怕晚上進入銀川碰上造反派盤查時說錯了「觀點」，招惹麻煩。那時候「觀點、看法」不一致，就會惹火燒身，輕者暴打一頓，重者遊街示眾，致傷致殘甚至喪失性命。於是我們商量好，遇上盤問一定要察言觀色，看清楚對方戴的「袖章」再表明自己的觀點。

　　本來列車到達銀川的時間應該是晚上九點半左右，可磨磨蹭蹭、走走停停的列車到銀川已經是近十一點鐘了。列車一停下，我們就迅速擠下車去，不敢堂堂正正地朝檢票口出去，而是朝相反的方向沿鐵路向南竄去，為了避免在剪票口補票加錢。這樣的人為數不少，同我們一起逃票的就有十幾個。他們夥同我們一起，像漏網之魚一樣慌忙逃竄在黑燈瞎火的氛圍裡……

　　我們一幫子人匆匆忙忙、暈頭轉向地走進了一個大黑院子裡，只聽高處崗樓上大喝一聲：「不許動！再動就開槍了！」——「喀哩哢嚓」子彈就上膛了，大家嚇得趕緊收住腳步。——「就地別動，把手舉起來！再動我們就不客氣了！」大家愣愣地站定，心裡撲騰撲騰地直打鼓。幾個端著衝鋒槍的人圍了上來，不由分說，推推搡搡把我們押到一片燈光下。這時候我從牆上大標語上看清了他們是「1.27奪權派」的，那標語分明寫的是「一・二七奪權大方向完全正確！」便急忙從內衣口袋裡掏出事先準備好的「寧夏總指揮部東野兵團」證件讓他們看，並謊稱我們是奉命到中衛搞「串連」去的，剛下火車，黑燈瞎火看不清路，就走到這裡來了。他們一看

是自己人，便輕鬆地笑了起來──「嗨！我們還以為是『籌備處』來偷襲我們呢？這幾天『籌備處』鬧得很厲害，今天還打了一仗呢，死了好多人！」原來，我們瞎促促地走進了一個儲備物資倉庫的大院裡來了。

　　第二天下午，我在二哥的陪同下，在公園體育館探視了「8.8慘案」屍體堆積，讓人恐怖、窒息的一幕……

　　8月13日，「總指揮部」堅守在寧夏吳忠儀錶廠大樓內的馬思義（原寧夏軍區副司令員，因受迫害離職，參加造反派總指揮部）及其數百名武裝工人，被「籌備處」結集的數千名武裝農民包圍攻擊。經過兩個多小時激烈戰鬥，儀錶廠大樓被攻下，馬思義被衝上來的敢死隊機槍掃射身亡。此次武鬥雙方共死亡十餘人，傷一百多人。倍受寧夏「總指揮部」造反派們敬重的馬思義，是寧夏文化大革命中武鬥死亡級別最高的回族老幹部。當時被追認為革命烈士，並在寧夏首府銀川為其召開了隆重的追悼大會……

　　寧夏「造反派總指揮部」在「8.8大觀橋武鬥」及「8.13吳忠儀錶廠武鬥」中吃了大虧，損失慘重，犧牲了很多革命戰友。接連幾天，天天在街上拉著屍體遊行示威──聲討萬惡的「走資派」操縱「保皇派」，瘋狂反撲無產階級革命派的滔天罪行！建築工人組成的敢死隊，頭纏白布、手持砍刀，坦胸露懷、沉步開道。四輛卡車拉著陳列的屍體緩緩而行，哀樂聲聲、呼號陣陣。為紀念「8.8死難烈士」專門組建的「8.8縱隊」更是了得，長槍短槍齊刷刷地隨後壓陣。街道兩旁觀看的人群無不為這支武裝隊伍鼓掌叫好！煤礦工人組成的長矛陣，作為遊行隊伍的堅強後盾，浩浩蕩蕩、氣勢洶

洵，呼喊著「血債要用血來還！誓死捍衛毛主席！」的口號走過來了。那氣勢、那仇恨，那視死如歸的工人階級英雄本色，真可謂是八月神兵，怒氣衝天、威風凜凜！……

「8.8慘案」並不是寧夏銀川地區武鬥的開始或結束。早在6、7月間，銀川、石嘴山就發生了多起兩派武鬥。尤為激烈的當數「總指揮部」兩次攻打位於銀川鬧市的西塔。那是七月末的一個夜晚，「總指揮部」武裝隊伍搭乘數輛汽車，前往攻打被「籌備處」據守的西塔，以清除「籌備處」在銀川城區的最後一個窩點。從中山公園到西塔，不消十分鐘汽車就趕到了。志在必得的勇士們用汽車尾部撞倒西塔東北角的圍牆，遂一呼而湧衝入院內。不料遭到駐守在西塔院內「籌備處」數百人的猛烈反擊！——始料不及的「總指揮部」人員被打的暈頭轉向，倉皇撤離。來不及逃離的幾十人竟被堵在院裡，寡不敵眾，被鋼鞭、棍棒、磚塊打的頭破血流、鬼哭狼嚎，遂束手就擒。

首次攻打西塔損兵折將，「總指揮部」憤懣不已，羞愧難當！遂在次日上午，從石咀山調來了一千二百多名（頭戴安全帽、手持鋼叉、長矛等武器）煤礦工人開進銀川，加上銀川投入的八百多人，共兩千餘人，把西塔大院包圍的水洩不通。周圍交通全部堵塞，人們紛紛站在遠處房頂上瞭觀戰況。下午3時許，隨著一聲號令響起，再度攻打西塔開始了！——首當其衝的敢死隊如猛虎下山、狼入羊群、勢不可擋！從四面八方破牆而入的優勢兵力頃刻壓倒了早已驚恐萬狀，無處退卻的守衛者；同樣的寡不敵眾，同樣的被鋼鞭、棍棒、磚塊打的頭破血流、鬼哭狼嚎！那些試圖抵抗者，被鋼叉、長矛毫不猶豫地扎上去，其慘狀比昨日有過之而無不及！……

　　那些堅守在塔上誓死不投降的勇士們，憑藉堅固的塔身、厚實緊閉的鐵門、居高臨下的優勢，正好大展身手！他們用預備好的石塊、自製炸藥瓶，拒敵於塔下三十米外。但一切都無濟於事。勢在必得的敢死隊戰士們，頂著桌、椅、床板，冒著石塊、炸藥瓶紛紛投下的危險，奮勇前進，直至用粗壯的大梁撞開了塔門，蜂擁而入。遂用砍刀、斧頭等短兵器，身披濕棉被，穿越、抵消上面設置的火堆及不斷投下的燃燒物，一層一層往上攻，直至塔頂。那些頑抗到最後的幾十名勇士們，最終被打的頭破血流、斷胳膊斷腿，一個個血人似的被拖了出來……

　　兩次攻打西塔，雙方各重傷幾十人。「籌備處」被打死五人。三百多人被俘。在押往中山公園工人俱樂部途中，勝利者們對這些被俘人員邊走邊打，逼他們喊「打倒朱聲達！」（時任寧夏軍區司令員，「籌備處」的軍方支持者）「一‧二七奪權大方向完全正確！」等口號……

　　一天下午，我在街上看見很多學生拿著軍用刺刀耀武揚威地玩耍著，便羨慕地問他們，那裡弄來的？「軍區，可多了，隨便拿！」我急忙乘坐二路公共汽車趕到新市區寧夏軍區大院，很多人和車在大門口路旁搬運器械、彈藥。人們絡繹不絕地在院裡一座座大庫房裡尋找自己想要得到的東西。我隨大夥轉了幾個庫房，盡是些彈藥和器械。聽他們說：「槍支、刺刀等好東西全讓前面的人拿走了！」轉悠了半天一無所獲，便沮喪地走出大門口準備回家。

　　夕陽西照，行人稀少，路對面公共汽車站已無人候車。這才意識到最後一趟公共汽車是六點鐘，現在已經過點了！怎麼辦？怎麼

回去？……我不由地朝一輛正在裝運彈藥的卡車走去，並主動幫助他們往車上扛運沉重的子彈箱。心想，最後搭乘他們的車回去應該沒有問題。他們的年齡和我差不多，顯然是一幫子中學生組成的造反派。他們把我當成同一戰壕裡的戰友毫無戒意，且對我的慷慨支援很是興奮，一個個喳喳呼呼幹得更歡了，像是要在我面前逞能似的。可他們幹活的彆扭勁，終於把子彈箱滑脫摔爛了，幸虧沒砸著人，子彈撒了一地，他們大驚小怪地都跑來收拾……

就在我低頭幫助他們揀子彈時，頭頂上有人衝我「哎！」了一聲，我抬頭一看，車上站著一個女子，臉忽地一下就紅了；「原來是她！……」心裡撲騰撲騰一陣狂跳，一時竟不知說什麼好。——「你怎麼會在這兒？」那一對炯炯有神的眸子衝我一閃一閃地發問，我慌忙說：「我回來探親，沒事出來轉轉……」她興奮地跳下車來，熱情地說：「我們學校組織給造反派拉彈藥，沒想到會碰上你！」她高興地問這問那：「你們黃岽山好嗎？你是造反派還是保皇派？你參加過武鬥嗎？」向我發出了一連串的問題……

車裝好了，她讓我先上車，再把她拉上去。她是那樣的坦然率真，像小時候一樣充滿活力！學生們跟猴似的紛紛爬上車，坐在子彈箱上直嚷嚷：「快開車，快開車，餓死了！累死了！……」卡車扭扭捏捏了一陣，笨重地拐了個彎，剛好把我們的臉朝著賀蘭山背道而馳。我們坐在搖搖晃晃的卡車上，看著殘陽遮蓋下的賀蘭山脉；她說她去過賀蘭山，是學校組織野營「拉練」去的，頗為自豪。我說我早就去過，是薅稻子掙錢去的。那是我第一次真正體驗勞動的辛苦。她彷彿聽故事一樣，看著我講述當時的情景……

學生們看著日落，唱起了「日落西山紅霞飛，戰士打靶把營

歸……」。有人從彈藥箱下抽出一把帶鞘的刺刀，不斷地一抽一合玩弄著，我不禁羨慕地說：「那刺刀真好，真漂亮！」她說：「你想要嗎？」我說：「想，我就是為它而來的，結果來遲了，沒有了。」她說：「沒有關係，下車時我給你要兩把送給你。」我聽她如此大方地允諾，心裡好開心啊，真沒有想到會遇上她！……

卡車很快就進老城了，在西門拐彎處我該下車了。她站起身來隨我一起爬下車，跑到車頭對車內大概是學生頭頭的說了幾句話，那人伸出頭來大聲對車上的人說：「挑兩把刺刀送給這位下鄉的戰友留個紀念！」那語氣是那樣的慷慨義氣，讓我欣喜不已，心滿意足！她從車上接過稍長稍短兩把帶鞘的軍用刺刀，神氣炯然地遞給我說：「給你！」像是完成了一項神聖的使命！……

卡車開了，我揮動著刺刀向他們（她）告別；高高興興地回到了家裡。此後，便留下了一個遺憾；心滿意足中，我竟然沒有問她的學校和家現在住在哪裡？——好後悔啊！這種偶然的美好相遇，生命中還會出現嗎？——這個女孩，就是小時候曾經被我想像成「快樂的小鴨子」和世界女革命家克拉拉・蔡特金童年快樂頑皮的影子……

上海新村已經不是「上海新村」了！六年前的那場大水把上海人沖得七零八散，加上後來不少單位「下馬、合併、轉產」，很多人家又隨單位的變遷而搬走了。「文革」初掀起的揪鬥、「遷趕」又使得一些家庭流離失散。他們消失在銀川的各個角落，無聲無息，若想找到哪一家人，如同大海撈針、無處尋覓。

上海新村也名存實亡了！在破舊的廢墟上又搭建了很多新房

子，毫無規格、參差不齊，改變了上海新村原來整齊劃一的模樣，住上了什麼地方人都有的外來戶，成了銀川變化最快的流動人口聚散地；上海人在這裡已經失去了主體地位，失去了過去人人上班，小孩一統天下的獨特景象；童年的上海新村已經成為意念中的童話，那活潑歡快的場面，悄無聲息、黯然失色。

上海新村的那些小尕子、小丫頭們已經長大成人，風華正茂，或意氣風發、鬥志昂揚地混雜在紅衛兵、造反派的隊伍中指點江山、激揚文字；或倒楣挨整、窩囊受氣，擺脫不了紅衛兵、居委會的糾纏，低人一等地升學無望、招工無門，可憐兮兮地三天打魚兩天曬網。光陰在他們頭上迅速掠過，把歲月的陰影籠罩在眼前，大家彷彿陌生人似的誰也不認識誰了。偶爾在路上碰見，也只是互相看看，似曾相識卻懶得搭話；人與人之間有了隔閡、有了冷漠、有了憎恨；人們互相畏忌，互相躲避，人整人把人整怕了！

最初的「文革」風暴如同山洪暴發，排山倒海、勢如破竹，使人們暈頭轉向，分崩離析。醒來時恍如隔世，心有餘悸。──她們的爺爺奶奶父親呢？他們被革命洪流吞沒了，連聲再見都沒有說出口。不是不想說，是害怕牽連子女們遭殃。他們寧肯狠心地去死！或者走得遠遠的！再也不願意看著一家人跟著他們被人指指戳戳、批批鬥鬥！

面對抄家！揪鬥！橫掃！很多人早早就把家裡破舊的皮箱，過時不穿的舊衣服，連同長輩的相片、遺物，統統都悄悄燒毀了！為了不落下任何罪狀。我的弟弟也把母親年輕時留下的照片和一隻精製的手提皮包銷毀了，那時他才十二歲，竟然知道消滅「罪證」！

──為了躲避紅衛兵的「遷趕」，李家媽媽曾經帶著三個女兒

跑到蘇州鄉下去躲避了一陣，風頭過後才返回銀川另擇他居；她們
不敢跟上海新村的人來往，害怕有人知根知底，害了孩子的前程。
很多被「遷趕」的人家不願意再回到上海新村來，或者乾脆搬出了
上海新村，遠離了上海新村，這是一種無奈的選擇；人禍大於天
災，六〇年「低標準」饑餓沒有拖垮上海新村，而「文化大革命」
卻讓上海新村生靈塗炭，面貌皆非！

上海新村是政治旋渦，是「地富反壞」、「牛鬼蛇神」的代名
詞。上海新村的「革命」風暴，是「居委會」「革命的婆婆媽媽」
們的傑作！她們憑著樸素的「階級感情」、高度的「政治覺悟」、
敏銳的「鬥爭經驗」，把上海新村的來龍去脈、流言蜚語摸的清清
楚楚，頭頭是道。當「革命」的高潮到來時，她們便會把平時掌握
的材料紛紛抖落出來，像火中澆油一樣燃起熊熊烈火；「不忘階級
苦，牢記血淚仇！」鬥爭、批判、抄家、遊街此起彼伏、熱火朝
天。——地主、資本家、反革命帽子滿天飛！

曾經如花似玉的樂康木器廠小醫生，因為長得漂亮、穿得時
髦，「革命的婆婆媽媽」們看不慣，便鼓動了造反派，宣稱其是資
產階級小姐，被剃光了頭拉到街上去遊街示眾，哭得死去活來的小
醫生幾次自殺都被小海榮的母親給救了。但老太太卻被視為資產階
級黑保護傘屢遭批鬥，最後臥病在床，不吃不喝，硬是給氣死了！

獨生子「菜包子」曾經從箱底翻出一張父母結婚照片（其父
身穿國民黨軍服），在孩子們面前顯擺。結果其父親蔡一本成為眾
矢之的鬥爭目標。很快又牽扯出寡婦劉阿妹和蔡一本的曖昧關係
（蔡一本妻子因患神經病未隨夫來寧），遂即批鬥愈演愈烈，乃至

雙雙脖子上掛著破鞋，手拿銅鑼邊行邊敲打，口中念道「我是破鞋娼婦！我是流氓嫖頭！」被人們簇擁著遊鬥在職工家屬院。惹禍的「菜包子」則逃之夭夭⋯⋯

最讓人可惜可嘆、哭笑不得的是；住在上海新村最後一排的小倆口，剛剛結婚不久，因為派別「觀點」不同，半夜裡爭吵不休，氣得男人一腳把女人踹到了地下，女人急了！跑到伙房操起斧頭朝男人頭上就是一下，「以革命的暴力對付反革命的暴力」，教訓了一下蠻橫的丈夫。沒想到血濺了一床頭，女人嚇得呼天叫地！鄰居們跑來慌忙把男人送到醫院。大夫搶救包紮完後，大家看沒事了，要回家去睡覺，叫女人來照顧她的丈夫。可哪裡也找不到人，大家傻眼了！又匆匆忙忙往回趕，怕女人害怕，尋短見。可找到家裡還是沒有人！大家無奈，只好到派出所去彙報情況。公安民警造反派，聽說案發上海新村，二話不說，先把人都留下，等弄清楚情況再說！遂扔下眾人，出動三輪摩托趕到現場，勘察、照相、作記錄。末了回到所裡，又開始挨個訊問、挨個畫押，直把這幫子人折騰了一夜，連連叫苦不迭⋯⋯

半個月後，被砍的丈夫傷痛好了，老婆失蹤也有了著落，但已是被唐徠渠水沖到惠農渠橋下，成了一具腐爛的屍體。

「革命」的急風暴雨後，便是「橫掃一切牛鬼蛇神！」「不能讓他們在城市逍遙自在！」於是，大「遷趕」開始了！上海新村自然是首當其衝。紅衛兵、警察在「革命的婆婆媽媽」們的帶領下，把早已登記在冊的「黑五類」及其家屬、子女統統「遷趕」到農村、山區去接受勞動改造；那些日子，不知從哪來的那麼多人，

那麼多車，連夜押送、刻不容緩！被押送的人連自己被送往何處都不知道。哭哭啼啼、昏天暗地，直到下車才知道身在何處。他們被交由當地貧下中農接受勞動改造；這些任人宰割的人啊，一身疲憊，滿目悲愴；面對陌生的環境、荒涼的鄉村，欲哭無淚，欲叫無聲……

　　我家剛被「遷趕」到靈武農村期間，倔強的二哥並不甘心就此作罷，他趁一次在離黃河渡口不遠的地頭勞動時成功逃離，回到銀川家中度過了一夜。他打算到賀蘭山幹過臨時工的工地上去混，那裡熟人多，或許還能繼續幹他的臨時工。可第二天上午正要出門，卻被匆忙趕來的大哥攔住，一再勸說他回去，否則生產隊將停止全家的口糧供應，他給隊長下了保證，一定會把他帶回去的；二哥被大哥勸回去了，他不能讓家裡受連累。並由大哥替他寫了個書面檢查，在生產隊社員大會上念了一遍，這才取得隊長的原諒，遂相安無事。

　　是年年底，由於「文革」形勢的變化，被「遷趕」的家庭陸續返回城市。我們家也回到了銀川。返城後的二哥繼續做了一段時間的臨時工。於1968年在長慶石油分局鹽池鑽探隊正式參加了工作。大哥返城後參加了所在單位的造反派組織，後來銀川橡膠廠招工，大哥報名被批准，從此結束了頂替母親五年的煤炭裝卸工作。母親又重新返回自己的工作崗位，是年四十五歲，被照顧安排在銀川煤球廠工作。

　　在銀川的日子裡，看了很多驚心動魄的場面，聽了好多荒誕離奇的故事，心裡布滿了困惑和悵然。——我童年中美好的上海新村就這樣被踐踏了，被塗炭了。難怪上海新村人再不願提上海新村的

事，再不願見上海新村的人。上海新村給他們留下了太多的苦難，太多的悲傷。上海新村就這樣被上下兩代人摒棄了。它破碎不堪地沉淪於人們的心底裡，沉淪於銀川西南角那塊悲傷的土地上，沉淪於曾經與它共享歡樂與苦難的年輕人的記憶裡。

8月下旬，由於中央公開表態支持寧夏「造反派總指揮部」及其一‧二七奪權鬥爭。蘭州軍區第一野戰軍六十二師「支左」部隊奉命進駐寧夏各地，取代了原先寧夏軍區支持保皇派「大聯合籌備處」的錯誤觀點。如此形勢變化，使得「籌備處」的革命派們措手不及，他們對野戰軍的介入十分氣憤，多次阻擾部隊進入為其控制的銀南地區。於是，中央下令六十二師進攻守衛在青銅峽的「籌備處」武裝人員，共打死一百零三人，傷、殘一百八十四人。時稱「青銅峽反擊戰」，又稱「青銅峽慘案」。「青銅峽反擊戰」在寧夏造成了極大的震懾力。「總指揮部」趁勢收復了被「籌備處」長期控制的銀南地區。至此，銀川的局勢開始緩和下來。

9月中旬，我看形勢好轉了，便約一同回來的幾個人返回黃峁山。由於「支左」部隊的支持，林建三師大多數「造反派組織」很快就實現了革命的大聯合，成立了以北京知青為主、以黃峁山為據點的「林建三師革命造反派聯合總指揮部」（簡稱：林總指）。一度蕭條冷落的黃峁山又開始熱鬧起來了！黃峁山幾個造反派組織的負責人司汗青、馬捷、陶金等分別在「林總指」擔任要職。我們「紅色造反隊」的負責人唐杰也擔任了宣傳委員。——黃峁山氣派了！「造反派」們從師部大院裡拉來了桌椅板凳、辦公用具、廣播器材，架起了高音喇叭——「東方紅」、「大海航行靠舵手」、

「大批判文章」整天不停地高唱、播放！──聰明活潑的海漩在廣播室當上了播音員，人模人樣地成為響噹噹的革命造反派！我和丘寧生、王光明一幫子小青年都被選入到「林總指」設立的「文攻武衛」警衛連，整天輪流站崗放哨、集中軍事訓練。

　　──黃峁山今非昔比，鳥槍換炮了！我從銀川帶回來的兩把刺刀，也讓那幫子人玩耍得不知下落。

　　9月23日下午，我們突然接到緊急命令，持槍集合在院子裡接受任務。「林總指」頭頭金大昆（北京知青）在戰前動員講話中憤怒地說：「……我們幾個造反派同志在固原城裡被『革造團』（林建三師革命造反團，『林總指』的對立派）的暴徒們圍攻毆打。現在這幫子暴徒窩藏在地委黨校大院裡（一座無人上課的空院子），我們已經調動人員包圍了地委黨校大院，你們的任務是協助圍攻。同志們！考驗我們的時候到了，我們要誓死捍衛毛主席的革命路線，不獲全勝，決不罷休！」

　　當我們分乘兩輛大卡車趕到現場時，地委黨校大院正面、南面已經被造反派們武裝包圍得水洩不通。我們負責西面合圍；各自迅速選擇有利地形後，便就地臥倒，持槍面對地委黨校大院，準備戰鬥！其間，很多人趁機過槍癮，朝著地委黨校高大的會堂亂放槍。軍分區解放軍得知消息後，急忙趕來勸阻；宣傳「要文鬥，不要武鬥！」槍聲暫停，但緊張的氛圍並未解除。僵持約半個小時左右，從地委黨校大院裡竄出來三、四個北京知青。我方有人大喊：「就是他們！」並開始辱罵、挑釁……

　　那幾個身強力壯的年輕人並不懼怕，嘴裡用北京土話反罵著：「丫挺的，想怎麼著？老子怕你們不成！」邊罵邊朝我方人員撲

來。我方前衛的幾個人也端著上刺刀的「日本三八」大蓋槍迎面向他們衝去。雙方短兵相接，我方人員刺刀未捅上對方，反被對方順手奪槍，並被對方匕首刺傷胳膊。我後方人員見狀，大喊前方人員往回撤！……

就在雙方拉開一定距離的剎那間，我方槍聲響起，朝對方射擊！對方迅速跳躍到路旁排水溝裡躲避，猛烈的槍聲從東南西三個方向朝溝道裡射擊……

——「停止射擊！讓他們出來投降！」遠處傳來命令。槍聲停頓，我方人員向對方喊話：「繳槍不殺！……」對方從溝道裡扔出槍支，爬出溝道。就在對方舉手投降的瞬間，我方槍聲再次響起，機槍、衝鋒槍、步槍同時從不同方向射向對方，只見對方不斷中彈的身軀在劇烈的顫抖中倒下……

面對這場激烈的慘狀，我的頭腦一片空白——所幸的是，我們幾個人的槍支被幾個解放軍死死壓在地上；不是不想開槍，而是沒有機會開槍。過後，每想起這件往事，我由衷地感謝那幾個解放軍，沒有讓我心靈蒙受永久的愧疚；這是一場知青對知青的相互殘殺啊！……

「9.23事件」當場打死一人，重傷二人，逃跑一人。其實，對方總共只有四個人。而我們竟然興師動眾上了幾百人，實施大面積武裝包圍達兩個多小時，搞得固原山城轟轟動動、人心惶惶……

對這次流血事件，「林總指」部分造反派不僅沒有引起嚴重的反省，反而對自己的行為揚眉吐氣、理直氣壯！……儘管「林總指」頭頭金大昆面對流血傷員大聲疾呼：「對敵人也要實行革命的人道主義！」迅速組織人員把傷員送往醫院搶救，並帶頭挽起袖子

為傷員輸出了自己的鮮血。此舉讓很多人感動不已。但令人遺憾的是，血的教訓並沒有使他頭腦清醒，日益膨脹的「革命氣勢」使他進一步喪失理智；劍已出鞘，欲罷不能！激進的造反派們面對自己強大的優勢，自以為了不得，唯我獨尊，唯我獨革，各種過激行為接連而三地發生。少數極端的打手們更是耀武揚威，不可一世！……

在這種不反省，更猖狂的情況下，「林總指」主要負責人之間意見分歧越來越大。在多次勸說無效的情況下，司汗青公開發表了「退出林總指的聲明」，黃峁山大多數造反派組織和其他連隊老工人造反派組織在他的影響下，也紛紛退出了「林總指」，遂成立了以司汗青為首的「林建三師革命造反派聯合指揮部」（簡稱：聯指）。但是，其實力和魄力遠不及「林總指」強大。

1967年底至1968年初，為了實現毛主席關於「無產階級革命派大聯合，實行革命群眾組織負責人、人民解放軍代表、革命領導幹部組成的『三結合』領導班子」，儘快成立林建三師一團臨時權力機構「革命委員會」。我和王偉（代表「聯指」）及老工人丁山峰（代表總指）三人組成聯合調查小組，調查原任一團團長有關歷史遺留問題，以便澄清和解放其作為「三結合」領導幹部，進入待成立的「革命委員會」。我們三個人開始了長達兩個多月的艱苦調查工作。

我們帶著調查提綱，首先在老團長的家鄉中寧及其工作過的地方中衛、銀川等地輾轉了近一個月的時間，走訪了六七個單位、十幾個人，查閱了大量文檔資料，基本弄清了四十年代中期，寧夏一批知識分子在國民黨政權時期曾一度從「三青團」集體轉入國民黨

的真實情況及其歷史背景、寧夏解放前夕國民黨軍隊起義投誠人員的收編情況、以及共產黨領導的「回漢支隊」在「三邊地區」（陝北、甘肅、寧夏）艱苦戰鬥的歷程；為老團長澄清了有關歷史上的盲點。為此，我們在中寧、中衛、賀蘭山遼闊的沙灘上，風餐露宿、艱苦跋涉了十幾天，付出了極大的耐力與艱辛。

記得在賀蘭山平吉堡農墾十三師，調查取證返回銀川的路途上，我們頂著凜冽的寒風，艱難地行走在一望無際的曠野上。好不容易擋了一輛急駛而來的卡車，王偉、丁山峰高興得迅速爬上車去。就在我舉手抓住近兩米高的車廂躍身翻上車時，卡車就猛地開了起來！我慌忙騎跨在車廂上卻怎麼也不能翻到車廂裡去。急得王偉、丁山峰大喊：「快下來！快下來！」可我卻怎麼也動不了。因為我提包的右手被死死卡在了騎坐在車廂上的褲襠下，要想翻入車內，必須抽出右手，放棄手中被卡住的提包——我騎車難下！飛奔的卡車在瘋狂地顛簸、跳躍，站立不穩的王偉急得大喊：「快把包扔掉！快把包扔掉！」——無奈，我只好鬆掉了手中的提包，抽手翻入車內。瞬間，提包飛離了我們百米以外！卡車在飛駛，呼嘯的風聲使駕駛室內根本聽不見車上的喊叫，眼看提包就要丟失，我心裡一急，又翻身跳下車去！因為調查材料裝在包裡，萬一丟失，前功盡棄！我的這一舉動，把王偉和丁山峰給嚇壞了！他倆拼命拍打車頭，大喊：「有人摔到了車下！」——等車停下，遠遠見我沒有趴下，且手拿失而復得的提包正在追趕他們的車輛，他倆這才慶幸化險為夷！大罵我魯莽、急躁，萬一撞壞、摔壞了咋辦？……

過後，自己想起來也覺得可笑。但我難以想像，從飛快的車上翻身跳下去，居然毫無感覺？既無碰撞也無摔跌？我奇怪，是什麼

「功夫」能夠做到這一點？但我相信，在我生命的緊要關頭，冥冥中似乎有一種巨大的力量在支撐著我，祖護著我！我堅信在我生命中蘊藏著一種氣勢，一種超凡脫俗的氣勢。憑藉這種氣勢，我曾經度過了幾次驚心動魄的場面，讓我至今回想起來都百感交集、感嘆不已……

　　1968年元旦過後，我們又南上蘭州，繼續調查老團長起義後在「回漢支隊」的情況。記得那個晚上，在蘭州下車時的寒磣情景——西北風裏挾著生硬的雪茬不斷抽打在臉上，凍的我們低頭縮肩、不停地徘徊在昏暗的車站廣場上。好不容易看見了一輛三輪車，我們三人二話不說，拋下一句「到軍區去！」便急忙擠上去龜縮在一起。蹬車的小夥子拉上我們在空曠的大街上轉悠了約半個小時。其間，最令人難忘的是：在我們饑寒交迫地行進在寒冷的街面上時，忽然傳來了一陣歌聲。那歌聲悠揚纏綿、由遠而近，像一隻溫暖的纖手輕輕把僵硬的心靈撫摩，使人心裡冰雪融化、熱血湧動，瞬間沸騰全身，熱乎乎的感覺從心裡湧出——「啊！如此美妙動人的歌聲，在這樣寒冷的夜晚，這麼嚴峻的形勢下，這簡直是天籟之音啊！」……我們抬頭循聲望去，在一片雪花紛飛的夜幕下，亮著一扇朦朧的窗戶，歌聲就是從那裡傳出來的！還伴有低沉、壓抑的手風琴聲。——那深情的女聲唱道：

　　太陽啊，霞光萬丈。雄鷹啊，展翅飛翔。
　　高原春光無限好！叫我怎能不歌唱？
　　雪山啊，閃銀光。雅魯藏布江啊，在歌唱。

驅散烏雲見太陽！革命的道路寬又廣……

歌聲喚起了我們的熱望，驅散了心頭的寒冷與困乏。這從天而降的「夜半歌聲」，把我們僵硬的情感插上了飛翔的翅膀，任由美好的思緒自由翱翔……

在蘭州軍區接待處空曠的大樓裡，我們上下轉了幾層樓竟然空無一人。無奈，又跑出去問值班哨兵，他說：「今天是周末，可能人都回家了。」「那我們怎麼辦？」「現在深更半夜，我也沒有辦法。你們先在裡面湊合一陣，天亮了就好辦了。」我們又返回大樓，在一間亂七八糟的小會議室裡，一人拉開一把長條椅，裹緊棉衣躺在上面休息。越睡越冷，翻來覆去怎麼也睡不著。好不容易熬到天亮，翻起麻木的身體，商量著先到外面找食堂，吃點熱和的東西暖暖身子。

我們又冷又餓，迫不及待地在巷口一家早點攤上要了六碗豆漿、兩大盤油條，熱乎乎地連喝帶吃。賣早點掌櫃的來勁了，把那案上的麵團摔打得啪啪作響，顯然是我們的食欲讓他精神振奮！吃完早點我們的身體不再寒顫了，那連餓帶凍、困倦相煎的黑臉泛出了紅撲撲的氣色。丁山峰看著我和王偉，不由地笑道：「這肚子裡有了東西就是不一樣，連臉色都變得好看了！走，咱們先找個地方住下，洗一洗，睡一陣就精神了！」

我們不緊不慢地行走在寒氣濃重、空無人影的街道上，不時張望街道兩旁灰暗、重疊、相互擁擠的店面、商鋪，尋找住處。忽然，王偉恍然大悟地嚷嚷道：「上當了！上當了！我們昨天晚上讓

蹬車的小夥子給騙了！」「怎麼回事？」「你看！……」原來，火車站離軍區接待處並不遠，只隔了一條街，出車站繞一條街就到了。十幾分鐘的路程，蹬車的小夥子居然把我們繞了半個多小時，收了我們七塊多錢，至少多收了一倍的錢。「這小子看我們是外地人，欺生！」「嗨！這在大城市並不奇怪！……」「不過也值得，我們不是還欣賞了一段『夜半歌聲』嗎？」我們不由地抬頭朝街道兩旁高樓望去──「好像就在這一帶。」「肯定是什麼歌舞團的家屬區……」一提起昨晚的歌聲，我們的神情煥然一新！於是，便再度咀嚼那份寒冷中一縷澀澀的溫馨……

　　微弱的太陽慢慢冉起，街面上的行人也漸漸多了起來，一家家早點麵鋪熱氣騰騰地招攬著顧客。我們在一個大商場旁邊的一家飯店住下。丁山峰說：「這裡熱鬧，尤其是晚上，賣什麼吃的都有，看電影也很方便。」顯然他來過，住過這家飯店。誠然，住在熱鬧的地方，這對我們山裡出來的人來說尤為重要。否則，回到山裡連謅嘴的新鮮都沒有，白來了一趟大城市……

　　下午，我們直接到蘭州軍區機關大樓，向門口哨兵出示介紹信後，便在龐大的樓內找到組織部門，講明來由，打問原「三邊回漢支隊」政委梁大鈞的情況。他們介紹說：「梁老現在幹部療養院休養，據說，最近到四川峨眉山去了……」不巧，白來了一趟！但轉念一想，不要緊，我們可以趁機去一趟四川峨眉山啊！……

　　由於我們到四川去的錢不夠，便由丁山峰向涇河源團部打長途電話說明情況，並讓他們趕快給我們匯款來。

　　在蘭州等錢的日子裡，天天在蘭州的大街小巷，商店市場到處

轉悠。往往是上午到北塔山轉一趟,就地在山上一家有名的拉麵館裡吃正宗的牛肉拉麵;三毛錢一大碗,那可真是色香味美、做功地道,吃得人酣暢淋漓、回味無窮!下午接著轉街;大街寬暢,小街熱鬧!尤其在街口、巷處,各種各樣的吃食雜攤擺得紅紅火火,讓人目不暇接、垂涎欲滴!只可惜口袋裡的錢不多,只夠維持正常的吃飯住宿,要不然非樣樣嘗到,以彌補山裡面翻來覆去土豆、蘿蔔吃傻了的胃口;在新疆人大聲吆喝烤羊肉串、手抓飯攤前,那香噴噴的味道糾纏得我們實在挪不動步了,每人要了兩串烤羊肉串,吃在嘴裡香在心裡;一毛五一串,三毛錢兩串,比現在三毛錢一串要多出十倍的肉,味道好極了!頭一次目睹彪形大漢手舉雙刀在鋥亮光滑的頭頂上往大鐵鍋裡削麵,「刷刷刷」地左右開刀,麵條紛紛落入沸騰的鍋裡,分毫不差!看得我們目瞪口呆、心驚肉跳!——「那可不是開玩笑的,弄不好人頭要落鍋的!」

晚上睡覺前,總是要利用飯店的有利條件,在暖和的洗漱間裡把自己洗得乾乾淨淨。然後舒舒服服地泡上一杯茶,似躺非睡地鑽在被窩裡,你一言我一語地瞎聊,講奇聞異事,說到激動處,興奮得往往大半夜都睡不著覺……

有一個晚上,暖氣燒得特別熱,我們燥的翻來覆去睡不著。只聽窗外隱隱約約不斷傳來「劈劈叭叭」的聲響。——「這是什麼聲音?」「像是鞭炮聲。」「不可能,深更半夜,誰放鞭炮?」「不對,是槍聲!可能哪兒又發生武鬥了……」我們心裡一陣緊張;我們知道,蘭州前一陣武鬥鬧得很厲害,是不是現在又打起來了?也很難說……

　　我們屏聲斂氣，側耳細聽那時緊時鬆、持續不斷的槍聲。丁山峰有一句沒一句地隨著槍聲的節奏，自信而老練地辨別道：「這是機槍在掃射，看來打得非常激烈，聽聲音離城很遠。這是點射，機槍點射難度很大，『林總指』『9.23』圍打地委黨校時，聽軍分區周參謀說，機槍打出了『孔雀三點頭』、『梅花怒放』的高水平，林建師藏龍臥虎啊！」……

　　我越聽越納悶；「怎麼這槍聲就打個不停呢？一點間隔都沒有？那要死多少人？

　　我終於按捺不住，索性翻起身到窗前察看，什麼也看不清楚，玻璃上籠罩著一層水蒸氣，遂轉身又往床上返。忽然眉頭一皺，感覺不對頭！──這聲音好像不是來自窗外，而是來之屋內。遂又返身往窗前走，拉開桌子，在牆根一排暖氣片前仔細察看，不禁哈哈大笑，笑得我幾乎控制不住……丁山峰、王偉急忙翻起身來，莫名其妙地看著我。我一手捂肚子，一手指著窗子笑道：「還機槍掃射、點射呢，你們自己去看看！」二人即刻下床往窗前走──又是一陣哄然大笑！──原來是暖氣燒得過熱，熱氣壓從暖氣片排氣孔裡迸發出來的「劈劈叭叭」的響聲……

　　在蘭州等匯款住了半個月。起初對城市的熱情、新鮮終於耗盡。整天無所事事、閒得心慌，天天上午下午到郵局去打問匯款到了沒有。剩下的時間便心神不定地瞎轉悠；面對不屬於自己的城市和與己無關的人群，回想偏僻寂寞、荒蕪淒涼的黃崕山，更增添了一份孤獨與悵然；站在黃河鐵橋上，看著滾滾而去的河水，一種莫名的情緒油然而生；前途茫茫，心繫何方？流離的孤帆不知何時能夠落帆靠岸？何處才是我心靈慰藉的港灣？……

就是在這個時期，我有了一種沉鬱感，多了一種澀澀的思緒；學會了抽菸，學會了感嘆，擁有了一份內心的孤獨與悵然；蘭州之行給了我魂牽夢縈般的「歌聲與柔情」，彷彿我一下子長大了，成熟了，多情善感了……

　　當我們收到匯款後，立刻動身離開了蘭州。穿過黃土高原，由寶雞直達成都。一夜間，從黃土高原進入巴山蜀水，眼前的景色讓我們幾個西北「山狼」大開眼界！──猶如置身於綠色畫廊一般，目不暇接，心曠神怡！只可惜時局動亂、人心不安……儘管中央一再強調：「要文鬥、不要武鬥，要鬥私批修，要實現革命的大聯合。」但各地的「派性」鬥爭仍然十分嚴重，四川的武鬥尤為慘烈！……

　　我們一下火車，就聽到了前幾天車站遭遇機槍掃射的信息；無辜的旅客嚇得趴在站台下愣是不敢出站。好心的車站工作人員告誡我們：「不要到城東去，那裡危險！……」成都的兩大造反派各占城西和城東；打李的和保李的（四川省委書記李井泉）兩派鬥爭殘酷激烈，連火箭炮都用上了！

　　我們在車站附近的旅館住了兩天；大街上到處是「血債要用血來還，誓死打倒李井泉！」的血腥標語和嚴陣以待的戰鬥氛圍；成都的造反派們也在用汽車拉著戰友的屍體遊行示威！所不同的是，他們比銀川造反派氣派、瀟灑多了！他們不是步行，而是車行；汽車、吉普車、自行車一湧而上！──躺在車上白布遮蓋的屍體周圍站著兩排持槍護衛，他們身著青一色的工作服，槍刺林立、冷若冰霜地被簇擁在挎衝鋒槍、騎自行車的人群中，像電影中的鏡頭一

樣，匆匆而過；那蕭殺恐怖的場面，讓人不禁毛骨悚然！……那兩天，我們除了附近吃飯，擠著排隊買車票，基本上是待在旅館裡，什麼風景、名勝，想都不要想了！

第三天下午，我們就匆忙離開了令人心悸的成都，向此行的目的地峨眉山趕去。在峨眉縣下車時已過午夜。黑燈瞎火裡生怕招惹是非，便隨同兩個上海出差的旅客就近鑽入一家茶館。雖然已經打烊閉張，但並不拒絕來客過夜。這真是峨眉人方便好客的一大善舉！這在政治冰封、鬥爭嚴寒的中國大地，恐怕是絕無僅有的一個例外。與成都蕭殺的情景形成了極端的反差。像其他幾個行路人一樣，我們一人一把竹製藤椅、躺在上面合眼休息，倒也不冷不熱、安逸舒適……

四川人有早上喝茶的嗜好。天不亮，我們就被熙熙攘攘的招呼聲吵醒了。那紛紛來喝茶的人熱熱鬧鬧地擺起了一桌又一桌。瞬間，裡三層外三層，黑鴉鴉的人群把整個茶館坐得滿滿的，連大門外面也擺起了「龍門陣」。這充滿生活氣息的場面與成都形成了鮮明的對照，把四川令人怵然的武鬥印象沖洗得乾乾淨淨！——面對如此難得的閒情逸致，彷彿置身於世外桃源，蓬萊仙閣；從來沒有體驗過如此平和、悠閒、古樸、風雅的場面，我們被感動得躍躍欲試；也叫人湊攏了一桌，興趣盎然地品嘗那從未品嘗過的鮮茶，欣賞那男男女女中老年人的風雅情趣……

幾碗鮮綠的濃茶下肚，一個個飄飄然、昏昏然，你看我，我看你——大呼「喝醉了！」「這茶也醉人？」轉身問一老者：「茶能醉人嗎？」老者樂呵呵地笑道：「茶不醉人、人自醉！小夥子，這茶醇鮮、地道，厲害麼！要吃點東西，慢慢喝嘛！……」我們頭昏

腦脹，肚裡嘰哩咕嚕，不敢再喝了，便起身告辭，填肚子去！

　　天亮了，細雨濛濛。與北方的雨截然不同，那雨無聲無息、不驚不乍，人們沒事似地開店鋪張，習以為常。我們在一家竹棚灘上吃了頗具本地特色的糯米飯團，便拾街而上，在清涼、朦朧的雨絲中悠哉悠哉，盡情在煙雨蒼茫的氛圍中尋找某種永恆，讓西南小鎮的石街、矮屋、竹棚、斗笠、人情世俗永駐心田！

　　在峨眉縣招待所住了一夜。第二天早晨，天氣轉晴。我們沐浴在天地柔和、青山綠水環抱的景色中，神仙般地向峨眉山飄然而去！……約一個多小時的路程，來到了婀娜多姿的峨眉秀峰下。面對郭沫若先生題寫的「天下第一山」五個大字，激情萬分，彷彿走進了夢幻般的仙境裡而傾情萬種，感慨無限！西北出生的丁山峰感嘆地說：「咳！這山這水，若能勻點到黃土高原去該多好啊！」上海出生的王偉則深情地說：「啊！要是能生於斯、長於斯，一輩子在這裡該有多好啊！……」我看王偉那副樂顛顛、酸溜溜的痴迷勁，不無揶揄地開玩笑說：「我的牙都快倒了，酸得我難受，快收起那小資產階級情調吧！」不料此話當真惹惱了王偉，好幾天待理不理我。其實我何嘗不是感慨萬千呢？我不過是以調侃的方式想逗笑取樂一番。沒想到他真的當回事了，回到黃崤山在戰友們面前還告了我一狀；說我說他世界觀有問題。為此，吳浩在和我談話中，也不無揶揄地問我：「……什麼是世界觀？」我一聽怎麼話茬不對，便正而八經、迎接挑戰似地說：「世界觀就是人的觀點和看法。當然，還包括人的情感宣洩！」這是氣話，吳浩不可置否卻又不以為然地苦笑了一下。（現在回想起來，覺得十分可笑，十分可

貴的天真，十分難得的單純，十分十分年輕的我啊！）

在峨眉山報國寺招待所住下，心裡卻惦記著出行的任務。王偉問一老和尚：「老同志，峨眉山幹部療養所在那裡？」老和尚不理他，王偉好生納悶……丁三峰嗤嗤地笑了起來，說：「真是個書呆子，你的叫法不對麼，應該叫老師傅。人家是出家人，怎麼能和你稱同道志呢？」王偉恍然大悟，返身又去問，果然如此，不無感嘆地說：「看來，若要登仙山，先要拜佛門啊！」於是，我們抓緊時間跑到大殿裡去參拜了一百零八羅漢塑像；按照人們的某種說法，各自在觀瞻中尋找與自己長相相似的面孔，看自己屬於哪一位天神的凡胎俗子；面對那威風凜凜、神態各異、栩栩如生的眾神獠面，不禁讓人毛骨悚然、心慌意亂，彷彿是在冥冥世界裡經受神的裁判……

下午，按照老和尚的指點，我們在五、六里路外的幹部療養所找到了原「陝甘寧回漢支隊」政委梁大鈞。高大白胖的梁老，熱情、爽朗地接待了我們，為我們轉輾了兩個月的調查工作畫上了句號！

第二天，我們開始登山遊覽，打算每天行程三十里，兩天六十里登上「金頂」，看日出「佛光」。在進山口小食店吃早點時，掌櫃老頭聽我們是西北口音，非常驚訝，問我們從什麼地方來？我們說從西北寧夏來。老頭一聽寧夏，高興得大有異鄉遇鄉音的親切與感慨，連連述說他是甘肅臨夏的（把寧夏和臨夏混為一談），離開家鄉幾十年了，再也沒有回去過。他現已經七十多歲，兒孫都在峨眉，他和小兒媳在這山下開個小食店，日子過得還算是平穩安逸，就是人老了，想念家鄉啊！……

看老頭如此動情，我們不忍心糾正差錯，將錯就錯地一個勁老鄉老伯地附和著，惹老頭開心。從心裡佩服老頭有眼力，選了個好地方安居樂業、享受天倫。我們你一句我一句，把老頭誇讚得合不攏嘴；大喊兒媳再給我們端好吃的來，我們連連謝絕，說是吃飽了不能再吃了。老頭很關心地告訴我們說：「你們就在山下轉轉、看看，千萬不要上山去，山上雪大、寒冷，現在不是上山的季節。」我們說：「不怕，我們年輕力壯走慣了山路。」很開心地和老頭聊了一陣，便興趣盎然地健步進山，遊山觀景！

　　前十五里路，山勢開闊、青山綠水、陽光明媚、春意盎然。尤其是牧童倒騎牛背、晃悠在水田裡的情景，如詩如畫、如夢如幻，彷彿置人於詩情畫意之中。又聽那山林裡不時傳來背柴村姑清脆嘹亮的山歌聲，簡直讓人如臨仙境，或然若仙了！……如此動人的情景，真把人陶醉得心曠神怡，痴痴顛顛的……

　　但是，正如臨夏老頭所說的，後十五里山路，冰天雪地、寒氣襲人！一路上除了碰見幾個往山上背運糧食的腳夫，以其堅忍不拔的耐力、匆匆超越我們而去外，再無任何行人！——陽光不知在什麼時候消隱得無影無蹤，身前的山青水秀也不知丟失到了何處何地？一切秀色都悄然不見了，所有的天空都被灰暗的大霧、寒冷的潮氣遮蓋得讓人惴惴不安。除了石階兩旁掛滿了積雪冰凌的樹叢，偶爾從灰濛的深處傳來幾聲猿啼猴鳴的響動外，這世界彷彿蕩然無存了！那令人神往的峨眉秀峰，除了留下寒氣逼人的冷清與沉寂外，似乎呈現給我們的是一個陰冷、窒息的北極！……我們十分艱難地攀登在冰雪覆蓋、寒氣彌漫的山路上，猶如探險在喜馬拉雅山上……趕到住地寺廟時，已經黃昏了。寒冷的潮氣、霧氣，把寺廟

籠罩得天昏地暗。所有的廟宇建築、樓臺亭閣、金鑾殿堂、神仙大帝都黯然失色，彷彿我們走進了世界的末日！

　　一個瘦小的黑和尚，毫無表情、「嘰哩咕嚕」地接待了我們。把我們領到踩上去就「咯咯吱吱」響、搖搖晃晃似乎要倒塌的木樓房間裡去。眼前，除了白色的被單外，全是黑的。那搖搖欲滅的油燈，只照亮了巴掌大的地方，其餘，都讓黑暗充實得沒有一點空隙。我們心灰意冷，呆呆地叩問：「怎麼會是這樣？」可轉念一想，那臨夏老頭不是明明白白告戒過我們嗎？看來，還是俗話說的好啊！「不聽老人言，吃虧在眼前！」

　　一陣搖晃、顫動的「咯吱咯吱」聲由遠而近，彷彿要穿透人的五臟六腑。我們幾個翻身坐起，詫異地瞅著黑洞洞的門口；一條黑影端著微弱、飄渺的油燈，幽靈般「吱悠吱悠」地進入房內，搖曳恍惚的燈光，映照著一張模糊不清的面孔，向我們發出平直而乏力的語言：「要吃飯嗎？」──「要的，要的！」我們急忙起身，神秘兮兮地跟隨那黑影「咯吱咯吱」、搖搖晃晃地走下樓梯去。假如你是一個人住在這樣的房間裡，夜裡不鬧鬼才怪！就憑那「咯吱咯吱」、人動房叫的聲音，也會把你嚇個半死！

　　穿過漆黑清冷的天井，來到一間燈光幽暗、煙燻火燎的廚房裡，欲與五、六個黑衣和尚共進晚餐。和尚們見生人來了，紛紛起身騰出小方桌讓我們坐，我們豈敢造次，一再謙讓，但和尚們唯唯諾諾，各自鑽到牆腳一邊蹲下，悄無聲息地自顧吃飯。看著這副寒磣淒惶的光景，嗅著那充滿柴草鍋灶的氣味，讓我們好生淒楚憐憫之情……

三碗米飯一碟鹹菜端了上來，丁山峰看了看，忙問和尚：「還有什麼炒菜嗎？」「沒有，啥子菜也沒有。」無奈，我們一人一碗，毫無胃口地慢慢咀嚼那用雪水做的、土腥味十足的米飯，還有那又苦又澀、缺鹽少佐料的鹹菜，細細品嘗和尚們粗茶淡飯、超凡脫俗的窮苦生活，從中彷彿品味到了一種人生的絕望與無奈，看到了這種絕望與無奈的萬念俱灰！……可我總覺得，在他們的心靈深處，一定塵封著悲傷的故事和不幸的遭遇……

匆匆吃完飯回到房間裡，所有的興趣都沒有了；一致通過了放棄繼續登山看佛光的計劃，決定明天一大早就下山，趕快離開這個黑暗的世界！……

但令人懊悔的是，這個匆忙的決定，在第二天下午脫離冰天雪地的高山後，便後悔不迭了！——聽當地遊人說：只要我們再堅持往上走四、五里路，就是另外一番天地、另外一番景象了！那高山之巔、陽光燦爛，騰雲駕霧、氣勢磅礡！沿山脊而上，不消一個時辰便可到達名揚天下的「金頂」之峰了！——懊悔啊！懊悔，來到峨眉山，未到金頂看佛光，成為日後我們三個人的一大遺憾！

離開黃崑山兩個月，一切都令人刮目相看。造反派們把帥部勘察隊一幫子「老保」們（文革初期站在領導一邊的人，時稱站錯隊的保皇派）從溝對面占據的平房大院裡趕回了師部。紛紛從山上土窯洞裡搬了下來，住進了寬敞明亮的磚瓦房。吳浩、高鵬也把我和王偉的行李搬了下來，我們四人住在一個裡外套間房裡，有桌椅板凳，還湊錢買了一台收音機，把房間布置得讓人舒心愜意！

但黃崑山也有驚險的事情發生——就在我們走後不久，造反

派們開車到固原城去集會，由於車開得太快，急轉彎時翻車了，造成一死一殘，輕、重傷幾十人的慘劇。我們造反隊的海漩也因此受了重傷，回銀川治療了一個多月，剛剛返回沒幾天。聽說海漩的情緒很不好，甚至抽菸、喝酒，身心受了很大刺激而不能自拔。看著海漩那副消沉低迷的樣子，我心裡十分不安，總想跟她好好聊聊，讓她振作起來。可一見面就心慌意亂，想好的話竟不知從何說起，語無倫次、言非所願，結結巴巴的甚是尷尬，只好臉紅脖子粗的起身告辭。過後又十分後悔，大罵自己沒出息，把該說的「經典」沒說，不該說的廢話全說了……

雖然全國乃至寧夏總的局勢向著中央部署的大聯合、三結合，成立革命委員會的方向發展。但各地的形勢發展很不平衡，差距很大，林建三師的派別鬥爭更是糾纏不休！儘管蘭州軍區年初專門為解決林建三師派性問題，把各派負責人召集到蘭州軍區去辦學習班；學習中央文件，「鬥私批修」、消除隔閡，共同商討籌備成立革命委員會的有關事宜。但兩個多月過去了，問題尚未得到根本解決。三大派（林總指、聯指、革造團）仍然各自為政，各行其是。尤其是「林總指」，唯我獨革、唯我獨尊，盛氣凌人、氣焰囂張！黃峁山的形勢十分緊張，「林總指」的武裝勢力逐步滲透到黃峁山來，大有一觸即發的武鬥跡象。

為了避免武力衝突，「聯指」的主力退卻到田窪知青點。而我們「溫和」的紅色造反隊則書生氣十足，自以為沒事，不必大驚小怪，硬是留下來未隨大夥一起撤離。我們認為全國的形勢趨於穩定，更何況有蘭州軍區主持制定的「三派達成的協議」，誰敢逆潮

流而動？自取滅亡？……

我們高枕無憂，時常在天氣好的下午，叫上唐杰、海漩、蘭溪，登山高瞻遠矚，遙望藍天厚土，感慨蒼穹浩渺；坐在攔水大壩上，面對碧綠的水面，談論人生的酣暢與無奈，人心的醜陋與坦蕩。把「小布爾喬亞」表現得淋漓盡致，方覺得釋懷暢義、心情舒展。把身邊的危難忘得乾乾淨淨！

面對「三足鼎立」之勢，「林總指」如坐針氈。尤其是「革造團」集中在北海子團部（林建三師二團）舉辦學習班，還請解放軍和其他造反派代表參加。這一舉動，大大刺激了「林總指」唯我獨尊的極端心理！於是，一個從根本上解決問題的行動方案，在「林總指」頭頭及其骨幹、打手們的腦海中醞釀著、膨脹著、準備著……

1968年5月7日，當黎明前的黑暗最濃重的時候，隨著一聲巨大的爆炸聲，北海子二團團部院牆被炸開了一個缺口。「林總指」的勇士們一呼而上、衝進院內，撲向一排排房間、踢開一扇扇房門，甩手就往裡扔手榴彈、頓時硝煙彌漫，鬼哭狼嚎！——鋼鞭、棍棒如同暴風驟雨般砸向那些尚未清醒的身體；人們在震驚、淒厲的打擊聲中紛紛倒下。尚未倒下的人還沒回過神來，已被作為俘虜押向院中集中訓話。二團團部充滿了血腥、恐怖，到處是血跡、到處在呻吟……

天亮了，當固原軍分區解放軍把一批批痛苦不堪、焦頭爛額的傷員送往醫院搶救時，「林總指」的勇士們正坐在大卡車上耀武揚威，凱旋而歸！車隊在固原城裡款款而行，「林總指」的勇士們頻頻向老百姓舉手示意，歡呼他們的輝煌勝利！

上午9點鐘左右，我們得知這一驚心動魄的消息後，立刻前往

固原軍分區核實情況，並在周參謀的帶領下，趁「林總指」看管人員外出吃飯的空隙，提心吊膽地前往醫院看望了正在搶救、治療的傷病員。隨後，我們以最快的速度，在當天下午就把「林總指」血洗二團團部的事實真相用傳單披露於固原山城！……

　　震驚固原地區的「5.7慘案」，死三人，傷、殘四十餘人。

　　5月11日下午，退卻到田窪知青點的「聯指」十餘人，乘坐卡車到師部去拉桌椅板凳、辦公用具等，被在師部機關的幾名「林總指」女將阻攔，遂發生拉扯、漫罵，「聯指」人員強行開車把東西拉走。晚上9點多鐘，「林總指」動用數輛汽車，糾集七、八十人，攜帶槍支、棍棒、鋼鞭，衝向田窪知青點進行報復。「聯指」人員得到消息後，立即逃往山上去（包括我在內）。沒有來得及逃走的銀川知青陶金、北京知青王笛、曹剛等均被鋼鞭棍棒打的頭破血流。「聯指」頭頭司汗青因未能及時走脫，被困在舊窯洞裡，幸遇黃崌山知青李彤率先闖入，他見是老同學司汗青，便急中生智，迅速退出門外，大聲嚷嚷道：「這裡是老農住的地方，趕快到其它地方去搜！」使司汗青免遭一劫。

　　在「林總指」強勢高壓、武力威脅下，「聯指」很快就撤離了田窪知青點。一部分人南上涇河源一團團部，及其當地老工人為主的深山老林各林場去發動群眾。另一部分人北下回銀川集中學習、待命。留下少數人在固原城裡堅持「地下鬥爭」。其主要任務是聯絡傳遞消息，按期出版「聯指」小報周刊《橫空出世》。這是我們紅色造反隊擔負的主要工作。這個小報周刊在與「林總指」合作期間就由我們幾個人（吳浩、王偉、唐杰、高鵬、和我）創立主辦。

它和「林總指」的《驚雷》小報周刊（北京知青主辦）成為「林總指」宣傳工具的姊妹篇。由於我們退出了「林總指」，便隨我們成為「聯指」相對於「總指」的主要宣傳工具。

在「聯指」撤出黃峁山後，「林總指」的大量骨幹人員和武裝人員迅速進入黃峁山，加上留在「林總指」的部分黃峁山知青造反派，大大增強了黃峁山的武力氛圍。他們甚至在院牆上拉起了電欄網，汽車、摩托車，各種槍支彈藥應有盡有。我們幾個「文人」由於思想單純，沒有及時撤離，被困在黃峁山而不得脫身。

記得在準備撤離的那幾天時間裡，我們在白色恐怖中度過了幾個非常驚險的日日夜夜。目睹了「林總指」少數極端分子隨便毆打群眾和幹部的殘暴罪行。他們竟然把在「9.23武鬥事件」中，被亂槍打死的北京知青王某某的父親（專程從北京來收屍安葬兒子）以歷史反革命罪名，從固原城裡抓到黃峁山，進行慘無人道的毒打和酷刑，直至折磨致死。那血淋淋的屍體長久陳放在破窯洞門板上，無人收葬。還有人居然以十斤飯票打賭，比試膽量，把屍體穿的血跡斑斑的棉褲脫下來穿在自己身上……

他們耀武揚威地闖入我們的宿舍，把正在和我們聊天的銀川「知青辦」留守幹部李某某拖到門口，大打出手；面對我們的苦苦勸說，他們揚言「這是殺雞給猴看！你們也小心點，說不定下一次就輪到你們！」——當時我們的處境非常險惡，周圍全是他們的人。我們的一舉一動完全在他們的掌控之下。我們的「小報周刊」停止了工作，很多文件材料都收藏了起來。我們清楚，只要我們一旦被他們抓住什麼把柄，那就會像他們所言——「剁掉這幾個『筆

杆子』的手指頭！」

　　好不容易抓住一個脫身的機會，這是一個漆黑無月的夜晚。九點多鐘，以「逍遙派」身份潛伏的海漩、蘭溪，慌慌忙忙跑到我們宿舍裡來說：「你們現在趕快走！他們的人都出去參加什麼行動去了，只有幾個人在屋裡打牌，現在走正是時候。」說完，她倆又到院子裡去觀察情況。我們立即行動，把早已用麻袋捆好的油印機、刻板、蠟紙以及一大捆紙張，分別背在肩上，迅速在海漩、蘭溪的指點下躥出了大院。我們不敢走大路，怕路上碰見返回的「林總指」的人。慌慌張張繞道穿過公路，順著清水河北上，溝溝坎坎、踉踉蹌蹌，一個多小時匆忙行程後，便進入到固原城裡，這才把一顆懸掛了好長時間的心放了下來。

　　在唐杰的安排下，我們四個人住在馬蘭花的家裡（唐杰、馬蘭花均為固原下鄉知青）。馬蘭花的家是獨院獨戶，小院裡相對兩排六間平房。她專門為我們騰出了一間房子，現成的大通炕，被褥齊全。她為我們燒水做飯，把我們的生活安排得方便周到。

　　停止了一段時間的《橫空出世》小報，又開始恢復了工作。為了避免暴露情況，我們白天守在屋裡，撰寫文章、刻字、排版。煩悶了，就在院裡坐在屋簷下聊天。黃昏的時候便鑽進離馬蘭花家不遠的一個小公園裡轉悠一陣，像放風一樣散步解悶。等天完全黑了，便順著小巷七拐八拐來到郵電局，把包裹好的「小報」寄往南上涇河源山林中堅持鬥爭的「聯指」戰士和北下銀川聚集待命的「聯指」團體。並把「小報」分別送往固原城各大造反派組織，順便在固原城中心熱鬧的地方也貼上幾張，以示「聯指」的主力雖然

撤退，但鬥爭並未結束。然後在紅星食堂周圍觀看「大批判專欄」及「報刊欄」，從中記取最新情況及其熱門話題，為下周「小報」準備材料。還通過唐杰在固原造反派聯絡處獲取宣傳材料，以保證我們「小報」的資料來源。

有一個晚上，聽說「林總指」在體育廣場集會。九點鐘左右，我們一行六人（加上「南線」派來聯絡工作的老工人竇正清）利用此機會在大街上四處張貼「小報」。正當我們順大街一路朝體育廣場貼上去的時候，迎面碰上了「林總指」武工隊頭頭孔江山及其保鏢戰輝（北京知青），剎那間，雙方都放慢了腳步，相互都在觀察對方的舉動。那一刻的情景，猶如狗碰上了狼，進退兩難、卻又不得不正面相對，誰也不願意扭頭就跑，丟人現眼。好歹我們在人數上暫時占優勢，便充分利用這局部的優勢，迅速把這兩個傢伙圍在中間，身體強壯的竇正清死死盯在高大凶悍的孔江山背後。這種沉穩有備的架勢，迫使這兩個打手不敢輕舉妄動。──腰裡別著手槍的孔江山擺出一副無所謂的樣子，用一張架著近視眼鏡的長臉靠近我們，就著昏暗的燈光似曾相識地打量著我們：「你是高鵬，你是王偉，你是吳浩？呵，挺精神嘛。哥們聽說你們在城裡耗著，今天總算是見識了。哦，沒事，哥們在上面開會，出來溜達溜達。」吳浩針鋒相對地答道：「我們也是閒著沒事，出來轉悠轉悠，沒想到有幸相會。」「哦，那你們轉，哥們就不打擾了，後會有期！」孔江山見勢不利，主動撤離。雙方就這樣不卑不亢、不冷不熱地擺脫了一場危機，各自迅速消失在黑暗裡……

事不宜遲，我們幾個人急忙趕到馬蘭花家裡，收拾東西迅速向田窪知青點轉移了。第二天上午，唐杰匆匆跑來通報說：就在我們

離開馬蘭花家不到半個小時，「林總指」就拉了一卡車人包圍了馬蘭花的家，見我們不在，撲了個空，悻悻地走了。

　　在田窪知青點，我們只待了三、四天，什麼事情也沒做，生怕走露了風聲。等唐杰在固原城東郊為我們重新找好了地方，我們便又背上油印機、紙張，前往偏僻人稀的東郊農村隱居。每天自己動手買菜做飯，油鹽醬醋一切自理。經常是上午沿著殘垣斷壁的東城牆南上五、六里路，到南河灘農貿集市上去買菜，然後原路返回，動手做飯。下午和晚上便開始「小報」刻寫、編印工作。

　　住了半個多月，如同與世隔絕，實在憋悶得待不下去了，又讓唐杰在城中心一個不起眼的深巷子裡找了一間小房子住下。這樣，又堅持了一個月。在這段時間裡，「林總指」幾次調動數輛卡車、糾集數百人南上涇河源一團團部，攻擊、騷擾「聯指」，「聯指」的人幾乎已經退到了高山上的王化南林場和密林深處的二龍河林場。在這期間，憋悶不過的「聯指」戰士們也不是吃素的，黃峁山知青鐘兵、范有為、吳華強等十幾個血性方剛的小夥子，也曾讓「林總指」嘗到了苦頭；他們在一個夜晚，悄悄溜下山去，襲擊了「林總指」留守在涇河源團部的崗樓；上面的人堅守不投降，他們便在下面故弄玄虛，大聲叫嚷：「拿炸藥包來！炸了狗日的！」迫使上面的人扔出槍支、下來投降，一頓拳腳、鋼鞭自然少不了……

　　由於深山老林交通不便，幾十個人的吃飯成了問題，又怕發生大的武鬥，長此下去不是辦法。「聯指」的頭頭們最終決定暫時撤回銀川。為了避免在固原與「林總指」發生衝突，他們繞道甘肅莊浪前往蘭州，由蘭州坐火車返回銀川。「聯指」頭頭司汗青沒有隨

他們一起走，而是孤身潛入固原，在把有關情況彙報給固原軍分區首長後，遂與我們一起撤回銀川。（這是我在「文革」中第二次返銀）

為了安全起見，在唐杰的精心安排下，由潛伏在黃峁山的海漩、蘭溪出面，把我們一行人的車票買好，我們在離固原車站七、八里路外的北郊公路旁候車。這樣，既可以避免我們在車站露面，又能預防萬一車上有「林總指」的人，我們可以隨機應變。

第二天早上天剛亮，唐杰就領來了面黃肌瘦、神情疲憊的司汗青，我們護駕著前往約定地點等候上車。至此，「聯指」在固原堅持鬥爭了兩個多月的最後一批人員全部撤離了固原。

唐杰善於出謀劃策，總是在我們猶豫不決時，能把我們安排得穩穩當當，這是唐杰的過人之處。應該說，在我們幾個人中，唯有唐杰最擅長後勤吃喝拉撒的事務。當我們如願地坐上去銀川的車後，不約而同地稱讚起唐杰的精心設計；在人生地不熟的固原城裡能堅持這麼長時間，如果沒有唐杰前後張絡，忙前忙後為我們提供方便，那就不可能有我們這一段「地下鬥爭」的生活經歷……

但是，難以預料的是，如此精心的安排還是未能避免一場驚險。當汽車歡快地把固原拋在一百多里路後，在七營停車載客時，上來了兩個人，其中之一便是「林總指」的骨幹成員韓新（北京知青）。真是冤家路窄，怕啥來啥！韓新那一身黃皮（黃軍裝），當他站在路旁招手停車時，就引起了我們的高度警覺。因為在固原至中寧路經的兩邊大山中，駐有幾個北京知青的連隊。這一帶是「林總指」人員經常出沒的地方。好歹就韓新一個人，他上車一覽車內有無座位時，已經發現了我們幾個不同尋常的人。他那似笑非笑的

表情，已經表明他認出了我們中的「聯指」頭頭司汗青。儘管我們表面冷靜，沒有做出任何反映，好像並不認識他似的，可我們心裡已經在七上八下地盤算著下一步有可能出現的情況。當韓新穿過我們的座位到車裡最後一排坐定後，王偉便急忙扭頭對我說：「從現在起，每到一站停車，都要嚴密監視韓新的動向，以防他通風報信向外透露我們的情況。」我把話又向身後就坐的海漩、蘭溪傳去。同時，王偉也在悄悄地向前排就坐的高鵬、吳浩、司汗青打招呼示意⋯⋯

上午十點多鐘，汽車進入同心車站，照例要在這裡吃一頓飯再起程，人們紛紛湧下車去，奔赴食堂。而我們則心有疑慮地邊走邊觀察韓新的動向，一直磨蹭著看著韓新進入一家食堂後，才快步奔向另一家食堂就餐。就在我們端起飯碗剛吃了幾口，面窗而坐的王偉突然放下碗筷，嘴裡說：「不好！韓新朝對面郵局去了！」忽地起身就往外追去。我們幾個緊跟著追趕過去！當跨入郵局門檻時，只見王偉一改平日書生雅氣，一把從韓新手裡奪過電話筒，厲聲指責韓新妄圖挑動事端、製造武鬥的險惡用心！韓新也不甘示弱，強烈抗議我們干涉了他的通訊自由⋯⋯儘管如此，我們人多，他根本就無法再打電話了。幾個郵局人員在一旁置若罔聞，顯然是在默默地支持我們。無奈，韓新只好自我解嘲地嚷嚷道：「好！行！那我就打電報⋯⋯」我們幾個不便再糾纏下去，畢竟這裡是公共郵局。便由吳浩、高鵬出面到後院去找郵局負責人，進一步說明我們不讓韓新打電話的理由，揭露他妄圖挑動武鬥的陰謀，並要求他們無論如何都要把韓新的電報扣壓兩個小時再發。這位負責人很通情達理，答應我們悄悄把電報遲發兩個小時。

攪了韓新的電話，壓了他的電報後，我們迅速在路旁擋了一輛去銀川的便車，先讓司汗青坐上這輛車直奔銀川去。安全轉移了司汗青後，我們的心情稍稍平靜了一些，但我們仍然處在危險中。當我們再次坐上班車後，面對一臉不服氣的韓新，我們又悄悄商量了下一步的行動方案──準備放棄今晚隨這趟班車留宿中寧的安排，轉道中衛坐下午四點多鐘的火車連夜趕往銀川；如果我們按照原計劃隨這趟班車在中寧留宿的話，危險性太大，「林總指」的卡車從固原趕往中寧只需兩個多小時即可到達，我們根本無法逃脫被抓回去的危險──「夜長夢多！」只有轉道中衛連夜脫離「林總指」的控制區，才能確保此行的安全……

　　下午兩點多鐘在中寧下車後，我們大搖大擺朝旅店走去，此舉是專門做給韓新看的，故意讓他知道我們要在中寧留宿。進入旅店後，我們便迅速穿過旅店大院，悄悄從後門溜了出去，又返回了汽車站。我們順利地坐上了去中衛的班車，一路上還不斷朝後面瞭望，生怕有「林總指」的卡車追趕我們。當我們趕到中衛火車站時，並未直接進入車站大廳，害怕萬一讓聰明的韓新預料到我們的行動路線，提前給那邊打電話，那「林總指」追趕我們的卡車同樣可以在中衛火車站攔截我們……

　　經過一番仔細觀察後，確定沒有「林總指」人員的跡象，才進入車站買票，並分頭在候車室觀察情況，大有「一朝被蛇咬，十年怕草繩」的感覺。直到我們上了火車，才徹底放鬆了下來。此時，才發現司汗青的一包衣物不見了！誰也沒拿，估計是在中寧給司汗青換車的時候，慌忙中丟在了車上。

　　7月的銀川大地，烈日炎炎、瓜果成熟，充滿了生命的躁動與期待。已經趨以穩定的城市生活逐步繁華起來；人們夏裝艷艷、飄逸瀟灑在酷熱的大街上，讓人怎麼看怎麼舒坦。雖然「文革旗手」江青女扮男裝，以其灰色「列寧裝」、灰色「解放帽」頻頻出現在公眾面前，以示其革命女性「不愛紅裝愛武裝」的政治風貌。但社會女性依然我行我素，她們寧肯冒資產階級小姐、太太的嫌疑，也要在適當的機會穿紅戴綠讓自己飄起來。街道上新設了幾處紅綠燈，還有色彩鮮麗的崗樓，正好是對社會女性漂亮穿戴的襯托。而那些時髦女性們往往會在紅綠燈前左顧右盼，招惹了多少羨慕的目光流連忘返。這在冷酷的「文革」期間，形成了一道靚麗的街景⋯⋯

　　儘管我們已經下鄉兩年多時間了，但對於城市生活的那份依戀、那份親切、那份嚮往，總是讓人難以忘懷，難以割捨。尤其是城市的喧鬧更讓我們心安理得。相對於寂靜的山區卻使我們心慌意亂，不知所措。這種顛倒了的心理感受竟是那樣的強烈，那樣的執著，那樣的不可理喻。彷彿我們聽不到聲響，就會害怕，就會感覺無邊無際、空空落落，靈魂被掏了似的。這讓城裡人無法理解，他們苦於喧鬧。這也讓山裡人好生納悶，他們不習慣於喧鬧。但對於上山下鄉的知青們來說，他們對那段歲月的刻骨銘心，無非就是艱苦的勞動和寂寞的時光。而後者比前者更加讓人難以忍受⋯⋯

　　我們終於平安地回到了銀川，而且是為了顧全大局，這真是瞌睡遇上了枕頭。但嚴格的說：「聯指」能夠忍聲吞氣地撤離黃峁山，又一步步退卻到深山老林裡去，最後撤回到銀川，這與解放軍和老幹部的關心、指導有著密切的關係。憑心而論，這也是「聯指」頭頭們頭腦清醒，避免武鬥的正確決擇。否則，後果難以想

像！──都是血氣方剛的青年、玩命的造反派，若沒有規勸、沒有引導、沒有理智的約束，黃崑山知青不定要鬧出多少流血事件呢！為了捍衛毛主席的革命路線，堅持文鬥，不搞武鬥，我們該做的都做了，不該經歷的也經歷了，能夠有驚無險、平安地返回銀川，實在是不容易！難得有這樣的機會，名正言順地回到銀川，過無憂無慮、瀟灑休閒的城市生活，何樂而不為？

我們約定，每天早晨各自從家裡跑步到公園，七點鐘在湖心鐘亭會面。坐在四面環水、清靜優雅的亭閣裡通讀毛主席著作，武裝思想，不能讓思想生鏽。九點鐘回家，幫助家裡做家務。下午兩點到四點，又一起在唐徠渠「中流擊水，浪遏飛舟」！──毛主席在文化大革命期間，以其七十三歲高齡暢游長江三十多華里，全國振奮！萬眾歡呼！毛主席說：「大風大浪也不可怕。人類社會就是從大風大浪中發展起來的。」全國人民競相學習、效仿偉大領袖毛主席的大無畏革命精神，到大江大湖中去游泳鍛煉，成為當時的一大奇觀！銀川的唐徠渠也成了一道壯觀的游泳博浪的風景線。從早到晚，泳者不斷。那時，吳浩、王偉、高鵬都是旱鴨子不會游泳。我便當教練，用繩子輪流拴在腰裡放到水裡，上面的人拉住繩子控制距離，以防水下的人被水沖沒。我在水裡既當教練又做護衛，忙個不亦樂乎！──吳浩、王偉那五、六米的「狗刨式」就是在那段時間裡學會的。

晚飯後我們會互相串門，或者散步在銀川的街道上。有一次散步分手時，吳浩要我送蘭溪回家，我竟然羞澀地說：「不，……」這讓蘭溪好尷尬，我無意中傷了蘭溪的自尊心。但蘭溪並沒有嗔怪我，始終對我非常好。她是不會斤斤計較朋友間的長短得失，恩恩

怨怨的。由於我對蘭溪的失禮，聰明的吳浩立即提議我們一起送蘭溪回家，也算是大家的一個皆大歡喜！

蘭溪是杭州人，父母是「支寧」園林建設人員，家在公園後面家屬院居住。那裡偏僻漆黑，一個人走路常會提心吊膽的。——蘭溪的母親熱情接待我們，又是倒茶又是切瓜，這讓我越加不好意思。蘭溪的父親身體幹練、目光炯炯、十分健談，一看就是個武術世家。當他得知我們天天早晨在公園裡活動時，便讓我們跟他學打太極拳，強身健體。於是我們幾個文弱書生便有了一個全新的活動內容；天天早上按時到位，跟師傅學拳練道，精神倍爽，其樂無窮！……

我們在銀川度過了難以忘懷的兩個月——真正屬於自己的生活。朋友之情、戰友之情，無論在固原艱難困苦的日子裡，還是在銀川安逸舒適的時光中，都表現了患難與共、歡樂共享的精神風貌。追昔撫今，情誼無價，讓人沉懷默想，回味無窮！……

9月初，我們接到了歸隊的通知，說是蘭州軍區發布通令，由寧夏軍區負責對農建十三師（在銀北地區賀蘭山下）和林建三師實行軍事管制。解放軍已經進入黃峁山，一切恢復正常。得到這個令人欣慰的消息後，「聯指」在銀人員很快就返回了黃峁山。由於解放軍的進駐並採取了強硬的行為措施，黃峁山很快就恢復了往日的風貌，一切行動聽指揮，早上出操、晚上學習，勞動生產皆由解放軍組織實施。造反派組織逐漸失去了作用，滯留在黃峁山的「林總指」的造反派們，也如期返回自己的連隊去接受軍管……

十月國慶節後，黃峁山男生各排按照原先的編制和駐地，各自

歸隊，回到知青點從事勞動生產——腳踩黃土背向天，過起了「鋤禾日當午，汗滴禾下土，誰知盤中餐，粒粒皆辛酸」的日子。一切如夢如幻、趾高氣揚的思想和行為，都被客觀、樸實的黃土地所征服！

在隨後的「清理階級隊伍」中，黃峁山追隨「林總指」的那些骨幹、打手們，一個個被實行了「群專」（由群眾對所謂「打、砸、搶」分子實行的專政，文化大革命創舉之一）。這些人抹下了紅袖章，戴上了白「箍箍」（被「群專」人員專門佩戴的白袖章），隔離審查。他們天天早上被監管人員帶到會議室，在毛主席像前自述罪狀、低頭認罪。然後在監管人員的監視下，清理廁所、打掃院子。那一陣，知青中的積極分子想學雷峰、做好事，表現表現都不行了，髒活、累活都讓這些被「群專」的對象們給幹完了！

1970年2月，一個極其寒冷的冬天，在固原體育廣場召開了聲勢浩大的公判大會，「林總指」北京知青金大昆、張石鼓、孔江山、戰輝等被執行槍決。朱鳶先、代雨林等被判處死緩。銀川知青六人分別被判處無期、有期徒刑。一切似乎都沒有逃脫「剝奪者必被剝奪」的定律！但是，這些曾經作為知識青年上山下鄉的閃光足跡，作為文化大革命衝鋒陷陣誓死捍衛革命路線的勇士，最終成為文化大革命全面勝利的刀下鬼和階下囚，由此留給人們的傷痛和糾結是持久的！永遠的！

三、命運交響曲

1969年元旦後，黃峁山知青們（除少部分留場）被分配到固原以南及涇源、隆德林建三師一團所屬的各個連隊。由於我和海漩的戀愛關係已經確立，故被一起分配在固原以南五十里的青石嘴連隊（凡是有戀愛關係的知青，原則上可以被照顧在一起）。吳浩、王偉有幸留在了黃峁山。高鵬分到隆德縣六盤山下豐台連隊，唐杰分到涇源縣新民連隊，可憐的蘭溪被分到了涇源縣二龍河連隊。那是最遠最偏僻的連隊，唯一的方便就是離團部較近，但也要走三十里山路。

那時，我們「聯指」的頭頭司汗青，作為「群眾組織」的代表，被「結合」到林建三師一團革委會任副主任。那個曾經公然叫板「工作組」，遭到殘酷迫害的馬捷，因參加「林總指」作為骨幹成員被留在黃峁山接受審查。多舛的命運之舟，又一次被歲月的急流險灘所束縛……

這次大調動，大分散，對黃峁山知青團體來說無疑是一場大劫難！每個知青心裡都充滿了沮喪；他們身不由己地要再度體驗「上山下鄉」的苦澀與淒迷；本來已經適應了三年的生活環境、勞動強度及賴此建立的人際關係，一下子被決策者們的「戰略部署」給無情地打亂了！他們又將面臨新的環境、新的艱難、新的考驗。他們

正在一步步遠離城市文明的氣息，肢離體散地分解到浩如煙海的大山深處去，在人生的道路上開始第二次靈與肉的茫茫征程⋯⋯

承蒙組織上的照顧，我和海漪有幸被分配到一起，這多少對我們各自的心靈是一個安慰。否則，我們各自的命運恐怕是一輩子都難以解讀的未知數。

我和海漪的情感牽絆源於下鄉第一天，在黃峁山吃的第一頓飯——當海漪手中的大老碗「喀嚓」一聲落地時，我的眼裡、心裡便收藏了一個瘦弱嬌小、應當得到呵護的身影。「文革」運動開始後，我們居然又走到了一起。——風雨同舟、患難與共，這不僅是一種命運，也是一種認知⋯⋯

海漪是個聰明活潑的中學生，以她的純潔善良、文化知識，使我虛弱的小學文化心理，訥於言辭的內向性格，不斷得到改善和充實。我們之間彷彿有一種天然的心靈契合——喜歡自立自強！在她面前，我可以毫無保留地袒露我在文化上的自卑感，從而得到她的真情相助。這對於一個死要面子活受罪的我，在別人面前是絕無僅有的一個例外。我決不會把自己脆弱的心靈袒露在別人面前，讓別人來同情，甚至小瞧我。我如饑似渴地學習文化，為什麼？不就是要自強自立和自尊嗎？這又恰恰讓海漪感動於心⋯⋯

我和海漪戀愛關係的確立，出於我給海漪寫的一封信——洋洋灑灑寫了七頁，把要述的無產階級人生觀和要說的革命豪言壯語都表達了，可又什麼都沒能說得明白，那空洞的文字原本只是一道思想的光環，根本無法穿越情感迷霧的層層障礙。但有一點似乎說得很直白，那就是「衷心地希望我們的關係更進一步，讓我們一起攜起手來，一起奔向那幸福、美好的未來！」僅此而已。這便成了我

們戀愛關係的一塊基石，站在這塊基石上，我們能夠心明眼亮，看得見往後共同要攜手的路程。果然，心有靈犀一點通。我們的關係很快就有了進展，彼此多了一份牽掛，多了一種看似平常而意義不同的看望和問候──那已不是一般同志或朋友的看望和問候，那是心與心的碰撞，每一次都會迸發出燦爛的火花！

我們戀愛關係的公開，完全是一個陰差陽錯的誤會造成的。那時，海漩在場部廣播室當播音員，唐杰在場部當管理員，吳浩、王偉、高鵬和我在田窪知青點上幹農活。一天下午，唐杰到田窪來看望我們，臨走時，我把早已給海漩寫好的信用未署名的信封裝上，讓他帶給海漩。可匆忙離別的唐杰並未在意我說了些什麼，以為是給他的什麼思想交流、心得體會之類。於是，回到場部便稀裡胡塗地拆開看了──做夢也沒有想到，我竟然毫無聲色地對海漩如此動心！在他（他們）的眼裡，我還傻著呢（幾個朋友中我最小），他們總是稱呼我「寶寶」或者「愣兒」（固原方語傻子）；稱我「寶寶」是因我姓名的最後一個字；稱我「愣兒」是因我憨傻痴呆的樣子。其實「愣兒」的稱呼最初來自一位老農之口，那是在兩年前春季播種，我們在山上擺壋播種小麥。當時我單獨操作播種器、駕馭著耕牛在山坡地上搖搖擺擺幹得正歡。不知為什麼，在一旁耕作的老農突然扯開大嗓子，衝著山坡下的唐杰他們喊道：「唐杰哎！唐杰，愣兒不行嘛！」那一聲跌宕起伏、方言味十足的呼喊聲，惹得山坡下的人大笑不止！……從此，「愣兒」的稱呼便落到了我的頭上。

青石嘴──從固原沿「銀平」公路一路緩上坡三十五里到達群山之巔的開城梁頂，一覽山巒蒼穹、長風呼嘯後，便下坡十五里

——汽車從開城梁頂一路放下去，以雷霆萬鈞之勢，狂奔瘋顛直達側臥於河灘坡臺上的青石嘴，時程整一個小時。

青石嘴四面環山，地處五道山梁伸凸的中心地帶，素有「五虎竄羊」的險地之稱。據當地百姓說：此處除我們知青（公家人）能夠安居鎮守，尋常人家斷無可能在此安身立命……

1935年10月上旬，紅軍長征翻越六盤山，在青石嘴遭遇國民黨騎兵追阻，林彪率部在此打了一個漂亮仗，為紅軍勝利進入陝北增添了光輝的一頁！也為毛主席詩詞「六盤山」作了最好的注釋！

30年後，文化大革命中，林彪緊跟毛主席的革命路線，把毛澤東思想奉為顛撲不破的真理，掀起全軍活學活用毛主席著作的熱潮，從而使毛澤東思想如陽光雨露滋潤億萬人民的心田。而林彪也因此紅得發紫，如日中天——被譽為毛主席的親密戰友，億萬人民的副統帥！為了讓林副統帥的豐功偉績堂而皇之地載入歷史史冊，下面的人準備在青石嘴為其樹碑立傳。一時間，名不見經傳的青石嘴名聲大噪，時不時有大小高級轎車來光顧瞻仰，就連解放軍拉練或開展軍事演習都專門安排在青石嘴進行。青石嘴成了具有戰略意義的名勝要地。據說，還要開鐵路，建立軍事博物館等等。我們聽了這些神話般的傳說，興奮無比——能夠到青石嘴去，當然無可挑剔！

我們被分配到青石嘴去的黃峁山知青共五十人，是黃峁山分配到各個連隊去的人數最多、年齡最小、時間最長、日後結婚最多，返城道路也最為曲折的一支知青隊伍。這支從黃峁山知青團體分離出來的隊伍，加上原先青石嘴林場老職工二十餘人、復轉軍人七、八人、共八十餘人，被編制為林建三師一團第八連。八連連長慕清江年近五十歲，解放戰爭時期由甘肅慶陽農村入伍，轉戰西北、一

路打到新疆，隨部隊集體轉業看守監獄犯人。林建三師組建充實幹部隊伍時調入內地當連長──樸實無華的慕連長文化粗淺、脾氣倔強；閉著眼睛捲菸炮，邊抽菸、邊嘮叨，訓起人來沒完沒了。睜開眼睛卻發現被訓的人居然不見了，往往氣得大發雷霆、朝著正在遠處偷偷張望的「壞熊」撲去，大罵不止……

　　不知道什麼原因，慕連長對我倒是特別關注。當他到黃峁山來接收我們的那個晚上，他不住場部單另安排的招待室卻跑來找我，見面就問：「誰叫夏風？」我說：「我就是。」他笑容可掬地說：「今兒個晚上，我就和你擠著睡，能成嗎？」我痛快地說：「能成，能成，莫問題！」他拉住我的手坐在床上，笑瞇瞇地問長問短，像多年的老首長顯得十分熟悉和親近。最後從腰裡取出掖在腰帶上的小布兜兜遞給我說：「這是下午剛提來的你們五十個人的工資，明天到青石嘴把大夥安頓好後，你就負責把錢給大夥發了，好讓大夥買飯票吃飯。」說完，他就坦然地脫衣鑽入被窩睡覺，既沒有交代總共是多少錢，也沒有說讓我清點清點數字。初次見面如此放心，我也不好再多問，更不好意思清點，就把布兜兜纏緊壓在當枕頭的棉褲裡睡覺。這是我第一次經手這麼多的錢，我也像老連長一樣把它藏在棉衣內掖在褲帶上。但直到把錢發完，我也不清楚究竟是多少錢。反正最後剩下的就是我的工資二十三元五毛錢。現在細想起來，那合計應該是一千一百七十五元；那是五十名知青一個月的工資啊！……

　　到青石嘴第二天上午，我們很多人等候在坡台下公路旁，迎送被分配到涇源二龍河連隊去的二十名知青。十點多鐘汽車飛奔而

來，大家擁上去把汽車緊緊圍住；車上車下知青們手牽手、話連話，依依惜別、淚眼汪汪。蘭溪在車上緊緊拉住車下海漩的手，一臉茫然、一臉憂傷。所有的語言都浸透在離別的傷感中。海漩遞上一條手帕讓蘭溪擦淚，蘭溪擒淚把手帕塞在包裡，順手掏出煮雞蛋就往我懷裡扔；一個、兩個、三個、四個，我邊接邊嚷嚷：「不要、不要了！」她直管一個勁往下扔，好像要說的話全都包含在雞蛋裡……車開了，她手裡還握住雞蛋，苦笑著向我們揮手告別！──那一幕動人的情景，讓我至今難忘！

第三天一切都安頓好了，慕連長又讓我同食堂管理員吳文輝（林場老職工）一起到甘肅平涼去購買乾蘆葦，負責會議室頂棚修繕和布置工作。忙裡忙外圓滿完成任務後，又作為他的臨時文書，開會讀文件、作記錄，成了連裡的大「紅人」。直到數月後，調來了指導員和會計、出納，我才脫開了干係。

春節過後不久，一排三個班（其中男一班、女二、三班包括海漩）又被分配到後山掛馬溝林業點駐守（距青石嘴連部十五里山路）。我被任命為這個點的伙食管理員，提前三天帶領雇傭的炊事員張師，翻山越嶺到掛馬溝林業點收拾食堂鍋灶、籌備糧食煤炭。在我忙著從青石嘴連部往掛馬溝林業點背運糧食、油鹽醬醋的時候，一排全體男女也在往掛馬溝人背肩扛桌椅床板，行李鋪蓋；那長長的搬運隊伍翻山越嶺、逶迤而行，其艱難、悲壯的場面，就像當年紅軍翻雪山過草地似的……

初到掛馬溝一個多月的時間裡，我每隔兩天就要翻山越嶺到青石嘴去背糧食，那上下十五里，往返三十里的山路，背上五、六十

斤重的糧食，其艱難程度如同牛馬努力掙扎，汗如雨下、氣喘吁吁，累得恨不得把狂跳的心肺都噴出胸腔。上山艱難，下坡更難，踉踉蹌蹌、跌挫頓顛，兩條腿疼得發脹，鞋底磨得冒煙，腳丫子皮肉硬是蹭出了好多血泡；一趟趟咬牙堅持，以保證大家不斷炊挨餓。直到三十多人的糧食關係轉入到離掛馬溝三十多里遠的古城山川集鎮，才開始趕著馬車到那裡去購置糧油。

　　第一次隨馬車去打糧，剛把車裝好老天爺就黑上了臉，下起了瓢潑大雨。匆匆忙忙離開古城集鎮，路過河灘溝坎時車輪一打滑、一下子失去平衡，車翻了！——那趾高氣揚的大紅馬頓時壓在了車轅下側身躺在河水裡，車夫馬乃子急忙去扛車轅，一個勁叫我先別管車上的油桶，快來護頭口！我只好看著壓在車角的食油流淌著，慌忙去幫助馬乃子給馬鬆套……那一陣緊張、無奈的搏力，讓人手忙腳亂、狼狽不堪！好歹牲畜沒出問題，否則，麻煩就大了！——汗水雨水河水濕淋淋地糊了一車、澆了一身，食油淌了足有一斤，無可奈何；幸虧一車的糧食早已用雨布苦好，否則，損失就慘了！……

　　回去的路上大雨飛揚，我們二人、連同那匹從部隊轉業下來的大紅馬渾身澆透，山風吹來，冷得人直打寒戰。為了驅趕寒冷、消除難耐，土生土長、憨實可愛的馬乃子硬是鬆開了激烈的牙戰，扯開了又粗又亮的大嗓門，吼起了當地人的山歌：

　　　　啊喲！尕妹妹呀，哥在山雨中寒顫，
　　　　你在窯口裡瞅著。啊喲喲，呵呵喲，
　　　　哥想死個你，你卻白瞅著，不來看望哥哥。
　　　　……

那粗獷豪爽、跌宕起伏、任意編詞、韻味十足的山歌，衝破濛濛山雨，蕩揚在山川峽谷；彷彿有人在重唱，有人在合唱——這蒼涼悲壯、高亢淒婉的歌聲，讓人沉鬱、讓人豁然、讓人情緒激越、讓人遐想翩翩……馬乃子唱得起勁，我聽得過癮，不斷地讓他再唱，再唱！以緩解一路風雨兼程的艱難……

　　三十里山川路趕到掛馬溝，我的身體凍僵了，挎包裡的白糖、葵花子（準備在院子裡種的）被雨水泡成了葵花糖糊糊……

　　1969年4月1日，黨的第九次代表大會在北京隆重開幕。在此之前，上級就通知各連隊準備迎接「九大」勝利召開，並送來了大量毛主席畫像標牌，要求屆時人手一冊，前往固原參加慶祝集會活動。時遇前夜紛紛揚揚飄起了大雪，我們在凌晨三點多鐘就起床，早早填飽了肚子，四點鐘就冒著飄灑的飛雪向青石嘴連部出發。漫天的雪花把山野籠罩得霧濛濛、雪濛濛的。我們深一腳淺一腳踩著酥滑的白雪，翻山越嶺；一路上，沒有哪一個人不摔跤的；跌跌絆絆、渾身雪霜，天亮前終於趕到了青石嘴。慕連長見我們按時趕到，非常高興。收起了往常讓人見了就想跑的「黑臉」，笑瞇瞇地一個勁讓大家先進屋裡暖和暖和，等車來了再出發。多日不見的知青男女們更是親熱無比，尤其是那些女同胞們，敞開嗓子呼七叫八，抱在一起連蹦帶跳，唧唧喳喳像燕子在屋簷下盤旋造窩一樣忙個不停……

　　早上八點鐘，師部派來了三輛大卡車，把全連知青拉到了固原露天廣場，加入聲勢浩大的慶祝「九大」隆重集會。飛揚的大雪已經下成了淅淅瀝瀝的苦雨，陰霾的天空乏雲飛渡，忽亮忽暗的頭

頂陰晴不定，空氣裡充滿了濕漉漉的寒冷氣息。「九大」隆重集會在《國際歌》和首長講話聲中草草結束，本來準備好的盛大遊行活動，由於天氣的原因而中途作罷。這倒給我們這一幫子「山狼」造就了轉大街、逛商店的好機會。大家一群群一夥夥冒著時緊時鬆的淒雨，匆匆忙忙趕街購物，直到中午十二點，才大包小包提著、掖著返回集合地點，坐車返回青石嘴；一路上神采飛揚、志得意滿，吵吵嚷嚷、歡笑不迭！可一下車就傻眼了！——那白雪茫茫的大山將如何翻過？……

「九大」後，全國興起了「三忠於、四無限，（忠於毛主席、忠於毛澤東思想、忠於毛主席的無產階級革命路線。對毛主席要無限熱愛、無限信仰、無限崇拜、無限忠誠。）忠字舞、忠字歌，紅太陽、紅海洋，全國山河一片紅」的革命時尚。地處黃土高原六盤山下的掛馬溝知青點廚房山牆上，也開闢出了「熱烈慶祝九大勝利召開」的紅色專欄。那是我們知青點的「紅海洋」，是排長交給我的一項光榮的政治任務。我用了兩天時間爬在上面潑彩繪畫、摘文抄稿，廢寢忘食、鍥而不捨，終於完成了以「紅太陽、紅黨旗」為中心，「紅星和紅心」作花邊，中間填滿了「表紅心、獻忠心」、誓死捍衛毛主席的「心得體會」和「決心書」。當時那份得意、那份自豪，讓排裡人無不刮目相看，羨慕不已！那是我的心血，也是全排戰士的榮耀！那一陣，人人都紅光滿面、左得可愛；張口「馬恩列斯」，閉口「鬥私批修」，恨不得把革命的標籤貼在腦門上，昭示天下！每天早晨出工前，大家站在紅色專欄前向毛主席「早請示」，下午收工回來例行「晚彙報」。傍晚吃罷飯後，又齊聲歡

跳「忠字舞」……人們對毛主席的崇敬之情，手舞足蹈、難以言表！晚上學習毛主席著作，活學活用、鬥私批修，要在靈魂深處鬧革命！

一班長馬大哈是個學習「毛著」積極分子，各項工作不含糊，各種好事也跑不了他；講用會、先代會，五好戰士、四好標兵，譽滿全連、名揚全團！就在他躊躇滿志、春風得意時，一件倒楣的事攤上了他；在他「活學活用、立竿見影」幫助幾個女知青安裝鍬把，準備迎接植樹造林大會戰時，一不留神把鍬把碰在了身後玻璃窗上，那上面印有毛主席頭像的玻璃「嘩啦」一聲，四分五裂碎在了地上。在場的七、八個人嚇懵了，哭喪著臉叫來了排長；排長一看現場「啊麼了？」（青海話，怎麼了？）氣得連訓帶罵。訓罷了罵罷了，自己也嚇得不知如何是好？……好歹是光天化日之下，大家看得清清楚楚、明明白白，又是「活學活用」做好人好事，便消除了反革命破壞嫌疑，作為一件天大的意外，硬著頭皮向連部如實彙報。連部派了三個人下來調查取證，又把情況上報到團部等候發落。一班長從此落下了個心病，整天惶恐不安，一看見外面來人就心慌意亂，以為是來抓他的。為這件事，從班排到連隊，一年的努力白費了，年終評比資格全部被取消！大家心裡不服，把怨氣出在了一班長身上。一班長終於承受不了壓力，第二年開春就捲起了鋪蓋調離了連隊，回家鄉農牧場放羊去了。

一年一度的春季造林戰役打響了！全排六百畝造林任務要趕在五一勞動節前完成，時間緊任務重。排長率領大家上山挖坑種樹，每人一天規定任務一畝（三百六十五株）。這就意味著要把

三百六十五株一、二米高的樹苗（過千斤重）分多次背上山去；要挖三百六十五個四十公分見方的坑穴，把樹苗栽下去、填土踩實。一般多為兩人一組，一挖一栽；一天就要完成七百三十棵栽植量，其勞動強度不言而喻。但綠化毛主席、林副主席當年走過的六盤山、青石嘴，其本身又賦予熱愛領袖見行動的政治意義；「更何況排裡出了『這麼大的事情』（指碰碎毛主席頭像），不努力表現表現，怎麼能說明你是真革命還是假革命呢？」排長在動員會上激動地說……

我和張師忙裡忙外，給大家做飯送飯。想方設法改善伙食，讓大家吃得合口一些，舒服一些。把百分之四十的粗雜糧（豆麵、蕎面、玉米麵）盡力做得細一些，花樣多一些。堅持粗糧細做，讓疲憊不堪、乏得不想吃飯的知青們儘量往肚子裡多填上些食物。這在那極其艱苦的歲月裡是至關重要的補充。否則，他們疲憊不堪的身心，在強大、重複的勞動面前會崩潰、倒塌……

我天天早上天不亮起床，摸黑下到溝裡擔上兩趟水，然後就幫助張師拉風箱給大家做早飯。拉風箱看起來簡單風趣、悠然自得，其實並不是這樣。破舊的大風箱絕對不是想像的拉得那麼輕鬆自如。它要卯足了勁，一下一下煽著拉，若想輕鬆地拉，等於白拉，氣全從風箱四處溜跑了，一點也沒有鑽進火塘裡去。拉風箱成了煽風箱，一拉一推都要鼓起全身的力氣才能達到吹火助力的作用。幾十分鐘拉下來，渾身大汗淋漓、腰酸臂困。我寧願一趟一趟上下到溝裡去擔水，也不願窩在那里拉風箱。但伙房裡只有我和張師兩個人，張師掌瓢操勺，我打雜做下手。一天三頓飯拉風箱成了我的累贅，也是我當夥頭軍最大的無奈和負擔。

最愉快是中午送飯；張師擔飯菜，我擔水。儘管擔到陡坡無法行走，一桶一桶往山上提，十分艱難。但那只是一陣的功夫，一陣的呲牙咧嘴便是揚眉吐氣！讓大家在山上就地吃喝，不僅別有一番戰天鬥地的情趣，更主要的是，好騰出時間來抓緊幹活，避免上山下山消耗體力；如果讓大家跑下山來吃完飯再上山去幹活，那等於把車輪胎的氣給放了，那山是無法再爬上去了。即便爬上去，來回耽誤的時間和消耗的體力也難以完成當日的勞動定量。

　　在中午這段時間裡，我會抓緊時間幫助海漩挖坑栽樹。那時候海漩的身體非常糟糕，腿腫、氣憋、胸口疼、飯量很小，吃點粗雜糧就胃疼。黑麵豆麵我儘量多吃，省下細糧讓她吃。體弱多病的海漩隔三岔五就病倒了，稍歇一半天又掙著上山。知青們都很關心她，照顧她，經常幫助她完成勞動任務。尤其是二班長謝雨晴，經常利用寫表揚稿或批判稿的機會，把她留在宿舍裡休息一半天。但她那浮腫、氣憋的心臟病實在讓人揪心不安……

　　掛馬溝，半農半林、山色秀麗，臥藏於大山深處，交通閉塞、人煙稀少。散落在林業點山坡下的掛馬溝生產隊，二、三十戶社員生活得窮苦不堪。家家戶戶除了一兩個黑窯洞，一盤臭烘烘的土炕，一群衣衫襤褸、甚至光屁股的孩子們，幾乎什麼都沒有。他們時常跑到林場來轉悠，在他們眼裡，我們這些吃公家飯的人簡直是造化在蜜罐裡了，讓他們羨慕得五體投地。但他們對我們的勞動能力卻也佩服得不得了。他們沒見過一天干這麼多活的人，幾天就把一架山給挖遍了。他們一般上午下地幹活，下午就歇息在家門口曬太陽、謅閒傳、抓虱子，幾乎沒有下午再上山幹活的習慣。他們一

年四季以洋芋蛋為主食，好的光景吃上些稀湯麵、酸白菜，生活條件低下到原始社會的狀況……

　　社員們家家院裡養幾隻雞，又肥又大、羽毛豐滿鮮亮，成天鑽在草窩裡撲攏著尋食──雞是他們生活光景的希望，是他們家庭經濟的命脈。他們時常拿上幾個雞蛋來賣給我們，換上幾個油鹽錢（這裡的油指的是燃燈用的煤油）。那布滿皺紋、苦咖啡色的面容，總是夾帶著愁苦的塵埃，給人以乾澀困乏、含混不清的表情；那微不足道的雞蛋，在他們手裡顯得沉甸甸的，握在手裡如同金元寶。因此，我們從不討價還價，拿來的雞蛋不論大小照價付錢，以取得雙方某種心理上的平衡。我們會把不穿的舊鞋舊衣服收拾起來送給他們，他們高興得簡直把我們看成是造物主……

　　春季造林結束後，排裡又忙於苗圃地鬆土鋤草、噴灑農藥等。酷熱難耐的夏日裡，人們一身臭汗回來，免不了要擦洗一番。可就在這最需要水的時候，卻出現了溝底泉水枯竭的現象。老鄉們說：是我們女知青在泉水旁洗了髒褲子，弄髒了泉水，觸犯了山神爺，山水氣走了！儘管他們殺雞祭拜、祈求山水回來，但也無濟於事。那方圓兩米見方的湧流泉眼只剩下了碗口粗的滲水，老鄉們整天擁擠在那裡刮水等水。我們再也不好意思與老鄉們爭水，只好用人力車到十里外的沙河灘去拉水。同時，我們在院子裡開始打井挖水。如果能打出一口好井來，我們會請老鄉們來挑水，以彌補我們內心的愧疚。但苦苦打了十幾米深洞卻絲毫不見有水，無奈，便由老職工宋德祥偷偷出面找了一位風水老漢來幫助我們挖井。老漢看了看我們打的乾井，搖頭說：「這裡哪能打出水來，它不在水道上……」

老漢煞有介事地在院子裡端詳了一陣，最後落腳在林業點出口處，用手指在地上畫了個大圈，毫不含糊地說：「就在這裡打，莫麻噠（沒問題），肯定能打出水！」那神氣，好像他就是管水的山神爺。於是，我們五個人（排長、衛希明、納建國、老漢和我），一口氣刨挖了一天，兩三米深的井口已經形成。第二天就綁起了支架、擔上了轆轤，拴繩吊筐，輪流下去挖井不止；每天以一兩米左右的速度，緩慢而艱難地深入著。越往下挖越吃力，半個小時換一次人，上來的人無不氣喘吁吁、大汗淋漓；難怪呵，窩在僅有七、八十厘米見方的沙土洞裡刨挖磕碰，不但憋氣吃力，而且提心吊膽，生怕挖不好引起沙土潰散塌陷，把人捂在了下面……

　　半個月後，挖到了十幾米深，仍然不見水，大家再次失望了。但老漢卻堅定不移，而且親自下井的次數多了起來，他說：「要慢慢挖，不要慌，挖端、挖直，不敢挖偏、挖大了，否則，要出麻噠的！」（當地土話，要出事的）看著老漢如此辛苦、盡心，我和排長也頻繁輪流下去替換老漢，權當陪老漢死馬當作活馬醫，幹上一段再說……

　　蒼天不負有心人──「老天呀！終於挖到濕土了，這是一個好兆頭！」我們信心大增，激動不已……老漢自信地說：「再挖一半米就有水了！」──果然，第二天早上，我第一個下到井裡就看見水了！──站在一尺來深的水裡，衝著上面碗口大的洞眼大喊：「有水了！成功了！」那一陣高興，像是挖到了金子！──大家都伸出大拇指誇老漢「有眼力！有耐力！」都說虧了老漢的「頑固不化」，否則，我們又放棄了

　　苦戰了春季造林，熬過了夏季育苗，在我們忙完了幾十畝洋芋鋤草擁土後，便接到了連部的通知，要求全體知青支援黃峁山連隊搶收小麥。——能夠回娘家幫助幹活，當然是件很開心的事情！再苦再累、願打願挨！大家非常高興地在第二天早上就動身出發了！我們背著鋪蓋，以拉練的形式，翻山越嶺，步行五、六十里路，當天下午就趕到了黃峁山。——重返故地，戰友相逢，那一晚上，大家熱鬧無比……

　　到黃峁山第二天，我們就投入到火熱的收割爭奪戰中去！——鐮刀、麥秸、汗水，三位一體，苦苦掙扎！人力、坡地、烈日，各不相讓，步步為艱！廣種薄收的黃土高原造就了原始粗曠的勞動方式；一路連割帶拔，從山這面幹到山那面，那是呲牙咧嘴、蹲著、跪著，一路拔過去的。手上布滿了大大小小的血泡、豁口，腰背、膝蓋由於長時間的蹲、跪，酸痛不已；一趟幹下來身子骨彷彿生鏽了、僵硬了，站不起身來直不起腰，躺在地裡使勁敲打膝蓋骨，擦擦滿臉的泥土，喝上幾口水，衝著大山吼上幾嗓子，那是一種發洩，一種自我修復！——我們戰天鬥地，雖苦猶酣！送走一個個輝煌的落日，迎來一個個蓬勃的朝霞！每每一覺醒來，擦擦眼窩裡的屎、拍拍屁股，該幹啥幹啥！那時我們年輕、身強力壯，躊躇滿志！爭「四好」當「五好」（四好連隊五好戰士），成天摸打滾爬在荒山僻野上，煉就了吃苦耐勞、頑強不息、連續作戰的吃苦精神；自以為是肩負歷史重任的一代，常常激情奔放，為自己自豪、為自己鼓勁！把革命的英雄主義表現得具體、生動，催人淚下……

　　麥子割完了，艱苦的勞動並沒有結束。一趟趟把麥子往山道上

背，像驢一樣背起龐大的麥垛，爬行在崎嶇的山坡上。多少次，連人帶垛翻滾在山坡下，暈暈乎乎爬起來，拍拍身上的泥土，抹抹乾裂流血的嘴唇：「奶奶的熊！起！……」像吆喝驢一樣努力背上沉重的麥垛又往山上爬去……把大馬車裝得如同麥山，搖搖晃晃在山道上顛簸──「不好！車身傾斜了！」衝上去用身子頂住！衝上去向失重的一側用身子吊住！用繩子合力拽住！──大馬車繼續搖晃著前進，大家像縴夫拉縴一樣，你拽我拉艱難地行走……

這種瘋狂的拉運方法注定會有失敗的時候──衝上去沒有頂住，對方的人沒有配合好，麥車翻了！我被捂在了下面；眼睛一黑，龐大的車身山般傾斜下來，「呼呀呀」一陣擠壓，那沉重的車身翻了個個，大家嚇得手足無措！可驚慌中的我，居然糊裡胡塗、安然無恙地從車身的另一端鑽了出來！那只是一個瞬間，自己竟然脫險了！自己為自己驚訝！自己為自己驚奇！──排長跑來衝那幾個沒來得及縋住的傢伙們大罵：「松包！吃得一身的賊膘，竟然讓一個瘦乾猴在支撐！你們是乾求啥的？……」其實一點也不奇怪，高大的車身看似威猛可怕，可它四方立體邊角在傾倒時，不僅能起到落地支撐的作用，同時也留出了鬆軟的空隙，我恰好鑽入它支撐點的外側，與厄運打了個擦邊球。

經過二十幾天的酣戰，大家的臉和背曬的又紅又黑，頭髮枯燥得像死牛毛似的。一個個風塵僕僕、疲憊不堪……可大家的精神狀態，百分之百的布爾什維克！

搶收麥子會戰結束後，大家在黃峁山休息了兩天；第一天大洗特洗，把身上的塵土、刺癢、洗得清清爽爽，把汗漬灰垢的衣服

洗得乾乾淨淨！男男女女逍遙在陽光燦爛的河灘上，任由陽光觸摸、河流歌唱！……晾曬在青石板上的衣裳，在風吹日曬下，一會兒就幹了。一件件清新溫柔、充滿自然氣息；大家慢條斯理地開始往包裡收拾衣裳，那份勞苦中的安逸與舒適，遠比「蹉嗟、蹉嗟、節過蹉嗟，咳！咳！」藏族舞蹈中《洗衣歌》的情景，瀟灑受用得多！……

第二天一個個睡足了懶覺，不等開飯便紛紛湧向固原城去——下館子解饞氣！一個個吃得油嘴滑舌、肚滿腸肥，神氣活現地逛大街轉商店，你來我往、絡繹不絕！那時候我們月工資二十三塊五，每月伙食費吃掉十到十五元，口袋裡尚有餘額，便大手大腳、放開消費一次！反正錢不生錢，錢的作用就是消費，不消費，倒顯得不慷氣，攢多了還有資本主義尾巴的嫌疑。「老左」張揚花了七塊五毛錢買了一桶精裝五十支中華牌香菸，洋洋得意地在街上找到我們，連賣派帶誇張，彷彿街上的緊俏商品都在他手裡攥著……最後把大家引誘得不惜重金也要品嘗品嘗時，他便提出了兩個條件；一是，一人十支當場付款！二是，那漂亮精緻的菸桶歸他所有！大家贊成，紛紛掏錢、伸手數菸，急不可耐地品嘗那「高幹」才能享受的中國一流名牌香菸，就像菸鬼吸大菸一樣嘘嘘過癮……

快到中午時，又是張揚領著戀人楊柳，瘋瘋癲癲地找到大家，興奮地說：「我倆合影照相了！你們還不快去照一張，留個紀念，機會難得！」大家恍然大悟，覺得這個主意真不錯，又瘋瘋癲癲跑到照相館合影拍照。其中，一對對情侶們更是趁熱打鐵、合影定情，免得夜長夢多、節外生枝。我和海漩也趁機照了一張。大家喧稱——這是集體定婚照！吵吵嚷嚷、激動不已，直把那些尚未擇主

的單身漢們急得大喊：「快走，快走，沒完沒了，煩死人了！」才意猶未盡、姍姍離去。於是，這一對對情侶們的戀愛關係更加確切了一步，再不會有人懷疑或者第三者插足競爭了。

後來，結婚後，倆口子吵架首先毀掉的就是這第一張定情照片！——人家吵架氣不打一處來，它卻不無譏諷地在一旁瞅著看熱鬧——「什麼情投意合？狗屁！」上去一把扯下來摔到了地上，不解恨，再撿起來一撕一捏……

據我所知，有好幾對頗具紀念意義的老照片都在吵架中「首當其衝」了。我和海漩那張充滿幼稚的老照片至今還存放在相冊裡，不過也留下了一道折痕，那也是吵架時拿它出氣的見證。——那是我們青春的縮影，記載著青春的浪漫、青春的氣息和青春的寒酸與苦澀……不管歲月如何蒼老，時光如何流逝，那青春的倩影卻永遠不會老，永遠透露出天真爛漫的微笑，永遠讓人懷念和自豪！……

1969年9月25日，是一個值得紀念的日子。我和排長光榮地出席了林建三師首屆活學活用毛主席著作積極分子代表大會。這是我第一次參加上檔次的會議，第一次面對人們的掌聲和贊許，第一次獲得榮譽和獎勵（精裝毛澤東選集、日記本、鋼筆），心中充滿了幸福感……為此，戰友吳浩在給我的來信中專門附詩一首：

革命征途憶舊遊，故人異地各千秋。
鵬程萬里憑堅翼，心紅志堅激途中。

充分表達了那時候朋友之間的革命情懷和純潔真摯的友誼，它會讓人終身難忘。

　　1969年冬天，要準備打仗的氣氛特別濃厚，中蘇邊境不斷發生武裝衝突，雙方在邊境調集兵力，大有一觸即發的戰爭勢頭。「提高警惕，要準備打仗」的口號代替了「將無產階級文化大革命進行到底」的口號。「備戰備荒」壓倒了一切，成為重中之重！各地、各單位，到處都在挖防空洞、調集戰備物資、集中交通工具、組織基幹民兵、進行軍事訓練；從搖旗吶喊的中學生、到躍躍欲試的青壯年，無不參與這種熱血沸騰、鬥志昂揚的備戰活動……

　　是日，連裡派我代表連隊在大灣集鎮召開的「聲討蘇修勃列日涅夫誓師大會」上發言；我滿腔熱血，胸有成竹地踏上戲臺子，面對黑鴉鴉的人群，瞬間就找不到感覺了，事先醞釀好的氣勢，一下子被台下沸騰的人群淹沒了，高亢的語言顯得微不足道，莊嚴的斥責更是匱乏無力，口燥舌乾、渾身顫抖，硬著頭皮念完了稿子，灰溜溜跑下臺來，問同伴們感覺怎麼樣？聲音大不大？同伴們說：「還行！挺好的！……」可我很忐忑，很糾結，總覺得有點失敗，不過癮，真想重新來一次……

　　散會後，大家都去逛商店。我的心情還沒有平靜下來，獨自一人邊走邊回味剛才集會上發言的情景，心裡充滿了意猶未盡的感覺。不知不覺路過一家宅院，一條不起眼的蔫狗趴在門前曬太陽，它懶得起身叫喚，我也無心搭理它。慢慢走過去，有點互不干擾、互不侵犯、和平相處的意味。可我上當了！就在我走過五、六步，猛然腳後跟被什麼東西狠狠地撞擊了一下，差點沒把我給撞倒。接著便是一陣「呼呼呼！汪汪汪！」的叫囂聲！我嚇得本能地一奔子竄出了數丈遠，只見那不起眼的蔫狗早已變成了惡狗，呲牙咧嘴、張狂無比，一付要置我於死地的架勢！——「看來只說不練不

行！」遂揀起土坷垃奮力反擊！終於打跑了惡狗。再看那被撕破的褲腿，腳後跟留下了兩道流血的牙印——好晦氣啊！這是我第一次也是僅有的一次，在群眾集會上慷慨誓言、及其喪失警惕被狗咬的教訓。從此以後，相信「叫喚的狗不咬人，咬人的狗不叫喚」，每每下鄉都要帶上一根打狗棍，謹記遠遠叫喚的狗不必在意，身邊近處的狗卻要防而又防……

在要準備打仗的日子裡，我們連隊專門安排上午勞動，下午雷打不動地挖防空洞。那洞挖得跟電影《地道戰》一樣；拐彎抹角、上下分層，由此及彼、神出鬼沒。鑽在洞裡與世隔絕，黑糊糊的洞裡全憑一盞油燈爬裡爬外；把一筐筐挖下的黃土拖出洞外，像螞蟻搬家一樣來回折騰。挖一陣就憋悶得渾身冒汗、氣喘吁吁；躺在黑洞裡咬牙切齒，罵罵咧咧，恍如憋在洞裡的一群困獸，恨不得馬上就和「蘇修」開戰！寧願轟轟烈烈地死在戰場上，也比窩在土堆裡人不人鬼不鬼強！

夜間緊急集合更是一項不可或缺的訓練項目。為了考察我們的警惕性，檢驗我們的軍事素質，每隔四、五天就會搞一次夜間緊急集合。有一天夜裡竟然連續搞了三次；不是說戰爭打響了，馬上出發！就是說山上發現「敵情」，把人拉到山上去搜查！最後一次，天都麻麻亮了，大家被折騰得神經兮兮、筋疲力盡；軍管會蘇參謀卻高興的在隊前宣稱說：「連續三次都達到了三分鐘緊急集合的指標，說明大家的警惕性和軍事素質可喜可嘉！」豈不知有多少人連襯衣都沒有穿，根本談不上穿襪子，一聽到緊急集合的哨子，精身子套上棉褲、拿上棉衣、邊穿邊往出跑。那些女同胞們在那一段時

間裡，晚上睡覺根本就不敢脫衣服，拉上被蓋在身上隨時準備應付突然來臨的緊急集合；一個個爬到山上，蹲在那裡咳嗽、嘔吐、大喘氣，痛苦得恨不得把心肺都吐了出來……

「拉練」也是當時風靡一時的軍事訓練任務。最讓我們震撼的是，銀川某中學女學生學習解放軍，在寒冷的冬季頂風冒雪，強行「拉練」行軍；旗手高舉紅旗，硬是舉著紅旗走完了幾十里路不肯鬆手，致使雙手嚴重凍傷並壞死，經治療無效，從而失去雙手的慘烈壯舉！……而我們的「拉練」往往是與冬季護林相結合；組織起幾支小分隊，背著行裝分別進行長途跋涉，深入到林區社隊去瞭解地情山貌、訪貧問苦；帶著毛主席最新指示進行宣傳、歌唱；同當地貧下中農同吃同住，接受他們的再教育……

深山老林裡的老百姓，除了耳聞目睹當年紅軍長征時的情景，便是現在這一幫子兵不兵民不民的青年娃。他們平時看不見眾多陌生人群的稀罕場面，難得看見人多，便會不約而同地跑來看熱鬧；一把二胡、一隻口琴、一段對口詞，加上壓軸戲一段京劇「楊子榮打虎上山」，就是一台好節目，貧下中農們看得津津有味、贊嘆不已！——流失的歲月對他們來說並無多大差異，一些歲數大的人，你問他多大歲數了？他說不清楚。但陌生的人群過往卻讓他們記憶猶新——他們以為「紅軍又來啦！」於是，那些老漢們便會有一句沒一句地給我們講當年紅軍路過此地的情景——「都是些娃娃家啊，和你們一樣，走一處唱一處，衣衫單薄得風簌簌的，瘦得啊，腿跟麻杆似的……」他們心疼當年的紅軍，心疼我們年輕，就像心疼他們自己曾經有過的年富力強——「哎！老啦，不中用啦！」他們往往會對人生最富有的年華作出最樸素、最深沉的感嘆！

司汗青自從調任一團革委會副主任後，工作並不順心。由於團領導班子思想僵化、「派性」嚴重，而且又是些有來頭有資本的人，得罪了哪一個都會有一大堆的麻煩。那時，人們的思想總是糾纏在「文革」是非界線上，動不動就把你劃入哪一派，誰的人等等。為避免陷入這種可怕的人事爭紛中，司汗青便主動提出到基層連隊去蹲點……

1970年春節後，在連隊蹲點近一年的司汗青，被上調到師部負責重新組建林建師文藝宣傳隊。應該說這正合司汗青的心願；從學校當學生到下鄉當知青，都和年輕人夥在一起，不僅心情舒暢，而且工作上也稱心。尤其在「文革」動亂期間，他經常組織文藝宣傳隊巡迴演出，以其編導的文藝節目贏得人們的好評；司汗青對此項調任胸有成竹、心情愉悅；上任伊始就向師領導提出了「開展連隊文藝晚會活動」的建議，他想通過這項活動，活躍基層連隊知青枯燥乏味的業餘生活。並通過開展連隊文藝晚會活動，發現和選拔優秀的文藝人才。他的意見得到了師領導的支持，並簽發文件發到各團所屬連隊。一時間，各連隊群眾文藝活動開展起來，司汗青則奔忙在各個連隊觀看演出，挑兵選將……

當他來到北京知青為主的二團二連觀看演出時，只見手風琴伴奏是女知青徐欣榮，始終未見享譽手風琴一把手的文中甲（林建戰士之歌曲作者），這讓他頗為納悶，但又不便過問。晚會結束後就和連隊領導商量，決定先調徐欣榮等三名北京知青到師部宣傳隊。就在他準備洗漱休息時，突然有人敲門，來者竟是入選的徐欣榮。她神色慌張地對司汗青說：「你幫幫文中甲吧！他的手風琴比我拉的好，你不要抽調我，抽調文中甲去吧！」——這突如其來的變

故，讓司汗青很是詫異，急忙問：「文中甲人呢，我怎麼一晚上都沒見到他？」「文中甲被他們弄到二龍河去了，你不要抽調我，你抽調文中甲去吧！我求求你了！」說著，眼淚直往下淌。司汗青勸她別激動，有話慢慢說，究竟咋回事？「文中甲因為替參與『5.7武鬥事件』被判刑的王某打抱不平，多次給上面寫信無人理睬，以至於給中央寫信反映情況，要求免除或減輕對王某的刑期判決。因此被他們作為『攻擊無產階級專政的現行反革命』受到批鬥，後來又被發配到偏遠的一團二龍河連隊去監督改造。你救救他吧！只有你能救他，你救了他就等於救了我們兩個人！」（原來她是文中甲的戀人）聽完徐欣榮的泣訴，司汗青終於明白了事情的原因，一再勸說徐欣榮不要作急，要她儘快到師部宣傳隊去報到，並表示他會盡力幫助文中甲的⋯⋯

幾天後，司汗青帶著一份沉重的囑托，輾轉來到大山深處的一團二龍河連隊，這裡是他熟悉的地方，連長王麒曾與他一起在這裡度過「文革」最混亂的時期。司汗青告訴王連長此行的目的，並直言不諱地提出，他要見文中甲並要帶他走。這讓王連長很驚訝，說：「這不可能，他是『現行』，現在小南川護林點上隔離審查呢，再說你也過不了團部軍管會這一關啊！」他竭力勸說司汗青不要去冒這個風險！而司汗青早已拿定主意；他只有趁宣傳隊抽調人的機會把文中甲弄出去，錯過這個機會，他沒有辦法去幫助文中甲脫離困境。面對王連長的勸說和為難，司汗青慎重地對王連長說：「我明天早晨去小南川護林點帶文中甲走，直接去團部跟軍管會談。如果他們追究下來，你就推說不知道⋯⋯」

一向以穩重謹慎著稱的司汗青，終於幹了一件破天荒的蠢事，他把自己逼上了梁山！

　　第二天清晨，司汗青沿著山勢陡峭、溝壑交錯的溪谷小道蹣跚了近二十里路，來到茫茫林海、杳無人蹤的小南川護林點。──隨著看管人員的幾聲叫喊；司汗青看見了從一堆乾蒿草中翻滾起來、蓬頭詬面、形如野人的文中甲。當他得知要把他帶出去參加文藝宣傳隊時，撲通一下匍伏在地，抱頭號啕大哭，他一再表示；只要能讓他參加宣傳隊，掏廁所、掃院子，幹什麼都行！……

　　司汗青終於把文中甲帶出了孤苦淒涼的深山荒野。但他能過得了團軍管會那道森嚴的門檻嗎？司汗青此刻真的沒有幾分把握。其實，從一開始，他就在孤注一擲！……

　　司汗青帶著文中甲黃昏前趕到了團部，他把文中甲安頓在宿舍裡，便去食堂端回了湯麵和饅頭，倆人狼吞虎咽填飽了肚子。又去食堂提來開水和熱水，讓文中甲先洗漱休息。他則懷著忐忑的心情去找軍管會主任楊平山。遠遠就見楊平山的辦公室燈亮著，心想：還好，人在，但願辦公室沒有別人……他放慢了腳步，思忖著怎麼開口？他暗自提醒自己不要把事情搞僵了，他多麼希望能得到楊平山的支持和理解啊！

　　他終於推開了那扇沒有合嚴的房門，只見燈光下的楊平山獨自在看文件。一陣問候、寒暄，楊平山遂以長者和領導者的身份首先把話頭切入正題：「怎麼樣？挑兵選將工作還順利嗎？」這正中司汗青的下懷，他有點興奮：「還好，還好，各連隊領導都很支持、很配合！」旋即，司汗青就趁熱打鐵，不失時機地抓住話頭：「我

剛從二龍河回來，有點難處想得到你的幫助。」「有什麼難處？儘
管說！」楊平山乾脆而爽快，他喜歡以這種口氣對平級或下級說
話。「宣傳隊能歌善舞的人好選，但懂樂器的人不多，我看上文中
甲的手風琴，可連隊不好辦，只好來麻煩你，求得你的支持！」

　　楊平山一聽說文中甲，臉色立馬拉了下來；「哦，這不行，這
個文中甲是個『現行』，這樣的人不能用！」司汗青的心臟像是被
什麼擠了一下，湧起一陣心慌胸堵，他舔了舔乾澀的嘴唇，咽了咽
嘴裡泛起的酸水，頗為鬱悶地說：「是啊，他是有嚴重的錯誤，但
畢竟是工人家庭出身，『文革』中也沒有什麼『打砸搶』行為，主
要是思想糊塗一時犯混，經過批評教育，這麼長時間的隔離反省，
思想上有了明顯的轉變，給他個機會吧！」

　　楊平山顯然有點激動，他站起身來，鄭重其事地對司汗青說：
「這是個原則問題，你不要替他說話，我也不會放這樣的人去搞宣
傳隊！」司汗青被楊平山強硬的態度給將住了，他似乎已經沒有選
擇的餘地。他知道，面對原則問題，他只能選擇閉嘴或者放棄！而
此刻的楊平山面色嚴峻，事實上他已經不想跟司汗青再談下去了。
他一屁股坐下去，拿起剛才看的文件繼續看了起來……

　　陷入進退兩難、尷尬無奈的司汗青，並沒有因此走人。他知
道，事情到了這種地步，已經沒有回旋的餘地了！他有點自我解嘲
地端起茶缸一連喝了幾口水，像是喝酒般有點「風蕭蕭，易水寒，
壯士一去不復還」的意味。他開始化被動為主動，直截了當地對楊
平山說：「楊主任，我已經把文中甲給帶來了，宣傳隊確實需要這
樣的人才，請你支持我的工作。」「胡鬧！」楊平山使勁把文件摔
在桌子上：「我不可能同意你把人帶走，你也別想讓我跟著你犯這

樣的錯誤！」「你別發火，你可以把你的不同意見寫上，表明你的意見，我去找師部領導說，如果上面怪罪下來我擔著，決不拖累你！」「不行！我說不行就不行！除非師領導下文給我！……」

　　僅僅十幾分鐘，幾個回合，司汗青就敗下陣來了，結局不歡而散！司汗青頗為沮喪地退出了那道神聖而不可逾越的門坎。這一夜他失眠了……

　　第二天早上，司汗青又去找楊平山，他想再做一次爭取，倘若不行再另作打算；大不了破罐子破摔，打起鋪蓋回黃峁山種地去！但還沒等他開口，楊平山一見他就告訴他說：「師軍管會領導有電話指示，文中甲不能作為宣傳隊選調對象用……」原來他已經給上面通過電話了！──「好，既然這樣，這攤子誰搞誰搞去，沒有懂樂器的人，我幹不了！」司汗青氣得扭頭就走！

　　隨後，司汗青帶著文中甲重返在去二龍河的路上。約走出半個小時的路程，後面有一輛吉普車追了上來，司機小劉跳下車對司汗青說：「楊主任說你昨天走了一天的路，讓你回去休息，由我來送文中甲回二龍河去。」司汗青卻直拗地說：「不用了，你回去吧，我怎麼把他帶出來就怎麼把他送回去！」在一旁見狀的文中甲再也抑制不住了，他一把拉住司汗青的胳膊激動地說：「好兄弟，你的心意我領了，你回去吧，你不回去，我就待在這兒，哪兒也不去了！」說著他就一屁股坐在地上耍起了死狗。司汗青無奈，答應文中甲，並把包裡帶的饅頭塞到他懷裡，認真對他說：「回去好好接受改造，不要忘記徐欣榮在等著你！」

　　那天，司汗青回到團部，鑽進宿舍蒙頭大睡，一直睡到第二天

頭遍雞叫，方才起身。主意已定，捆綁鋪蓋，遂踩著黎明的寒露，離開了涇河源團部；他要去趕乘涇源開往固原的班車，回黃峁山去！

其實，司汗青二龍河之行的強烈動因，並不完全取決於徐欣榮對文中甲感人至深的戀情，它只是一個偶然機遇使徐欣榮、文中甲、司汗青三人，在共同的命運浪潮中一次必然的浪花呈現而已。真正使司汗青孤注一擲，一定要把文中甲帶出困境的原因，是基於司汗青對文中甲音樂天賦的賞識，是唱響全師的「林建戰士之歌」、「焦裕祿走進了貧農的柴門」等一首首膾炙人口、深入人心的歌曲；是他們相識於「文革」動亂期間，共同度過的一個又一個組織編導文藝節目的不眠之夜，共享節目演出後一次一次的歡樂時光！——當司汗青接受重組師部文藝宣傳隊時，首先想到的人選就是文中甲！所以，他為此可以不惜一切！

——司汗青雖然在與楊平山的較量中失敗了，敗的極其徹底。但他在人格上贏了，贏得極其坦蕩！

一周以後，各連挑選的文藝骨幹紛紛聚集到師部報到，群龍無首的尷尬、抱怨，驚動了地區軍分區李凱國司令員，他親自出面召開了專門的會議，在聽取了司汗青、楊平山情況彙報後，當場拍板決定；一、文中甲可以由宣傳隊控制使用，其創作、演出的節目必須嚴格審查。宣傳隊對文中甲負有監督改造的責任。二、宣傳隊一定要在五一勞動節前拿出一台像樣的文藝節目。否則拿司汗青是問……在問到司汗青還有什麼困難時，司汗青說：「目前最大的困難就是需要購置一些樂器。」，「這大約需要多少錢？」李司令員問司汗青；「得兩三千元。」「好，就給你三千元！」李司令員的

果敢決定和慷慨支持，給司汗青及其宣傳隊充足了底氣！真所謂，山窮水盡疑無路，柳岸花明又一村！第二天一大早，司汗青乘坐師部的吉普車再度重返二龍河，輕鬆、愉快地接回了文中中；二人如願以償，皆大歡喜！一個月後，司汗青如約實現了對李司令員的承諾，拿出了一台讓師領導乃至地區領導讚嘆不已的文藝節目。

　　冬去春來，青石嘴坡台下的河灘裡冰雪融化，那悄悄「咕嘟咕嘟」流淌在冰層下的暗流逐漸發出「嘩嘩嘩」的流水聲，斷裂的冰雪慢慢漂流消失。整個河灘漸漸復甦，在陽光彌漫的早晨，散發出大量霧氣潮氣，把乾澀的大地滋潤得面目一新！空曠的河灘地裡拉來了一車車樹苗，一捆捆、一堆堆簇擁在刨挖的一個個水坑裡，標誌著春季造林大會戰已經拉開了序幕！而這些來自遠方故土的綠色幼苗，將被人們一捆一捆扛上山去，一棵一棵、一排一排移植在荒陌的大山上，經受乾旱風寒、烈日炎炎的考驗。青石嘴的知青們也像它們一樣，在轉輾的光陰和重複的勞動中，每年注定要經歷春秋兩季造林大會戰的嚴峻考驗。所不同的是，他們更多了一層思想和精神上的折磨，這似乎更沉重、更難耐；誰讓他們有那麼多的情感和情緒呢？那都是些資產階級的尾巴——小資產階級情調，遲早要被革掉。

　　正當人們戰天鬥地，風裡來、雨裡去，全身心投入到造林會戰時，「老左」張揚與其「準老婆」楊柳吵架，沒完沒了。最後「準老婆」把一小鍋剛做好的米飯給砸了，倆口子打了起來，拉架的人見白花花的米飯撒了一地，就有多事者跑到領導那裡去打了個「小報告」。於是，第二天上午，他們「倆口子」倒沒事了。可連部卻

在煞費心機地開會——討論研究如何處理這件事情；連長氣得黑著臉咬住牙不說話，指導員一個勁催促大家發言表態……

　　軍管會李幹事單刀直入、直截了當：「這要是在部隊上，非給個處分不可！」他揚眉劍出鞘，卻未見會場有所響應，遂又急忙補充道：「不過主意還得大家拿，拍板定性靠大家，這是處理人民內部矛盾的最基本的方法。」他的這種姿態，在「文革」後期大大小小的幹部中具有普遍性；既想衝鋒陷陣、大刀闊斧，又怕脫離群眾會犯錯誤。

　　一班長單福彪對於李幹事的補充意見有點失望；前面說得多利索，怎麼就突然大喘氣了呢？真是個滑頭！他見會場繼續晾著，沒人說話。便躊躇滿志、義不容辭地發起二次宣言：「樹欲靜而風不止，對於資產階級思想，你不鬥爭，他就泛濫！我的意見是，讓『倆口子』上會做檢查，接受大家的批判，徹底消除資產階級思想的影響！」

　　二班長宋德祥低頭只顧抽旱菸，好像事情與他無關似的。他是歷來不輕易發表個人意見的，往往是等到大家已經形成表決時，在主持人一再催促下，他才會磕磕菸鍋裡的殘渣，「吭哧吭哧」兩聲表示同意，就算是大功告成！別看他平常「吭吭哈哈」膽小怕事，但卻往往在關鍵時刻能充當舉足輕重的人，具有秤砣雖小壓千斤的作用。

　　幾個知青班長時不時拿眼睛瞅我，看看我是什麼意思。偶爾也會隨聲附和幾句「太不像話了」的話便打住，不作任何實質性表態。其實他們心裡和我一樣——差不多就行了，何必搞得太過分！但他們不會在會上首先亮出自己的觀點。他們同樣需要觀察，要看

情況再說，畢竟不是他們班的事……

　　在青石嘴蹲點的張參謀長終於坐不住了，一拍桌子大聲嚷道：「這麼簡單的事情，你們吞吞吐吐猶豫不決，像什麼話嘛？階級鬥爭、路線鬥爭覺悟怎麼體現？——夏風，你們班的人，你說說看，該咋辦？」大家一下子把游移不定的目光對準了我，彷彿找到了最合適的依托。其實，我早就希望大家聽聽我的意見，我壓根就不贊成把這麼一件事情拿到連部會上來討論，大家苦的跟驢一樣，誰有功夫在這兒扯皮！但畢竟會議氣氛嚴肅，還有上級領導親自坐陣，沒有個說法恐怕難以收場。我便不厭其煩地把「倆口子」吵架的過程敘述了一遍，以澄清某些妄加評論的說法，試圖緩解事態的嚴重性——「『倆口子』氣頭上砸了鍋，做了不應該做的事情，過後也認識到了錯誤，很後悔（這是我故意加的）。我的意見是再找他倆談談，讓他倆寫個書面檢查，保證以後不再犯了就行了。」

　　——「不行！說了半天，問題就出在你的身上！你作為班長這樣看問題，你的覺悟何在？……」這猶如一顆重磅「炸彈」！大家驚訝地把目光再次投向我，好像我捅了馬蜂窩似的！我一下子坐不住了，冒起了傻氣，站起身來就衝張參謀長說：「既然你這樣看問題，那還問我幹什麼？你愛咋辦就咋辦關我什麼事？這個會議我還不參加了呢！」說完我就氣沖沖地走出了會議室。指導員急忙跟出來抓住我的手：「你幹什麼去？」「我勞動去！」「正在開會呢，你怎麼說走就走呢？」「我不走莫非還等著批判我不成？說話的權利沒有，勞動的權利還沒有嗎？」指導員被我噎得夠嗆，只好鬆開我的手，我悻悻地回到宿舍扛上鐵鍬就上山種樹去了！我那時脾氣十分倔強，見不得小題大作、故意捉弄人的事情……

　　正是這件事情，讓我初嘗了頂撞領導的後果。應該說，這是我到青石嘴後碰上的第一次「政治」挫折。儘管張揚「倆口子」並沒有上批判會，如同我的意見寫了份書面檢查交到連裡。可我在上級領導眼裡落了個目無領導、狂妄自大的結論。那些本來就妒嫉我「紅」的人，這一下子可高興了！他們認為我這個小子終於栽了！⋯⋯

　　可我並沒有栽，並沒有灰心喪氣，我覺得我沒有什麼不對，只是說了我想說的話，做了我想做的事，我心裡倒覺得很痛快，沒有比壓抑更讓人痛苦的事了；為了防止別人鑽我的空子，趁機借題發揮，把我扳倒，讓我一蹶不振，我硬是把這件事作了冷處理，毫無怨言地更加嚴格要求自己，把班裡的工作抓得更好，「四好班」、「五好戰士」照當不誤！

　　但是，在「五四」青年節第一批入團對象裡卻沒有我，我終究為此付出了應該付的代價！可我仍然毫無消極情緒，該怎麼做就怎麼做，而且做得更好！誰想鑽我的空子，沒門！那時，我充滿了執拗勁，堅守路遙知馬力，日久見人心的信條。終於在十一國慶節前被吸收加入共產主義青年團，並擔任團支部宣傳委員。我終於擁有了一份做宣傳工作的頭銜，堂而皇之地在連隊牆面黑板上，創辦出一期期充滿革命豪情的牆報，把宣傳委員的工作做的頗有聲色！這不僅僅是一塊簡單的共青團支部的牆報，它是精神文化的需求，也是對人文情懷的渴望，在極度匱乏，單調、冷漠的歲月裡，我們還能指望什麼呢？⋯⋯

　　剛剛熬過了秋季造林，連裡又奉命組織男知青所謂精兵強將，前往六盤山東山坡參加全團開山造田大會戰。同樣以「拉練」的形

式，步行六十里趕往目的地。正當我們蹲在草鋪上解裝鋪床、洗臉輕鬆的時候，接到連裡的緊急通知；要我和顧勤立刻動身返回連隊，另有重要任務。我倆不敢耽誤，即刻卷起鋪蓋，匆忙往回趕路。以顧勤對山形地貌的瞭解，我們抄近道翻越小六盤直穿溝底峽谷，天黑前就趕到了大灣公社集鎮。在公社食堂裡吃了一大碗燴麵片，又「馬不停蹄」繼續趕路……

回到青石嘴已經晚上十點多鐘了，放下鋪蓋就到連部報到；連長還在看文件——「一打三反」運動開始了！（打擊現行反革命、反對貪污盜竊、反對投機倒把、反對鋪張浪費）連裡成立了「一打三反」領導小組，我倆作為小組成員被緊急召回開展工作。主要是對「清理階級隊伍」時遺留下來的問題和群眾平時檢舉揭發的材料進行梳理匯總（第一次親眼目睹了所謂群眾檢舉揭發的材料及其背後凶險叵測的人際關係），由此編輯成了一頁頁觸目驚心、險象環生的「運動」資料，讓人看了會理所當然地驚心動魄，義憤填膺！真是「樹欲靜而風不止」，階級鬥爭無處不有，處處有。正如偉大領袖毛主席所說的：「凡是反動的東西，你不打，他就不倒，這就好比掃地一樣，掃帚不到，灰塵照例不會自己跑掉。」

幾天後，連裡召開「一打三反」動員大會，並在會上對「惡毒攻擊偉大領袖毛主席、針扎毛主席畫像」的馬三五、趁「文革」混亂，打著支援越南革命的旗號，偷渡邊境的韓新、貪污造林款，挖社會主義牆腳的賈有才、膽大妄為，一鞭子吆賣了公家一頭牛的陳家慶、作風敗壞，死不改悔的走資派郭喜旺等五人宣布隔離審查，接受群眾的批鬥！動員大會開得群情激憤、鬥志昂揚！不大的會議室裡燈火如晝、熱氣騰騰，批判聲、口號聲接連不斷！那五個站在

臺上接受批鬥的「階級敵人」大汗淋漓、狼狽不堪！昨日還悠然自得的一個人，一夜間成了人人喊打的「落水狗」！這樣的形勢和陣勢，無論是對「階級敵人」還是對廣大群眾，都具有一種強烈的震懾力量；讓「好人」和「壞人」同時都捲入了一場「命運交響曲」的亢奮狀態中──扼住命運的喉舌，奮力拼搏！猶如電影《列寧在一九一八》白匪叛亂分子圍住紅色革命者，從牙齒裡擠出「掐死他，掐死他！」一樣殘酷無情！不過鬥爭的雙方正好相反罷了。

曾經在「文革」中談虎色變的固原地區「馬家河灣反革命輪奸案」，終於降龍伏虎、震懾人心！──林建三師二團北京知青「革命造反團」十餘人涉案被收監審查。隨後該組織頭頭王志鴻等四人被執行槍決，兩人判處死緩，其餘人分別被判處三至十年有期徒刑。

記得那天師部專案組來抓捕發配在我們連隊監督改造的尚山時，領導事先安排我和王健坐在尚山左右兩邊，當會上師部專案組宣布尚山被捕令時，我倆就負責把他架起來押上臺示眾！……尚山被判處三年有期徒刑，據說他在「馬家河灣反革命輪奸案」中只是起了「站崗放哨」的作用，屬於從犯，故從輕量刑。（此案後來被徹底推翻，純屬逼供信冤假錯案。因此，我心存鬱悶，糾結許久；這種先入為主、有罪推定，殘酷迫害、草菅人命的做法實在讓人難以想像！）

「馬家河灣反革命輪奸案」發生在一九六七年冬季的某一天，十幾個北京知青乘坐一輛卡車前往同心縣城。途中遇見一個鄉下老頭帶著十七、八歲的女兒招手攔車，要求捎帶他們一段路，知青們便讓這父女倆上了車。當車行至同心境內馬家河灣時，因車出故障

停下修理。有個知青便對那姑娘開起了玩笑，大意是說：姑娘呀姑娘，你跟我走吧，給我當老婆吧，保證你吃喝不愁，滿意舒服等油腔滑調。同車的其他知青也夥著起哄逗笑，當時便嚇哭了羞澀的姑娘。父女二人由於聽不懂北京話，害怕遭遇非禮，就恐慌地下了車。

回到連隊後，這夥人閒的無聊，又就此事添油加醋，互相調侃、埋汰對方，事情由此傳了出去。不料過了些日子，有人揭發說：這十幾個人在馬家河灣把那姑娘輪姦了！於是很快就驚動了上級領導，遂成立了專案組，在長達一年多的時間裡，對這個案子反覆調查了多次，「加害者」和「受害者」都拒絕承認有其事，案件陷入僵局。

來勢凶猛的「一打三反」運動開始後，專案組趁勢對此案展開了強大的攻勢；對「加害者」進行刑訊逼供，屈打成招；對「受害者」進行細緻的「思想說服」工作，一再保證其名譽不受損壞等等，迫使雙方都承認了有其事，由此認定了這起「反革命輪姦案」證據確鑿，不殺不足以平民憤！

「一打三反」是全國性的一場大運動，各地從上到下都成立了專門的領導小組和專案小組。很多歷史遺留的「反革命案件」被重新提起審查，很多有過激言行的人被視為「現行反革命」予以追查和批鬥。那些管不住自己嘴的人，一不留神就稀裡胡塗地被請進了「學習班」隔離審查；沒完沒了地交代、檢查；為了爭取「坦白從寬」，甚至胡說八道，無中生有，一拉一大串，不斷演繹著「階級鬥爭一抓就靈」的「神化」故事……

　　曾經五、六十年代人們熟知的，在銀川利民街鐵匠鋪打鐵為生的孤寡老漢，整天邊打鐵邊罵罵咧咧的，人稱老瘋子的神經病，一夜間變成了長期潛伏的反革命特務，被從重打擊，槍斃示眾！

　　一個由十三名青年學生組成的「共產主義自修大學」，被作為一起重大現行反革命集團案受到嚴厲懲處；其中吳述森、吳述樟兄弟倆和魯志立三人被判處死刑，立即執行。其他人分別被判處無期和有期徒刑。其中劉唯勇判刑後死於獄中。一名女學生熊曼宜在審查期間觸電自殺。

　　城市的廣場經常召開宣判大會，各單位都要組織人員前往參加。大街上宣判鎮壓布告隨處可見，成為人們駐足遊覽的一部「警世恆言」！更有甚者，不滿十歲的小孩居然會書寫反動標語，宣稱要「篡改」社會主義？把學校、家長搞的驚恐萬狀，寢食不安。

　　在我監送膽大包天「侵吞一頭牛」的陳家慶，前往團部接受上級專案組審查時，忽然遇見監送在團部隔離審查的高鵬和杜文蔚。這可讓我吃驚不小，這怎麼可能呢？——黃崆山風華正茂的兩位知青怎麼會跟「反革命」聯繫在一起呢？……那高鵬、杜文蔚當年都是黃崆山知青的骨幹、優秀的共青團幹部，曾經都有過一段精彩的革命壯舉；他們都是銀川二中六五屆高中畢業自發組織上山下鄉的團隊成員之一。他們的革命精神與反革命根本就劃不上等號。可現實竟然荒唐到把他們推上了隔離審查、交待罪行的地步，這讓我好生納悶……

　　後來才知道，高鵬是「嘴上」出了問題；幾個人夥在一起開玩笑，吹牛皮、說大話，忘乎所以地「封官許願」；什麼軍師旅團營，下軍棋似的挨個過了把官癮。因此，被涉嫌反革命小集團而惹

火燒身！其實，這樣低級的錯誤不應該犯在高鵬的身上，他不是那種信口開河的人。但他當時確實在場，在和大家一起玩遊戲。在場的數他年齡大、文化高，不整他整誰？

記得第二天早晨我要走時，在院子裡看見高鵬在打掃衛生（被審查人員的習慣規則），趁沒人注意，我匆匆對他說：「要冷靜，不敢胡塗！」（言下之意是讓他不要胡說八道，給自己增加罪名）「放心，我知道。」那一陣子，彷彿我也成了階級敵人。

而那個黃峁山知青的風流才子，小白臉或叫小眼鏡的杜文蔚，他的問題則更有諷刺意味；黃峁山知青大分配時，杜文蔚被分到了涇河源新民連隊。在他的老同學司汗青忙於選拔文藝人才時，恰遇他不在連隊錯過了機會。半年後，當司汗青帶領宣傳隊巡迴演出來到新民連隊時，杜文蔚的孤苦及其才華，又讓司汗青惜才心起，回到師部便向軍管會領導推薦杜文蔚到宣傳隊來搞創作兼拉板胡。那時文藝宣傳隊的主打節目「革命樣板戲」是離不開板胡的。如此一舉兩得的人才，自然得到軍管會領導的同意。

當杜文蔚接到調令後，喜出望外，雖不能說是脫離苦海，但畢竟是一項輕鬆愉快的工作。第二天他起了個大早，背上鋪蓋愉快地踏上了去涇源縣城的路程。四十里路下午就趕到了，買好明天前往固原的車票後，心想：現在時間還早，不如趁此機會去一趟西峽連隊，會一會在那裡的黃峁山知青朋友，今晚就住在那裡，免不了一頓好的招待。主意拿定，何樂而不為？（這裡有必要設一個假如）

西峽連隊位於涇源縣城西面，順峽谷溪流而上，兩面山上林木繁茂，綠色連綿。在峽谷溪流水灘上，盛開著各種顏色的野荷

花，故又稱野荷谷（改革開放後開發成為六盤山旅遊線路知名景點之一）；真可謂好心情遇上了好風景，不消半個時辰，杜文蔚便來到了西峽連隊。久別的朋友們相見，皆大歡喜！遂弄菜備酒少不了要熱鬧一番！席間，西峽連隊老連長也過來湊熱鬧，大家拉他坐下，又把黃峁山知青高材生杜文蔚介紹了一番，遂勸酒勸肉，好生痛快！老連長吃喝了一陣，便對大夥說：「今晚有毛主席『最新指示』發表，大家少喝些酒，晚上注意收聽。」遂又謙虛地對杜文蔚說：「老杜你文化高、筆頭子利索，就請你幫助給咱記錄下來，咱好學習宣傳，回頭我把收音機給你提來。」（山區以「老」相稱，是一種尊重）杜文蔚爽快地答道：「沒問題，連長你放心，吃完飯我就收聽，保證明早送到你手裡。」

　　酒足飯飽後，朋友們儘早散去，好讓老杜安靜地完成老連長委托的重要任務。杜文蔚略帶酒意、興沖沖打開收音機，欣賞了一陣「紅色娘子軍」優美的音樂，有點心曠神怡……十點鐘重要新聞開始了，他拿出紙、筆，開始記錄「最新指示」。一切似乎得心應手，很快就完成了任務。他開始專心致志地調試收音機，尋找他最為滿意的音樂歌曲欣賞起來……（設假如二）

　　第二天天剛亮，杜文蔚就急忙起床，第一件事就是給老連長送「最新指示」去。不料辦公室（兼宿舍）沒人，他就把抄稿放在辦公桌上，轉身返回。而此時的老連長正蹲在廁所裡方便。他倆就這樣錯過了至關重要的三五分鐘的時間。（設假如三）

　　在杜文蔚忙著收拾行裝時，老連長正在閱讀他送來的「最新指示」，可他怎麼也讀不明白，便叫來了年輕的副連長來讀。副連長讀了兩遍，便打住了，不容置疑地說：「這語錄不對，像是被人篡

改了！」老連長不以為然，讓副連長快去叫杜文蔚來問問看？副連長則氣憤地說：「白紙黑字，明明白白，叫他做甚！」遂一個電話打到了團部去……（設假如四）

而此時的杜文蔚，正被朋友拉到家裡準備吃早飯。（事已至此，這裡已經沒有假如可設了，一切都無可挽回了！）

就在朋友們送杜文蔚上路的時候，迎面急駛而來一輛北京吉普車，下來幾名團部軍管會人員，他們不由分說，把杜文蔚連同他的行裝一起塞進了車裡──杜文蔚懵了，他不知道發生了什麼事情？他問軍管人員，「這是怎麼回事？」回答是：「到團部你自己說去！」杜文蔚不僅懵了，而且急了！「我要到師部宣傳隊去報到……」「就你？反動透頂的傢伙，到團部老老實實交代你的罪行吧！」

杜文蔚到底沒能如願北上，他又被迫原路返回了；他以自己的手筆，改寫了自己的命運！（他把「最新指示」的關鍵詞順序寫顛倒了）其實，他完全可以避免這次厄運的。在整個事件發展過程中，並沒有必然的內在因素產生，一如那沿途明媚的景色和愉悅的心情。但不該發生的終究發生了。在那個充滿不確定因素的歲月裡，一個隨意，一不留神，就會導致事物朝著相反的方向發展。這裡所以要設那麼多的「假如」，因為只要有一個「假如」成立；假如他壓根就沒有去西峽連隊，而是老老實實地住在縣城，第二天按時乘坐前往固原的班車，這一切便無從生發，也無須後悔，嘮叨什麼「假如」之類的追悔。其實，嚴峻的鬥爭生活中，並沒有賦予「假如」以任何美好的奢望。「假如」只是那個悖論的歲月裡，魯迅筆下「祥林嫂」式的痛苦的追悔罷了！因此，我們面對厄運，唯

一的選擇，只能是承受⋯⋯

　　當杜文蔚在團部被「坦白從寬，抗拒從嚴」的時候，他的老同學司汗青也被師部軍管會領導好一頓訓斥──這就是你給我推薦的人！

　　在黃峁山知青分散到各個連隊（林場）的時候，北京知青也沒有逃脫被打亂、分散、孤立的厄運，尤其是「林總指」的骨幹成員們，很多被分散到我們一團來，發配到山高、路遠、偏僻的連隊（林場）去。北京知青韓新被發配到我們青石嘴連隊來不久，就趕上了「一打三反」運動，正好落在我的手裡。這個戴眼鏡的瘦高個子，一付文弱書生的樣子。可他在文化大革命派系中頗有名氣，說起話來口若懸河、滔滔不絕，馬列主義、毛澤東思想張口就來。所以別人管他叫「理論家韓鐵嘴」！「文革」初期，我們本來都是「林總指」同一戰壕裡的戰友，雖然沒有什麼交往，但彼此間印象很深。後來分化為兩派，鬥爭最激烈的時候，我們在撤離固原的途中相遇，險些被他的告密電話落入魔掌，幸虧我們及時發現並強行干涉才得以脫險！為「文革」那一段「驚險遭遇」，我大有「不是不報，時間未到，時間一到，一定全報」的復仇感；整韓新夜以繼日，精神抖擻；記得有一個晚上，讓他站在板凳上交代問題，他居然耍死狗打盹，被我一腳踢翻了凳子讓他從上面摔了下來⋯⋯

　　在一次給生產隊搬運磚塊的勞動中（和生產隊變工互助，生產隊幫助我們打碾胡麻，我們把閒置不用的舊磚送給他們修箍舊窯洞），幾個會幹活的被監管人員是雙手搭後，由別人給他們往手上碼磚，一般碼八到十塊，是謂背磚。而不會幹活卻又不願受人擺布

的韓新，則自行其是，雙手抱磚，一次只抱四、五塊磚，一副懶散、磨洋工的樣子。這讓我看著來氣，就想出整治他的法子，要他和我用扁擔挑磚，既省勁又幹的多；遂取來了扁擔和繩子，把繩子繫好擺在地上，一下子就往上碼了三十塊磚，且讓他擔前，我擔後，豈料他個子比我高，往起一抬，磚的重量就衝我傾斜；溝溝坎坎、磕磕絆絆，僅兩三里路程，就歇息了三、四回，不僅把韓新整得夠嗆，也把我自己折騰的有苦難言；兩趟擔下來實在扛不住了，聰明的韓新便趁機進言道：「你歇著吧，我自己來。別人都不幹活，你何苦呢？」

就這麼幾句平常的話，關鍵的時候說出來，竟讓我默默無言，似有所思。自那以後，我們之間彷彿有了某種溝通，起碼我不再敵視他了。

韓新不愧為人稱「韓鐵嘴」的練家，對其偷渡雲南邊境「投敵叛國」行為，只承認錯誤，不承認犯罪；要說動機目的，就是「抗美援越」輸出革命力量。死不承認「打著紅旗反紅旗，趁機去投美國兵的罪行」。儘管韓新頭腦清醒、口齒分明，不上「坦白從寬、抗拒從嚴」的路數，但倒楣的韓新，最終還是掉進了更大規模的鬥爭漩渦裡而不能自拔；他竟然與「落水狗」馬三五在勞動休息時，圍著螞蟻窩逗樂；把大螞蟻捉到小螞蟻窩裡，製造了「螞蟻打架事件」，爾後，又把圍攻大螞蟻的小螞蟻，放到大螞蟻窩前，讓大螞蟻報復、懲罰小螞蟻。並儼然以當時公判大會的口吻：宣判小螞蟻死刑！——他倆玩得不亦樂乎、指手劃腳！豈知，此一舉一動、一言一行都被監管人員按照自己的理解，添枝加葉地彙報到了領導那裡……

　　於是，一場「借螞蟻打架，惡毒攻擊無產階級專政」的批判大
會，在韓、馬的登臺亮相中轟轟烈烈地展開了！「鐵嘴」韓新，怎
麼也說不清楚大螞蟻和小螞蟻的階級關係……

第三章

蒼山如海

一、革命的婚禮

1970年10月國慶節，張揚、楊柳，王平、任輝，鐘兵、吳英三對黃峁山知青率先在青石嘴結婚。連裡給他們每對安排一間住房外加一張課桌。兩個人各自把自己在集體宿舍的床板搬到一起，合二為一，過起了屬於他們自己的婚姻生活。這讓很多知青既羨慕又擔憂——都說：「好是好，就是回城的希望恐怕更加渺茫了！」……

結婚對男女適齡青年來說，是一件人之常情、幸福美滿的事情。但結婚對下鄉知青來說，絕非是一件輕鬆、愉快的事情。他們首先要面臨一次痛苦的決擇；要準備承擔知青生涯所面臨的所有艱苦與困難，甚至子孫後代的命運。不少知青把結婚看作是「地獄」，是對自己宣判「無期徒刑」！因此，明智的知青只戀愛不結婚，要結婚就找城裡的。可那是女知青的專利，城裡的姑娘誰會找下鄉知青呢？

知青們結婚的可悲，不結婚的可憐。他們雖然身在山區，心卻在城市，遇上什麼重大事情總會用回城的標準來衡量。這不僅是結婚安家的知青們無法擺脫的精神折磨，更是很多在戀愛婚姻問題上瞻前顧後、徘徊不前的知青們巨大的精神障礙。尤其是那些女知青，面對一個個熱切的追求者，寧可忍痛割愛也要堅守回城的底線！如同手握冰冷的雙刃劍，不僅刺痛了對方也觸傷了自己；面對

一對對情侶共同勞動、卿卿我我，他（她）們內心的痛苦，就像蛇一樣舔食著荒蕪的心靈……

　　儘管黃峁山知青男女比例為一比二，但男知青找不上對象的問題在後期十分突出。以至於領導們採取調動、拉郎配的辦法試圖解決大齡知青的婚姻問題，但那只是杯水車薪，於事無補。也有少數知青經人介紹與當地女青年結婚了，他們突破了地域界限和「返城」底線，入鄉隨俗，過起了當地世俗的百姓生活。而那些堅守不娶不嫁，直到返城後才匆忙擇偶結婚的知青們，屆時已跨越了而立之年。由此可見，知青們的婚姻背景各具特色，各有千秋。但不管是那一種類型，那一種情況，他們的婚姻都附有鮮明的時代特徵，或喜或憂、悲歡離合，都帶有不幸的知青生涯的陰影……

　　同年10月25日上午，我和海漩步行往返四十里路，在大灣公社辦理了結婚證。計劃明年五一勞動節結婚。不是因為沒有搭乘的班車，只是想兩個人相伴身體力行。一路上沒有說多少話，只是默默地走，默默地品嘗我們自己釀造的美酒。此時此刻，說什麼話已經不重要，重要的是我們正在通往愛情殿堂的最後幾十里路程。在黃土高原的窮鄉僻壤，共同完成了人生僅有的一次珍貴的跨越。這本身已經超越了任何語言的力量！從此我們就是名副其實的夫妻，上帝和人類都認可的夫妻！再也沒有人為的干擾，再也沒有政治附加的種種壁壘和苦惱！——毫無疑問，這種知青生涯造就的愛情婚姻，若要說神秘，荒誕，毋寧說是一種認知，或者說是一種命運，一種雙方同屬歸一的宿命！所有有過相同戀情的知青們，都會為自己的婚姻歸宿，感嘆一輩子！

　　為我們辦理結婚證的是一個瘦黑的老頭，笑瞇瞇的眼睛傳遞出熱情的態度。不用說，我們遇上了一位知書達理的鄉鎮老文書。我和海漩暗自慶幸能由這樣一位老人為我們頒發結婚證。我雙手遞上連裡開的介紹信，他看罷一連兩個好字。減緩了我倆的緊張與羞澀。他把介紹信壓在桌上，沒有對我們說官話套話，照例過問家庭政治狀況。欣然嘬完菸鍋裡最後兩口旱菸，便取出嶄新、誘人的結婚證書，一筆一畫、饒有興致地為我們登記、填寫。其善解人意、寬厚仁慈，無不讓人感到一種尊敬和欣慰。當我們拿到那張紅燦燦的結婚證書時，急忙從包裡捧出準備的糖果放在老人面前，老人客氣的一再向我們道喜！——他是我們結婚祝福的第一人！我們懷著激動的心情告別老人。遂在大灣集鎮小食堂裡買了兩碗燴麵、一盤炒雞蛋，共享作為正式夫妻吃的第一頓飯；端起廚師為我們倒的兩碗「玻璃湯」（不要錢的白開水）深情地一碰，道一聲「天長地久！」算是拜天地、敬父母、以身相許的簡單儀式。

　　「一打三反」的步伐是匆忙的、急促的。大量的調查任務迫使我們跑遍了「西海固」山山溝溝、村村隊隊，甚至遠涉到甘肅平涼、陝西彬縣。而山區農村的貧困現狀，又會把人推向十分尷尬、難堪的場面，讓你無法回避、無法選擇。有一次我和顧勤步行一百二十里路，趕到寧夏與陝甘交界的城陽、鎮原一帶搞調查。晚上在一戶農民家裡吃飯，我餓得一連吃了五碗湯麵還沒有飽的感覺。當刮鍋底的聲音無情地刺入我的耳膜時，我才意識到自己已經吃了五碗，顧勤吃了四碗。小姑娘把那最後一碗湯麵顫顫微微端上來時，我不好意思再吃了，推讓給顧勤吃，顧勤則客氣地一再推讓

要我吃。當我端過碗剛要吃時，忽然察覺小姑娘臉上充滿了哀怨，頓時我的感覺就像被人當眾抽了一嘴巴似的無地自容、羞愧難當！不無自嘲地裝出一副苦笑的面孔對顧勤，更是對那小姑娘說：「吃飽了！吃飽了！你端下去吧！」那一陣，我心裡難受得簡直要掉眼淚！按規定，這頓飯我們倆人應該交三毛錢一斤糧票，可我硬是掏了一塊錢二斤糧票，塞在小姑娘的父親手裡，彷彿是彌補我太自私、太貪婪的食慾……

在漆黑的山路上尋找生產隊隊長的家，讓他給我倆安排住處。可是，黑夜裡到哪裡去找呢？除了淒厲的狗叫聲讓人望而怯步，便是萬籟俱寂的黑夜，讓人無著無落。我倆只好順路往回返，顧勤說：「印象中三、四里路旁好像有一戶人家。」於是我倆急急忙忙、磕磕絆絆往回走。約摸半個小時的路程，果然找見了這戶人家——敲開已經睡下的房主的門，說明情況；儘管我倆已經察覺到，一間屋子裡很難安排我倆的住處，但我倆並沒有撤身退出的意思。因為我倆已經沒有退路了，只想有個安身歇息的地方，哪怕在地上蹲一夜也算有個窩。好在熱心的漢子明白我倆的難處，毫不顧忌地說：「這麼晚了，你倆也沒處去，要不嫌棄就在這裡湊合擠上一晚上吧！」我倆竟然默默地互相點頭表示同意。熱心的漢子把婆娘、娃娃趕到土炕一邊，又迅速從箱櫃裡取出一條薄棉被給我倆，他上炕橫在中間一擋，全當是一堵半封閉的隔離牆。老謀深算的顧勤，首先占居了靠門窗一側的牆邊，面牆自成一體，倒頭就睡。我被活生生地夾在他與漢子的中間，任由那尷尬難堪的氛圍搓揉擠壓，任憑那左右兩邊鼾聲如雷，直挺挺地躺在那裡，忍受靈魂與肉體的煎熬……

　　第二天一大早，翻起身來就往出跑，急忙往大隊部趕路，爭取取上材料蓋上章就往回返：寧可住在臭氣燻天的車馬店裡讓跳蚤叮、臭蟲咬，來回多走幾十里路，也不能讓那前不著村後不著店的難堪場面再次出現！——狡猾的顧勤沒有忘記叮囑我說：「回去不要對別人說我倆和人家擠住了一晚上的事情，以防別人借題發揮、造謠生事，影響不好。」我耿耿於懷地衝顧勤道：「離經叛道，無可奉告！」顧勤哈哈大笑不已……

　　顧勤大我十歲，頭腦發達、身體健壯，走起路來雄赳赳、氣昂昂；辦起事來聰明圓滑、游刃有餘。他六〇年代初從南京林學院畢業，分配到西北高原搞專業，是一名久經「運動」的共產黨員。所以當他「運動」別人的時候，就顯得十分小心謹慎，生怕被人抓住把柄惹是生非。儘管如此，作為一名被那個時代排名最後的「臭老九」，他經常會受到一些人的排斥或攻擊……

　　人的命運軌跡往往暗藏玄機，甚至適得其反。曾經的一班長馬大哈做好人好事，幫助別人按裝鍬把，把印在玻璃窗上的毛主席頭像給搗毀了，隨後在連裡待不下去了，設法調走了。由此調來了師部警衛排單福彪繼任一班長，憑著復轉軍人和黨員的身份，自恃、傲慢，爭強好勝；他確實比馬大哈精明強幹多了，尤其是嘴皮子上的功夫。這樣一個渾身上下塗滿革命色彩的人，你能想像到他會怎麼樣呢？沒有人會懷疑，他是連級幹部培養的對象。可事情偏偏又出乎人意外……

　　就在我外出搞外調期間，有人檢舉揭發在女廁所裡發現了有人用毛主席語錄擦屁股的事情。這無疑是一個徹頭徹尾的反革命事

件！為此，團裡派來了專案組將此作為重大案件進行調查落實。全連上下氣氛頓時緊張起來；誰不害怕沾染這種事情？一時，人人自危、握緊自己的語錄本，生怕自己的紅寶書出了問題。

好在事情很快就有了線索，誰都不會想到，竟然在一班長單福彪家裡找到了缺了頁的毛主席語錄本，經過與在女廁所撿到的語錄紙頁比對，剛好對上，一頁不多一頁不少。專案組把單福彪的老婆叫到連部審問，單福彪的老婆早已嚇得面如土色，語無倫次地說是她家小保姆不懂事幹的，她當時並不知情。專案組又把年齡僅有十二歲的小保姆叫來審問；農家女娃哪見過這樣的場面，早已嚇得哆哆嗦嗦，磕巴了好長時間才說清楚這件事情不是她幹的；她說她從來不去公家的廁所，她們鄉村女娃解手從來不用紙擦屁股。專案組追問：「那你到哪裡去解手？難道你從來不擦屁股嗎？」小保姆說：「她一直在連部後面苗圃地裡解手，用的是胡基（土塊）擦屁股。」專案組難以置信，遂叫小保姆帶上他們到房後苗圃地裡去實地察看，果然有許多乾糞便和擦屁股用的胡基（土塊），確實沒有手紙，專案組目瞪口呆。為了慎重起見，專案組隨後便在連裡廣泛聽取意見，女同胞們都說確實沒見過小保姆上過廁所。又到生產隊社員中瞭解情況，社員們都說：「家窮得哪有錢買手紙擦屁股，娃們習慣了在荒野裡解手，一般都用胡基（土塊）擦屁股。」

面對專案組窮追不捨、深入細緻的調查研究，單福彪倆口子再也坐不住了。在倆口子一頓抱頭痛哭後，終於主動找專案組交代了事情的原委，爭取寬大處理。據單福彪老婆交代：那天上午她拉肚子，急的從田地裡跑回家，一時沒找到紙，情急之下胡亂抓起了書本撕了幾頁就往廁所裡跑⋯⋯事後自己也沒察覺幹了什麼壞事。直

到幾天後，聽說領導在追查廁所語錄的事，這才意識到自己闖了大禍！由於害怕，就把事情推在了小保姆身上——倆口子聲淚俱下、痛悔不已，只求組織上明察，她絕不是明知故犯，實乃情急慌亂，糊塗犯渾……

專案組落實了此事，迅速將材料報到團裡等候處理。單福彪和他的老婆整日度日如年、惶恐不安，不知道等待的結果會是什麼。此時的一班長單福彪早已沒有往常的趾高氣揚的架勢，那張先聲奪人，咄咄逼人的嘴臉早已蔫了。他的老婆更是哭哭啼啼、躲在家裡恥於見人。

數週後，專案組召開連部大會，宣布說：「……鑒於單福彪老婆是貧下中農出身，本質上沒有故意侮辱偉大領袖的動機，屬於情急之下盲目糊塗犯的錯誤，且本人能主動交代錯誤，認錯態度較好。經報上級批覆，給予大會檢查，批評教育，挽回影響，免於處分的決定。」一班長單福彪和他的老婆當場熱淚盈眶，感激不盡！一場對偉大領袖毛主席莫大侮辱的事件，就這樣大事化小，小事化了了。連裡很多人背後議論紛紛——這是他們出身好，可以不加追究，倘若出身不好，那還了得？譬如出身不好的技術員李某某，就因為一時找不到圖紙，用毛主席舊畫像背面做了苗圃規劃圖紙而被「群專」多年的案例，多次運動都被作為重點審查對象遭受批鬥而得不到妥善處理——看人下菜，顯失公平！更何況，他們倆口子還誣賴無辜的小保姆，真是夠缺德的了。也有人悄悄說：這倆口子真是個大笨蛋，你把撕了頁的語錄本留著幹嘛？悄悄放到鍋灶裡燒了，只要自己不說不就完了嗎，還能遭這個禍？還有人更深奧地指

出：這事沒有那麼簡單，除非鬼使神差！倘若沒有確切的線索，怎麼就那麼「穩準狠」地在他家裡找出了缺了頁的語錄本，這裡面大有文章！……

由此，不禁讓人聯想到命運叵測、時運不濟的典型人物——「文革」初期率工作組進駐黃峁山連隊，領導知青大搞紅色「血統論」的工作組組長戴向前。此人在真正意義上的「文革」造反後便悄聲匿跡，明哲保身了。可誰曾料想，「清理階級隊伍」時，遠在四川老家的貧下中農一封揭發信揭露他愛人家庭是大惡霸地主，這一下在一團團部炸開了鍋！階級異己分子居然隱瞞罪惡家庭歷史，混入革命隊伍長達十幾年？是可忍孰不可忍！他的愛人理所當然地被視為隱藏在革命隊伍中的階級敵人，遂被「群專」批鬥。而一向以革命軍人自居的戴向前終於跌入人生最灰暗的低谷。為了摘清自己與妻子隱瞞歷史的干係，他多次向組織表白自己不知道妻子隱瞞家庭歷史的罪惡，自己也是被欺騙的受害者。隨後他與共同生活了十幾年的妻子分居了。在緊鑼密鼓的「一打三反」運動中，戴向前的妻子被開除革命隊伍，遣返四川老家接受當地貧下中農監督改造。不知道當時戴向前是同妻子一起走的，還是過後自己單另走的？總之，自那以後我去團部就再也沒有見過此人，他真的悄無音訊了。

1971年5月22日，是我和海漩結婚的日子。本來計劃「五一」勞動節結婚，由於春季造林任務繁忙，直到五月中旬才結束，所以就把日子定在了這一天。上午，我倆收拾了連裡分給我們的「洞房」，無非是掃灰除塵，兩張床板抬來一擔一合，圍著床邊糊上一

圈舊報紙，以防牆土把新床單給弄髒了。在床板上先鋪上一條棉網套，再把八塊錢一條的灰棉毯子捂上去，最後拿出粉紅色的「慶豐收」雙人床單罩上去。呵！頓時破舊的屋內有了鮮亮感，加上新被新枕頭，結婚的喜慶出來了！

　　一個大紅箱子（那是兩個月前掏八塊錢特意讓生產隊趙木匠給訂做的）專門安放在屋內最顯眼的位置，打四根木樁讓它端端正正地坐在上面，頗有幾分堂而皇之的味道！這是我們唯一一件結婚的私有家具，突出它的位置，完全是一種虛榮心使然。從箱子裡取出嶄新的毛主席畫像和語錄，貼在牆中央，剎那間，牆壁生輝、紅光閃閃，革命家庭的氛圍撲面而來！

　　現在就差桌子和凳子了。看來，老連長還在生我的氣，對我結婚的事耿耿於懷。客觀地講，這也算是老連長對我的一種特別的關懷。──在我申請與海漩結婚，要求連裡開證明去辦理結婚證時，老連長曾嚴肅地問我：「你對海漩家的複雜背景瞭解嗎？她的家庭可是滿清後代啊！」我沮喪地說：「知道，她父親的歷史問題已經在六二年『雙反』運動中做過結論了，是一般國民黨問題。」老連長的嘴撇了起來，瞇縫眼狠狠地瞅著我，不以為然地說：「她那樣瘦弱的身體，你考慮過了嗎？」「我正是考慮她的身體不好，結婚後好有個照顧。」老連長生氣了，乾脆閉上了眼睛，彷彿他瞌睡了，懶得理我。我的心裡一陣發毛，生怕他把事情擱置起來，耽誤了我的大事。連連說：「你現在就給我開了吧，我好趁明天休息到大灣公社去辦理結婚證。」「你這個娃咋就是不聽話呢，結婚這麼大的事情，你這麼躁急，你家裡人知道嗎？」「知道，知道，我早就給說了，他們讓我自己做主……」

老連長的三問被我早有準備的回答給堵住了，他無奈地說：「去，把指導員叫來。」我急忙跑到後面把指導員李靖找來（青海大兵李靖已從排長升為指導員），順便把情況對他說了一下。指導員李靖倒是爽快，進門就笑嘻嘻地對老連長說：「這是一件好事嘛，早辦了早安心。」老連長無可非議了，朝李靖翻了翻白眼，站起身來對他說：「你給他開介紹信，讓他辦去！」說完，就悻悻地離開了辦公室。此後，老連長便對我有一種疏遠感。

　　臨結婚三天前，我小心翼翼地去找老連長，說我準備在二十二號結婚，請他做證婚人。他說他最近心口疼、身體不舒服，讓指導員出面吧。我說連裡得給我解決個桌子，他說到時候再說吧。顯然對我結婚的事不熱心。為此，我心裡窩了一個大疙瘩，老是不舒服，又不好對海漩說，生怕影響她的情緒。眼下一切都布置好了，就差桌子板凳，這不是在故意刁難我嗎？……我一氣之下，跑到會議室就抬來了桌子和板凳，心想，管他呢，辦了再說！

　　正當我們忙著洗桌子擦板凳時，副連長王叟大驚小怪地跑來說：「你怎麼擅自把會議室的桌子給搬來了？連長正在發火呢！讓你把桌子給搬回去！」我一聽就火了：「搬回去？我早就跟他打過招呼了，別人結婚都有桌子，我憑什麼沒有？你去告訴他，我還不是階級敵人，別人能享受的待遇，我就能享受！……」王叟一看架勢不對，不再言語，悄悄走了。

　　新房收拾好了，知青娘們兒擁在屋裡七長八短，紛紛幫助海漩收拾打扮。我的心裡憋悶不過，跑到山上去轉悠了一圈，疏了疏

情緒，別讓不好的心情影響下午的婚禮。順便又到社員家買了一捆乾柴背了回來，放在房前晾曬，以備婚後自己支鍋立灶做飯用。婚禮主持人郭俊杰急忙跑來找我，督促我理髮：「有錢沒錢推個新頭過年，好歹也算是個婚禮嘛，你得把頭收拾收拾。」他精心地把我修飾了一番；我倆商量好的，我的婚禮由他主持，他的婚禮由我操辦，一切程序安排、菸糖茶水全權受理。這是知青們在異鄉結婚，沒有親屬在身旁照顧的一大特點；知青們互相幫助，互相支持，每人掏幾塊錢湊起來買些暖瓶、水壺、鍋碗瓢盆等家具，幫助你把一個小家給支撐起來，充分表示了知青們團結友愛的精神！

　　下午五點鐘婚禮開始了，房裡屋外、門前窗口擠滿了抽菸吃糖嗑瓜籽的人群。我和海漩身穿藍色學生服，神采奕奕中不乏尷尬彆扭；她在粗長的辮子上扎了一條紅頭繩、黑紅鮮亮，光彩照人！我倆傻瓜蛋般站在桌前，任憑無數張笑臉衝我倆嬉言俏語。

　　司儀郭俊杰抬起雙手，壓住滿屋子的叫嚷聲。咳嗽兩聲，又把所有還想繼續搞笑的口舌噎了回去。大家的目光被他吸引，彷彿在看他變戲法。──「我宣布，夏風、海漩結婚典禮現在開始！首先，讓我們一起高唱：

　　　　天大地大不如黨的恩情大
　　　　河深海深不如階級友愛深！
　　　　……
　　　　毛澤東思想是革命的寶
　　　　誰要是反對他誰就是我們的敵人！」

這首歌經常唱，會前會後唱，飯前飯後唱，唱習慣了沒什麼特別的感覺。大家張口就來，吼上幾嗓子，原本是圖個痛快！可今天卻皆然不同，唱這首歌進行婚禮，似乎人人都有一種莊重感，一種推心置腹的表達，一種排山倒海的誓言，一種互動，一種共鳴；我扭頭悄然看了一眼海漩，那神情分明是在宣誓！……

　　——「第二項，由新郎新娘向毛主席三鞠躬，感謝毛主席給我們的幸福生活！」我和海漩向後轉，認認真真地對著毛主席畫像，「一鞠躬、二鞠躬、再鞠躬。」

　　——「向領導、同志們三鞠躬！」我倆又向後轉，衝大家再鞠躬……

　　——「第三項，請指導員李靖講話」——鼓掌！——「請知青代表謝雨晴講話」——鼓掌！

　　——「第四項，由新郎、新娘向黨表決心、獻紅心！」我慌忙從口袋裡取出準備好的、充滿革命激情、洋溢志同道合幹革命、海枯石爛不變心的決心書，朗讀起來……「好！呱唧呱唧！」司儀帶頭拍手鼓掌。

　　——「現在自由活動！由大家出節目，結婚三天沒大小，大家熱鬧起來吧！」司儀終於把我倆推下了「火坑」，最熱鬧的時刻到來了！一大幫人朝我倆擁來，下面的人大喊大叫——「讓他倆談戀愛經過！」——「讓他倆表演『楊白勞、喜兒』，歡歡喜喜過新年！」「讓他倆站在凳子上一起用嘴咬蘋果！」——「不行！讓他豬八戒背媳婦到院子裡轉一圈！」……

　　生活的哲學往往是最偉大、最精確、最普遍的，誰也逃脫不了

它的戲謔與嘲弄。你曾經不屑一顧的行為舉止、毫無意義的滑稽可笑，會不經意地在你的生活中頑強地重複、自然而然地產生。當你意識到時，你已經學會了接受和忍耐。於是乎，自我解嘲、自我釋放、荒唐可笑地忽悠一把；逢場作戲，傻乎乎地裝模作樣，以博取人們的歡笑和首肯，充實生活中原本就多餘的一塊空白；排洩千絲萬縷之煩惱，大到高雅藝術的欣賞，小到逗樂取笑的調侃，無不情至所生，情繫百端；人生的喜怒哀樂莫過於此了！

　　一直鬧到晚上八、九點，搞得我倆筋疲力盡、暈頭轉向，司儀才宣布收場。大家幫助收拾屋子，我們又擺下一小桌酒菜，留幾個朋友聚餐。十點鐘大家散去，讓我倆休息。就在我倆收拾碗筷、整理床鋪時，老連長推門進來了。他笑瞇瞇地問長問短，那關切的面容彷彿沒有發生過什麼不愉快的事情。我把他讓到桌旁坐下，拿出酒、端上肉讓他吃喝。這不大不小頗具戲劇性的變化，倒把我感動得首先向他解釋當時急用桌子的情形，表示：如果連裡需用這張桌子，我明天就可以把它抬過去，反正婚已經結了，有沒有桌子也無所謂了！……

　　我的一番慷慨表白，老連長卻像是在看猴耍戲，邊吃邊不以為然地微笑著說：「桌子你留著用，過日子呢，沒個桌子咋能成呢？」那神情分明是在責怪我。這愈加讓我感動，一個勁讓他吃、陪他喝。又大把大把地把糖果往他口袋裡裝；心裡想，到底是老連長嘛，面冷心熱！連吃代喝，又說了一大堆居家過日子的話，把一碗本來留著自己慢慢吃的紅燒肉全部吃光，方起身告辭！

　　至此，我和海漩各自結束了知青大集體生活，過上了陌生、牽掛的小家庭生活，逐步體驗了油鹽醬醋、布衣茶飯的幸福與煩惱，

在甜蜜的小家庭生活中咀嚼夫妻磨合的快樂與平庸，開始用另外一種眼光審視生活，另外一副嘴臉面對生活，彷彿生活跟我們開了個玩笑：說聲「再見」了，所有曾經的夢，都一筆勾銷，一切都重新開始吧！……

關於「一打三反」中的人和事，寫到這裡，本當擱筆。可有一個人，一個死於四十多年前的人，讓我一直耿耿於懷，難以割捨。幾經周折，追本求源，終於真相大白，遂予彌補；應該說，在黃峁山三百六十多名知青中，銀川二中二十多名知青可謂是人人風采、個個風光，無論是平常的日子還是陰暗的日子，他們都不愧為黃峁山知青中的佼佼者。但有一個人例外，他幾乎從來就沒有過閃亮的日子，他微弱的，在黃峁山男知青中幾乎找不到他；他生前是這樣，死後更不用說。雖然這已經是年已久遠的封塵往事了，而他活著的時候，與我陌生的連一句話都沒有說過。可我一定要把他從歷史的塵埃裡清理出來，在這本記錄我們這個知青團體的書裡，給他安排一段文字，讓他孤苦漂泊的靈魂得以些許安慰。畢竟，他是我們那個悖論的歲月裡，最灰暗、最悲涼、最慘痛的一頁！我們有理由把他和我們那段歲月一起記錄下來，讓我們有機會正視我們悲哀的青春歲月，修正那個時代的荒謬！……

——梅公達，原銀川二中高中畢業生。1965年9月，與同學一行二十餘人上山下鄉到固原黃峁山組建青年林場，後收編為中國人民解放軍西北林業建設兵團第三師第一團黃峁山連隊。1969年年初，被分配到涇源縣千秋架連隊；身材瘦高、性格孤僻的他，走起路來總是低頭呵腰，每每匆匆而過，竟是為了躲避與人搭訕的尷

尬；安分守己、默默無聞的他，除了勞動幾乎不與人接觸。抑鬱寡歡、與人無爭，唯看書和寫日記是他自我交流、傾訴的對象⋯⋯

這樣一個懦弱的人，在1971年「一打三反」運動中，由於個人日記被人偷看，遂被作為「反動狗崽子」橫遭批鬥，並關入牛圈交代罪行。由於不堪辱罵和毒打，悲憤之極、萬念俱灰，遂於某月某日下午，趁人不備，用一根舊鐵絲拴在牛圈後牆上，掛頸自殺，幸遇路人及時發現獲救。此後便視人如虎、驚恐萬狀，胡言亂語。連隊領導懷疑精神出了問題，通知銀川家人帶回家去。不久，在銀川家中再次上吊自殺，終如所願，歿年僅二十五歲。

批鬥他日記中主要內容是：一、乞丐武訓說：有人打你的左臉，你把右臉也給他。二、有權就有勢，有勢就有錢，有權有勢就有一切。等等⋯⋯

批鬥他的「反動言論」是：「參加過國民黨的不一定就是反革命，毛主席也參加過國民黨⋯⋯」

批鬥他「反動狗崽子」的依據是家庭成分——小業主＝資本家＋反動＝反動資本家。本人＝反動資本家的狗崽子。（其父梅松林，舊知識分子、農業專家。歷史上曾參加過三青團並集體轉入國民黨。）

批鬥他的罪行是；惡毒攻擊⋯⋯反攻倒算⋯⋯等等。

他的最後一篇日記是：大地一片白茫茫，真乾淨！

1971年7月中旬，我結婚不到兩個月，被上級抽調去參加蘭州軍區委託固原地區組織實施的戰備公路勘測工作。林建師共抽調了六個人，他們是師部工程師王譽、師部勘測隊技術員王綏禮、李照明、一團技術員劉正茂、北京知青季根平和我。我們按時到達涇源

縣公路段，向在那裡蹲點抓戰備工作的固原地區革委會付主任許文林報到。這支臨時組建起來的勘測隊共二十餘人，主要是各縣公路段技術人員。當天下午，各路人員到齊，身材瘦弱、高度近視的許文林主任便召集會議，介紹情況、布置任務。

三條戰備公路以涇源為出發點，分別向西，涇源──隆德；向南，涇源──華亭；向東，涇源──平涼；全長共約二百公里，要求在十一國慶節前完成野外勘測作業，年底完成圖表資料、工程預算等內業工作，爭取明年開春破土動工！

我隨大夥過起了勘測隊員的生活，整天哼著、唱著：

> 是那山谷的風，吹動著我們的紅旗。
> 是那林中的鳥，報告著黎明的到來。
> 我們有火焰般的熱情，戰勝了一切困難和險阻。
> 背起了我們的行裝，攀登那層層山峰。
> 我們立志要開出三條通往勝利的路，
> 讓「蘇修」（蘇聯修正主義）有來無回，
> 葬身人民戰爭的汪洋大海！

我們整天翻山越嶺、披荊斬棘，拉尺立標、亦步亦行，充分體驗了早出晚歸、風餐露宿的甘苦。深入到高山密林、峽谷溝壑的腹地裡，窺探了大自然的美妙與隱秘，領略了無數奇觀異景，賞識了很多靈根異草。在涇、隆交界的頭鍋梁上，目睹了觸目驚心的蛇山──那成千上萬、糾纏成團的蛇群，在雨後陽光照耀下，聚集在亂石崗上曬太陽；那灰麻麻的蠕動，讓人驚駭不已，毛骨悚然！好在

我不怕蛇，一路上，打死了十幾條掛在樹上示眾，恐嚇活蛇，以防牠猛然竄出來傷人。據說，這種方法很見效，蛇也有靈性，也怕死。

在崆峒峽深溝溪流旁，發現了豹子的腳印和糞便，有人提醒大家不要走散，小心踩到豹子窩裡激怒了豹子可不得了！豹子凶猛無畏，它不怕威脅，越弄槍舞棒越倒楣，面對槍口，牠會奮不顧身地撲上來撕毀獵手的面容；深山老林裡的護林員，不怕野豬不怕狼，可遇見了豹子就嚇得連大氣也不敢出，悄悄地龜孫子般往回縮，害怕驚動了豹子，兩條腿跑不過四條腿！……

在秋千架綠色繁榮的山背上，觀看了如火燒雲般的鹿群，奔跑著、跳躍著，那美妙輝煌的一瞬間，頃刻即飄然而去。讓你遺憾，讓你感嘆！讓你時常顧盼牠們再次出現！……

在悶熱乏味的下午，躺在山陰處歇息，那嘰嘰喳喳的小鳥、山雀，會無端的招惹人，在你面前蹦蹦跳跳、躲躲閃閃，讓你欣賞贊美牠們的歌喉和舞姿。這時候的我，便會沉靜在一片遐想中……

受王工程師和王技術員的影響，我採集了大量的中草藥。這些開著十分漂亮花朵的草藥，還有著十分動聽的名字；天南星、麥門東、錦燈籠、紅三七等等。尤其是能夠治理風濕性心臟病的草藥，我更是留意採集。還專門買了中草藥書參考研讀，決心治好海漩的風濕性心臟病！

二王都是奔五十的人了，歷次「運動」都要經受一番「整治」，煉就了一副好身手和好性格，待人熱情和藹，處事慢條斯理，面對屈辱和磨難，從不嫉世憤俗、怨天憂人。堅守自己，默默耕耘，是他們刻在心裡的座右銘。在他們眼裡，一切都是變換不定的、充滿色彩的、自然的、發展的──「麵包會有的，牛奶也會

有的。」他們就是這樣，平和而執著地面對生活中的風風雨雨，把曾經的理想化作一方熱土，把生命與山、與土、與綠色植被緊密相連，任憑風吹雨打，照樣生根發芽；心中自有氣象萬千，冬天裡看見了春暖花開，春天裡看見了豐碩果實。他們的眼光是超前的、跨越的。因而，他們的世界是充實的、絢麗的。儘管他們平凡得微如塵粒，但他們是失重時代的平衡，是蒼茫人世的希望和永恆！

南京交通學校畢業的鄧興安，分配在固原公路段當技術員。小夥子聰明、漂亮，朝氣蓬勃。儘管他比我還大兩歲，可遲遲不肯結婚。他對我的結婚成家，不僅不以為然，而且可惜可嘆！在他看來，早早結婚等於埋葬了青春。他經常跟我講他的所謂「人生哲學」，不外乎要抓住青春年華，在浪漫的年輕時代風流瀟灑，莫讓流水負年華！他的思想開通，思維敏捷，活潑健談，樂觀向上。我們常常聊到夜深，意猶未盡！他同二王一樣，給我留下了極深的印象。儘管他們的生活表像差距很大，但我非常能接受他們，綜合他們，意識到他們是過去和現在的轉換，不存在什麼新舊時代的「代溝」。我相信二王年輕時也是這樣活潑開朗、充滿浪漫與自信。要說有什麼不同，那就是時間，時間會讓人找不到過去和未來，如同冬天找不到夏天的炎熱，夜晚找不到白天的感覺一樣。

身居要職的許文林主任，以其聰明博學、健談隨和贏得大家的好感。他是那種平易近人、容易被人推崇的人。他能滔滔不絕一連幾個小時給我們講歷史故事，尤其是穆斯林聖主穆罕默德的故事，真讓我耳目一新，印象頗深。每逢天陰下雨不能出工，只要他在，大家就會把他拉來，坐在大通鋪上抽菸喝茶聽他講故事；其實他本人的故事也很精彩，他是固原地區響噹噹的造反派頭頭，馳騁

「文革」風雲，從一般職員躍身為地區級領導幹部，可謂是功成名就，春風得意！年方三十出頭的他，正是毛主席所希望的「文革」風浪中鍛鍊出來的年輕幹部。是文化大革命把他推上了政治舞臺，改變了他平淡的生活趨向，使他有機會展示自己的聰明才智。但這種「風口浪尖」上崛起的人物，能否擺脫「文革」的陰影？能否在「政治演變」的怪圈中，走出命運的裁決？還是個問題……

記得有一次傍晚，我和小鄧在涇源縣城堡子山上散步，小鄧唱起了一首非常動情傷感的歌曲，我問他這是什麼歌子？這麼好聽。他大驚小怪道：「怎麼？這是你們知青的歌，你難道沒聽過？」「沒有，我是第一次聽你唱。」「啊唷，你真是個山狼，知青們都唱倒了，人都抓起來了，你還沒聽過？」我讓他再給我唱一遍，我聽聽。他不無動情地唱道：

> 藍藍的天上，白雲在飛翔，美麗的揚子江畔是可愛的南京古城，我的家鄉啊，彩虹般的大橋，直上雲霄，橫斷了長江，雄偉的鐘山腳下是我可愛的家鄉。
> 告別了媽媽，再見吧家鄉，金色的學生時代已轉入了青春史冊，一去不復返。啊，未來的道路多麼艱難，曲折漫長，生活的腳印深淺在偏僻的異鄉。
> 跟著太陽出，伴著月亮歸，沉重地修理地球是光榮神聖的天職，我的命運。啊，用我的雙手繡紅了地球、繡紅了宇宙，幸福的明天，相信吧一定會到來。
> 告別了你呀，親愛的姑娘，揩乾了你的淚水，洗掉心中憂

愁,洗掉悲傷。啊,心中的人兒告別遠方,離開了家鄉,愛情的星辰永遠放射光芒。

寂寞的往情,何處無知音,昔日的友情,而今各奔前程,各自一方。啊,離別的情景歷歷在目,怎能不傷心,相逢奔向那自由之路。

這就是轟動全國的《我的家鄉》又名《南京知青之歌》。後經各地知青廣為流傳,出現了很多修改的版本,統稱為《知青之歌》。1969年8月,蘇聯莫斯科廣播電臺以《中國知識青年之歌》為名,以小樂隊伴奏、男聲合唱的形式,播放了這首歌。因此,災難降臨,很多知青被追查審問,此歌被列為禁歌。該歌的原作者,南京知青任毅,於1970年2月被捕,被判處十年有期徒刑……小鄧一口氣講完《知青之歌》的始末後,認真地對我說:「你可不敢公開唱這個歌,免得給自己招惹麻煩。」

在野外作業結束後,我們便集中在固原公路段搞內業。晚上沒事小鄧就拉上我到縣劇團找他的女朋友們玩。走到哪裡歡聲笑語跟到哪裡,他的爽朗正好彌補了我的沉默。長年累月窩在山溝裡,除了深沉就是乏味。那時候我太需要這樣的朋友了,他會激起生命的浪花,還你青春的熱情和希望,讓你快樂,讓你歌唱!……他的同學朱金清從無錫探親歸來,他又把我介紹給這位胖乎乎、全臉胡,憨厚敦實的老大哥。老大哥不負虛名,專門動手為我們做了一頓可口的南方飯菜,幾杯紅葡萄酒下肚,真是酒逢知己千杯少,話若投機感慨多啊!……

　　年底，勘測工作結束了。分手前，許文林主任把我們請到他家裡，他的母親、愛人忙裡忙外，為我們準備了一大桌豐盛的宴席，大家舉杯歡聚，慶祝勝利！

　　外面的世界很精彩，外面的世界也很陌生。下鄉多年幾乎不接觸社會的人和事，傻乎乎地聽人家高談闊論，恍如隔世！尤其是那些政治性傳說，更是人們飯後私下裡談論最多、最吸引人的話題。儘管反對「政治謠傳」的風聲一陣緊似一陣，到處都在追查反革命謠言，但政治傳聞的渠道還是暢通無阻，風聲不斷。人們樂此不疲地講述著、議論著，跟真的似的讓人不可思議！我那時總是默默地聽著，既激動又駭然……

　　這段與外界接觸的生活在我的頭腦裡、眼睛裡裝了很多東西，很多聞所未聞、莫名其妙的東西，它們幡然起浮、聯想翩翩；過去的，現在的，不知道的，感覺到的，由此及彼、由淺入深，如同電影一幕幕一遍遍自我放映、自我感悟，從中體味到很多無法言狀的世態炎涼──戲劇性的政治舞臺啊！誰在導演？誰在扮演？刀光劍影、人妖鬼怪，從古到今輪番上演……

　　終於，在一個陰霾寒冷的上午，一輛北京吉普車拉著副團長、政治處主任、宣傳幹事一行三人，匆匆趕到青石嘴，領導們聚集在辦公室裡開小會。不一會兒，就傳出緊急通知──各班排人員一個不能少、一律不准請假，一點鐘集中在會議室傳達中央重要文件！頓時，會議室裡擠得滿滿的，領導們個個神情嚴肅，平時會前熙熙攘攘、吵吵鬧鬧的聲音自然收斂了許多。那些愛開玩笑的調皮鬼們，慌慌忙忙跑來剛要故伎重演，忽然察覺氣氛不對，回頭一看領

導，那冰冷的面孔嚇了他一跳，伸伸舌頭悄然坐下，換上了一臉的茫然。那些挨整的對象們更是惶恐不安，蹲在牆旮旯裡連頭都不敢抬；他們大概又在想，怕是什麼「運動」又要來了……

整個會場出奇的安靜，像死了人似的在聽悼詞，除了呼吸聲便是凝重的致詞聲；所有的人都在低頭細聽，心裡如同翻江倒海，這樣的會議效果從來沒見過。──那些「政治謠言」的散布者們，此刻，直拿眼睛向曾經被散布過的人炫耀；那神情，彷彿林彪坐的三叉戟是被他打下來似的！

讓人難以想像的事情，終於成為事實；不可能的事情成為可能，可能的事情成為現實！──「林家父子妄圖篡黨奪權，陰謀殘害毛主席，企圖發動武裝起義敗露，慌忙外逃途中機毀人亡！」──像原子彈爆炸一樣震撼人心，把一切正常人的心理邏輯徹底粉碎！儘管人們的習慣思維還停留在林彪站在天安門毛主席身旁，手中紅語錄不斷揮動，但歷史的演繹已經悄然翻過了林副統帥煌輝燦爛的一頁！……

同樣令人匪夷所思的是，如此重大的政治事件，當我們聽到中央「正式文件」傳達時，竟然是快半年以後的事情了。在這之前，人們早已把所謂的「政治謠言」傳的沸沸揚揚了，而上面竟然還煞有介事地搞什麼「追查反革命謠言、捉拿現行反革命分子」，很多人因此牽連「造謠」或「傳謠」被啷噹入獄。直到「中央文件」正式傳達後，才結束了長達近半年的所謂「追查反革命謠言、捉拿反革命分子」的風潮，釋放了因為「林彪事件」「造謠惑眾」的「現行反革命分子」──如此故弄玄虛、草木皆兵，真讓人有一種被愚弄的感覺……

在「中央文件」正式傳達後，再度掀起「林彪事件」的熱門
話題；邊遠閉塞的知青們有幸在「林彪事件」中，聆聽了那麼多驚
心動魄的故事，知道了那麼多難以想像的事情。尤其是林立果在
《571工程紀要》中，把毛主席喻為美國的「B52轟炸機」，咒罵
毛主席「是當代的秦始皇」，幹部下放、知青上山下鄉是「變相勞
改」，紅衛兵是「被利用」、「替罪羔羊」等等，無不讓知青們的
心靈遭遇一次強烈的撞擊，從而使他們陷入一片苦思冥想的沼澤泥
潭裡——正是「林彪事件」，讓人們窺見了中央上層的刀光劍影，
真正領略了「高處不勝寒」的政治含義。

林彪身敗名裂後，人們把這些年所有的憋屈和憤懣，一股腦全
傾瀉在他的身上，林彪成了最陰險的陰謀家和野心家，成了人們社
會生活中最反感、最痛恨的騙子、兩面派的代名詞。「林彪事件」
促使了人們從個人崇拜的狂熱中覺醒，就連毛澤東本人也由此陷入
極大的痛苦和失望中……

儘管人們津津樂道於「9.13事件」的詳情細末，以求得出自己
最敏銳、最確切的看法，從而讓過去的故事傳說和現在的困惑迷茫
最大限度地得到詮釋。但歷史像座山，人們無法看清山的全貌和山
中的隱秘，那是歷史學家的事情，是後人的事情。不過拿歷史來捉
弄人，折磨人，好像又是政治家們慣用的一種遊戲……

二、戰地黃花

　　1972年，全國開展起「批林整風」運動，揭發批判林彪集團的罪行，清查與林彪集團陰謀活動有關的人和事。解放軍各兵種首當其衝，部隊及指揮員調動頻繁，與林彪集團有牽連的人員紛紛落馬。林彪的講話、題詞、照片及一切有關的書籍、資料全部被清理。普及全國、人手一冊的毛主席紅語錄——林彪的再版前言和照片均被撕下來當眾銷毀！

　　同年夏天，林建三師一團在六盤山組織起大規模的挖山造林大會戰，其投入的人力物力，歷次會戰都無法相比；六盤山上紅旗招展、人來車往，上千人會集在烈日炎炎的荒山上揮鋤掄鎬、劈山造林！上級號召要以實際行動「批林整風」，徹底肅清林彪反革命集團的餘毒，要把被林彪篡奪去的紅軍「青石嘴大捷」的政治影響徹底清除！讓毛主席走過的六盤山儘快綠化起來，名正言順地成為紅軍長征勝利的象徵！

　　黃峁山分配到各連隊去的知青們，相聚在六盤山下和尚鋪峽谷裡。各連隊劃地設篷、支鍋立灶，廚香陣陣、炊煙裊裊。每逢改善伙食，戰友們便會互相端送好吃的，互相調劑生活，使打牙祭的機會相對多了一層。離別兩年多的蘭溪，還是那樣樸實、善良，一有好吃的就會給我拿來，那份戰友之情依然不減當年。蘭溪十分想

念海漩，為沒能參加我們的婚禮而感到遺憾。蘭溪告訴我：「二龍河什麼都好，就是交通不方便。」她說年底回銀川探親路過青石嘴時，一定去看望我們。蘭溪真摯的情意始終如清澈的山泉，讓人留戀、讓人難忘！

高鵬在「林彪事件」後得以解放。當我問及他挨整的滋味時，他不無自嘲地說：挨整就像住院治病，除了約束就是孤獨。不過倒也讓他有更多的時間休息和思考；他以為人生經歷多一點，是上帝給予的一份額外的賞賜，使本來單調乏味的生活額外地得到一份補償。顯然，高鵬的「笑比哭好」的姿態，及其耐人尋味的語言，是滿含辛酸的、苦澀的。

吳浩和王偉有幸留在了黃峁山連隊，相對少了一份離別後的憂傷和不安。他們沒有參加這次大會戰，正在集中力量，磨刀赫赫、準備搶收小麥。

好動的唐杰興沖沖地跑來找我，沒說上兩句話就迫不及待地問我：「你相信迷信嗎，你相信有鬼嗎？」「我不相信，從來不相信！」「是啊，我也從來不相信。可這一次真是絕了，不由你不信！」「到底是咋回事？說得這麼邪乎？」「去年東山坡會戰炸死人的事你聽說了吧。」「聽說了，不明不白、死於非命。」「對！就是這件懸案有了結論，不是人為的『逼、供、信』，而是鬼使神差！」「什麼？你腦子有病啊！什麼鬼話你也信？」「不由你不信！你慢慢聽我說。」

「一個月前，我和連隊衛生員聶女下山到東山坡連隊去辦事，六十多里路下午三、四點鐘就趕到了。聶女說她累得不行了，要休

息休息，便在同事的床上昏昏然起來。我又餓又渴，急忙到廚房去找吃的。不一會，奇蹟就出現了！只見很多人嚷嚷著往聶女休息的房間裡去，說是聶女犯病了！我放下吃的去看聶女到底咋回事？可眼前的一幕讓我驚呆了！只見聶女躺在床上，口吐白沫、眼睛直愣愣的瞅著大夥，嘴裡不斷發出完全異樣的男人腔調，指名道姓說，你是誰，他是誰，你們怎麼都不認識我了？我可認識你們！並揚手指三道四、張口罵罵咧咧，完全一副男人的舉動，把大家驚訝得不知如何是好。歲數大的，膽子大的便擠到跟前和聶女對話；聶女一把抓住對方的手，彷彿久別重逢的老戰友，如泣如訴、聲淚俱下：『老連手呵（當地俗稱朋友為連手），可想死我啦！你們咋就不認識我了呢？把哥們忘了不是？我想老婆娃娃啊！我好寂寞啊！……』」

「有人說：『你既然去了，還回來幹啥？』『我孤單、我難受啊！』『我嘴裡的血沒洗乾淨，無法合攏。「房上」的土沒蓋嚴實，風吹得我頭疼，陽光刺得我眼疼……』『那你為什麼要走絕路呢？』『我命苦啊！是命該如此，不是我自己糟蹋自己。』『你不是自殺？』『不是，我想過自殺，但沒有自殺。』『那究竟是咋回事？你說清楚些。』『組織上懷疑我有貪污問題，我思想上有過壓力，想過自殺，但又覺得在食堂裡多吃多沾些，拿上些偷偷帶回家給娃們解個饞，算什麼貪污？夠不上做牢，所以就沒有決心自殺——那天天陰，山上霧大，我們三個人窩在山窪裡抽菸驅寒。點炮的時候，我讓他倆下去，我一個人上去就行了。上到山口，我用火柴點上藥拈，估摸還有一陣時間，就又點上一支菸抽了起來，誰知，稀哩胡塗地就炸響了……』」

　　「『那你說說，別人到後山去趕牛，一頭攤十幾元錢，而你趕來的牛卻要花幾十元錢，比別人貴一倍，這是為什麼？』『咳！我就倒楣在這上頭了。前年春節，為了改善連裡的伙食，讓大夥多吃上些便宜肉，我翻山越嶺兩天兩夜到後山去買了三頭老乏牛往回趕，不料半路上三頭老乏牛全躺下了，任你怎麼吆嚇也不起身。眼看天麻麻黑了，我又凍又餓，又怕有豹子，只好撇下老乏牛跑到附近莊子上去蹲了一夜。誰曾想第二天早上去趕牛，傻眼了，牛全凍死了！沒有辦法，我只好返回重新買了三頭牛趕回來。這件事情我對誰也沒言喘，生怕別人罵我辦不成事，窩囊廢！我只好把損失三頭牛的錢攤在了後來幾次買牛的錢上了，所以牛價也就高了，本來一毛五一碗的燴牛肉成了三毛錢，大家有意見，說三道四的，我心裡也不好受』……」

　　「大家聽他如此陳述，不由地嘆氣、抹淚。——『那你是怎麼到這裡來的？』『我在團部河灘地背窪裡蹲了幾個上午，等著有熟人路過。今天上午見聶女路過此地，便隨她來到這裡……』『事到如今，你就安心去吧，老婆娃娃有組織上照顧呢，明天我們就去給你收拾「房子」，你再不要胡鬧了！』『我知道，我知道，我這就走……』只見聶女翻起大大的白眼仁、長長地出了一口氣、緩了過來，恍恍惚惚地問大家：『怎麼回事？』大家你瞅我、我瞅你，不知怎麼說好，便尷尬地笑著說：『沒事，沒事，你病了，大家來看看你。』『我沒病，就是累得不行了……』」

　　「第二天上午，幾個人就合夥坐上了去涇河源的班車，在團部後面的荒灘地上找到了那座孤墳，果然是被雨水沖了一個洞口，便急忙找來了鐵鍬給墳頭培土、壓石。爾後又從挎包裡取出一瓶酒，

坐在墳旁對死鬼說：『連手啊，委屈你啦，哥們只能做到這些了，就讓我們陪你再喝一回酒吧，一醉方休，你安身睡吧！』」

　　唐杰一口氣給我講完了這個故事，真真切切、字字鑿鑿，讓我憋悶得半天無話可說……

　　天高雲淡，陽光燦爛！六盤山上山花爛漫；山丹丹、紅杜鵑，刺梅兒，把綠色的山野點綴的如火如荼，把紅旗招展的墾荒人群烘托的熱火朝天！——紅軍長征、南泥灣開荒、知青大會戰，這一幅幅壯麗的人與自然的景色，無不使過路的人駐足停留，心潮起伏，浮想連翩；那些開車翻越六盤山的司機們，更是興趣盎然、顧盼生歡；他們往往會停下車來跳出駕駛室，站在高聳的路邊，欣賞、體會、感嘆；把這紅紅火火、戰天鬥地的場面蓄在眼裡、揣在心裡，好讓他們一路激動，感奮、不打瞌睡！……

　　此時此刻，最讓知青們心動的是，那條通往山下去的小路，宛如一條白色的飄帶，蜿蜒而輕柔，路邊開滿金燦燦的小黃花，星羅棋布、清馨優雅。酷熱裡猶如一陣清風，一陣春雨，使走過這裡的知青們無不為之一新，神情怡然。知青們不僅喜歡走上這條小路，開始一天的艱苦勞動、脫胎換骨，更喜歡走下這條小路，去歇息疲憊不堪的身體，去滿足饑腸轆轆的胃口……

　　在這樣一個酷熱疲憊的下午，在這條令人心動的小路上，有一個知青邊走邊手舞足蹈地向山上歡呼——「生了！生了！我的老婆生了！生了個女娃娃！」他氣喘吁吁、大汗淋漓，激動得不知如何言表。大家圍著他七嘴八舌、興高采烈，稀罕得好像天上掉下來個金娃娃！這就是青石嘴連隊知青相結合的第一個新生事物，第一

個父親，第一個母親，第一個孩子！這在墾荒的知青中傳為佳話，給知青們苦不堪言、枯燥乏味的生活增添了一份奢侈的憧憬；他們滿懷熱望、情不自禁，紛紛擁來湊熱鬧！──「給小孩起個什麼名字？」大家爭先恐後、七嘴八舌──「張英、張群、張知青?!」「就叫張群吧，大家為了她幫我幹活，讓我回去照顧她母子倆，就算是我感謝大家了！」──這個喳喳呼呼、喜形於色的知青，就是人稱「左派」、「老左」的張揚，他是青石嘴知青第一個做父親的人！

　　整個夏天都是在六盤山的泥土腥香和人氣沸騰中度過的。直到秋雨連綿，潮濕的地鋪下乾草長出了綠芽、蘑菇菌爬滿帳篷四周，早晚寒氣襲人，很多人叫嚷腰腿疼，領導才下令撤離戰場。近百天的大會戰強化了知青們的筋骨，一個個鐵羅漢似的黑不溜秋、匆匆下山；雄赳赳、氣昂昂，當天夜裡就拉幫結夥，往回趕路……這一陣子誰也沒有喊叫腰腿疼，彷彿吃了興奮劑，馬不停蹄、步不打顫，有說有笑、勁頭十足！驚得黑夜裡莊子上的狗以為來了強盜，胡亂叫個不停。而那些未婚的知青們則無所謂，他們無牽無掛，不慌不忙；大家都走了，正好高枕無憂，踏踏實實睡上幾個好覺；休息上幾天，閒逛上幾天，等團部的車騰出空來，把他們各自送回到自己的連隊去，豈不逍遙自在？──連年的大會戰都是這樣，走的時候步調一致、紀律嚴明，回的時候七長八短、稀哩嘩啦，像潰散的隊伍一樣各奔東西……

　　寂寞的冬天來臨了，冬天是集中學習、武裝思想的季節。白天「批林整風」，嚴陣以待！晚上講故事，逍遙自在！由於林彪的

倒臺，政治上有所鬆動，大家熱衷於聚在一起天南海北地瞎聊、胡侃。尤其是社會上廣為流傳的手抄本「紅玫瑰」、「梅花黨」、「一雙繡花鞋」，又長又精彩，讓人聽得津津有味、回味無窮……那時候文學作品幾乎枯竭，團裡一年兩三次來連隊放電影，除了《地雷戰》、《地道戰》，就是《南征北戰》。看得人膩味，但還是照樣看，那畢竟是一場熱熱鬧鬧的電影啊！——後來朝鮮電影《賣花姑娘》上映了，幾乎人人都編造一個理由請假到固原城去看一場，哭得兩眼紅腫跑回來說：「好看的不得了，有機會還要再看一遍！」很快，賣花姑娘唱的賣花歌，人人會唱，到處是「買花來呀、買花來呀，朵朵鮮花開不敗」的呀呀聲。

　　我時常獨自一人用二胡拉這首充滿人情味的「賣花歌」，淒淒楚楚、委婉動聽。車夫馬乃子總是悄悄跑來傾聽，不過癮，又跑出去叫二胡高手衛希明來合奏，最後惹來一幫子人齊聲合唱、共抒柔情……副指導員高勝利總是嗅覺靈敏地匆匆跑來——說：「這是什麼呀，哼哼呀呀的，資產階級靡靡之音！」大家慌忙解釋：「不是不是，這是朝鮮革命歌曲，講得是金日成的妹妹艱難困苦鬧革命的故事。」高頭見大家如此證言，便無可置疑地笑著走了。由此想起剛下鄉的時候，鐘兵、楊紅旗就因為唱「我的家在東北松花江上，那裡有森林煤礦，還有那衰老的爹娘」而受到批判的事；說他倆散布消極情緒、擾亂人心，蠱惑知青想家念家、渙散革命隊伍。鐘兵為此心有餘悸地對著我的耳朵說：「小心提防著點，免得無中生有、無事生非！」我說：「不怕不怕，林彪都倒臺了，誰還相信那些捕風捉影的事情！」

入冬的黃風一陣緊似一陣，寒冷的朔風過後，一場突如其來的大雪讓人無法消受。劇烈的氣候變化迫使海漪徹底病倒了，我慌忙到醫務室叫來張大夫檢查病情。一陣聽診後，張大夫說是心臟病，得趕緊送醫院！──「半夜三更哪裡有車？」沒有辦法，只好去敲連長的門，連長躊躇了一陣說：「那就給師部『備戰』車隊打個電話試試看。」連長帶我到辦公室，一下一下撥弄起不常用的電話號碼，果然有效，有人接；連長急忙說明情況，請求緊急救援。那一陣，我緊張的心弦才鬆弛下來……

一個小時後，車隊指導員親自跟車趕到了！他把海漪和我安排在駕駛室內，他自己卻站在頂風冒雪的車廂上，迅速向六十里外的固原縣城駛去。經醫院檢查診斷，是急性心肌炎。大夫說：如果搶救不及時會有生命危險！──我萬分感激那位令人尊敬的車隊指導員，要不是他及時趕到、真情相助、刻不容緩，在那個風雪交加、偏僻無望的夜晚，海漪能抗過那索命的病魔糾纏嗎？

海漪住院治療了兩個多月，整天吃藥打針化驗聽診，還花錢輸了別人身上抽出來的四百CC血，以強化她虛弱不堪的身體。我隔三間五請假到醫院去照顧她一半天，然後神情淒然地返回青石嘴參加勞動。那是一段失魂落魄的日子！我甚至胡思亂想，假如誰能治好海漪的風濕性心臟病，我寧意做牛做馬，剁掉我兩根手指都行！……對給海漪看病的主治醫生，我十分敬重，不惜微薄的工資，給他買雞蛋、買胡麻油送去。還把自己喜愛的《中草藥手冊》送給他，希望他盡心盡力給海漪治病……

病情控制住以後，為了讓海漪有人照顧，又轉院到銀川繼續治療。直到冬去春來、天氣轉暖才恢復健康返回連隊。那時候她瘦得

只有七十來斤，而我的體重也超不過一百斤。別人戲稱我倆是一對瘦乾猴……

　　生活中沒有人能夠幸免災難或挫折，尤其是身處異鄉、窮困潦倒的知青；我們要面對自身的困難與挑戰，尋找走出困厄的勇氣和力量。在海漩離開青石嘴回銀川治療期間，我有幸從吳浩的弟弟吳言（學校畢業分配在涇源縣農機站工作）那裡，搞到了愛爾蘭女作家艾・麗・伏尼契的《牛虻》和蘇聯作家奧斯托羅夫斯基著的《鋼鐵是怎樣煉成的》兩部長篇小說。那可是一份難得的精神食糧啊！這樣的書在當時市面上根本沒有。藏有這種書的人，多半是在學校圖書館遭遇「文革」清理焚燒時，偷偷揣在懷裡掩護出來的。知青們把它帶到了窮鄉僻壤，私下裡悄悄地相互傳閱，成了鄉村生活中一袋永遠咀嚼不完的精神食糧！我答應吳言以最快的速度歸還給他。便如饑似渴、連夜拜讀。深深被兩本書中兩個鮮明的青年形象和兩個感人的愛情故事所感動；儘管故事沒有完美的結局，卻充滿了頑強、執著，愛憎分明，勇於直面人生的艱難險阻，把生命置於祖國和人民的高尚情操；讀後讓人感懷不已，回味無窮！——人啊，就應該這樣度過自己的一生，那才是生命的真正意義！

　　七十年代知青是全國的熱門話題，五花八門、褒貶不一；受迫害的、禍害人的、當英雄的、走極端的，什麼故事傳聞都有。最讓人感憤的是，新疆建設兵團上海女知青在攔車回家探親路途上，被司機強暴後拋在冰天雪地裡活活凍死的慘劇，遂引起廣大知青和社會的強烈反響。這些從前的紅衛兵群情激憤，停工停產、聚眾鬧事；美好的理想一旦遭遇玷污，執著的信仰也會發生動搖！他們酗

酒發洩、打架鬥毆，惡性事件屢屢發生；所有這些現象，說白了
——他們在邊遠的荒野待的時間太長了，他們年輕脆弱的心靈太缺
乏關愛了；他們受夠了單調、冰冷，一成不變的生活狀況！他們苦
惱，他們煩悶，他們找不到自己的現在和未來，他們想回家了！

　　轟轟烈烈的上山下鄉運動在「林彪事件」後，便開始了猶豫和
徘徊。人們開始反傳統地邏輯思維，開始悄悄的大膽否定或大膽懷
疑。那不是「文革」意義上的「懷疑一切或否定一切！」那是基於
自身理想和價值的懷疑和否定，是深層次的思想和精神的危機。尤
其是下鄉知青們，更是首當其衝。他們開始玩世不恭，大有看破紅
塵、上當受騙的感覺；他們經歷過「文化大革命」和「上山下鄉」
運動的榮辱沉浮，更有理由對「革命」、對人生、對所有空洞的說
教和教條抱以漠視或冷淡；他們美好的青春和理想被置疑，被自己
置疑；他們的精神世界瀕臨崩潰，他們再也無法承受任何衝擊和任
何壓力……

　　1973年4月25日，是全國下鄉知青心情舒暢，值得歡呼的日
子！偉大領袖毛主席給下鄉知青家長，福建莆田鄉村教師李慶霖的
一封回信，被作為中央紅頭文件轉發全國傳達宣傳。一時間引起很
大反響……

　　李慶霖在給毛主席的信中，反映了自己兒子在下鄉期間的種種
艱辛與困難；揭露在上山下鄉運動中，掌權幹部倚仗他們的親友在
社會上的政治勢力，拉關係，走後門，任人唯親；肆無忌憚地以權
謀私，公開欺壓老百姓——在叫天不應、叫地不靈的困難窘迫中，
只好大膽冒昧地寫信到北京「告禦狀」了……

毛主席在回信中寫道：「李慶霖同志：寄上三百元，聊補無米之炊，全國此類事甚多，容當統籌解決。」自那以後，各地政府開始關注下鄉知青的問題，時不時組織調查團、慰問團奔赴知青團體駐地，處理幾個違反知青政策的土霸王，慰問犒勞一下心靈得到安撫的下鄉知青，便心安理得，皆大歡喜！……

7月下旬，家裡來信說，我弟弟也下鄉了。母親到底沒能留住唯一一個守在身邊的小兒子。為了避免上山下鄉，母親在前年就把妹妹草草嫁人了。大哥自從進入橡膠廠便成為正統而體面的產業工人，很快就有人給他介紹對象，他選擇了時在農建十三師下鄉的天津女知青。那時，我未來的嫂子在團部衛生所當大夫，共青團員，長相又好，看上她的人很多。大哥窮追不捨，千方百計把她調到橡膠廠職工醫院。大哥終於如願以償，結婚成家，過上了令人羨慕的城市雙職工生活。

十月國慶節後，我陪海漩按預產期提前兩個月回到銀川，準備經受「十月懷胎、一朝分娩」的嚴峻考驗。人們都說心臟病不能生小孩，這讓我和海漩非常擔憂，好不容易熬過了孕期，現在面臨著關鍵的生產期。為了安全起見，我們請了長假早早地回到了銀川家中，等待那個不得不面對的危難時刻。那是一段充滿期待、擔憂，令人焦慮不安的日子；對健康的夫妻來說，期待大於擔憂，快樂大於憂愁。但對於我們來說，卻正好相反，我們面對著嚴重的病魔威脅，等待著命運的最終裁決！

從山區帶回來準備坐月子吃的羊肉、雞蛋，隨著時間的拖延而放壞了。帶回來餵養的六隻大母雞也因為水土不服，先後都嗚呼

哀哉了！（因為城市這些東西不好買）本來準備得很充分的營養補品，最終都化為烏有！本來估計在12月上旬就要生產，可到了中旬還沒有動靜，一切周密的安排、如意的計劃，都被神秘的未知數給攪亂了！好像老天爺在故意捉弄我們似的……

　　一直到12月18日晚上才有了動靜；海漩說她肚子異樣的疼痛，母親說：「這下可好啦，這是臨產預兆，但不要急，還早呢……」為了減緩海漩臨產前的恐懼狀態，我硬是拉上她出去轉悠了一會，鼓勵她以平常的心態迎接考驗……

　　十點多鐘，疼痛比先前更緊了，我和大哥用自行車把海漩推到醫院。醫生檢查後說：「還早哪，別急！」我們坐在走廊長條椅上焦慮地等待，一有機會就向醫生說明她有心臟病，請求醫生讓她先進產房，以防萬一。醫生說：「產房很冷，早進去了反而受罪，不如在外面等著，有什麼情況叫我們就是了。」

　　苦苦熬到午夜12點鐘後，醫生才把她送進產房。留下我一個人，幽靈般徘徊在昏暗、寒冷、靜謐得讓人魂不守舍的走廊裡。時間好像凝固了，產房門框上的鐘錶以其分分秒秒的刻薄，殘忍地折磨著我……

　　忽然產房的門縫豁然一亮，閃出一束白色的天使，冷不丁問我：「要大人還是要小孩？」我惶恐不解──「二者必居其一。」「那就要大人吧！」我好沮喪啊，好像我們到醫院來不是為了生孩子，而是來選擇生與死的；顫抖的手在表格上簽字畫押，用生命的代價在做最後的賭注！遂抬起一臉的祈求，面向冰冷的天使。不料，那天使卻平淡地撂了一句：「沒事，例行慣例！」……

　　回到走廊又像困獸般來回走動，不斷想像產房裡的淒慘；祈禱

上帝給她力量，給她平安，給她新的生命，讓她擁有她應當擁有的一切！……

次日凌晨三點多鐘，產房的門終於開了！我衝了過去面對躺在活動床上的海漩，她居然清清楚楚地對我說：「生了個兒子，六斤二兩。」——我們成功了！我們勝利了！我們終於扭轉了沉重的時間，掀開了生命的一頁！——心臟病不能生小孩的「核訛詐」，終於被海漩打破了！不！是被一個體重不到四十公斤、疲憊不堪、營養不良的知青打破了！……

生命來之不易，生命帶來希望，帶來信心、帶來力量。我激動地跑回家給海漩做吃的。又激動地把熱乎乎的稀飯抱在懷裡，滿懷熱望奔向醫院——醫院成了人間的天堂，成了生命的搖籃，奇蹟的發祥地。一路上，我亂哄哄的腦子裡居然蹦出了四句寄語：

你在黎明前誕生，曙光伴你降臨人間。
你包含兩代人殷切希望，你象徵著父母未來之光！

給小生命起名字頗費了一番周折，最後在字典裡選了一個「煜」字，希望家庭從此充滿光明與溫暖，讓過去的陰霾永不重複！——「小名怎麼叫呢？」海漩自豪地問，我的母親痛快的說：「屬牛的，就叫牛吧。」由此聯想到我是本年得子，與牛有緣：「對！就叫小牛或牛牛，既通俗又順口，剛好彌補了大名『煜』字的文縐縐……」

她們母子倆在醫院只住了三天就接回來了，一切竟然出乎意外地平安、正常，讓人不得不折服，母親經常對我們說的「天無絕

人之路」那句堅定不移、斬釘截鐵的話語。儘管經濟上已經到了「山窮水盡疑無路」的地步，我們窮得身無隔夜錢，但我們生死危難關頭都闖過來了，眼前的困難能把人憋死嗎？……我把結婚時倆人多年積蓄買的「上海手錶」，拿到寄賣商店賣了九十元（原價一百二十元），想方設法買肉買蛋，給海漩補養身子。

　　小傢伙不吃母親的奶、吃牛奶，白天睡覺、晚上鬧，折騰得昏天暗地，雞犬不寧！結果害得海漩又得奶瘡，月子裡跑到醫院開刀治療，受盡了苦頭。那時候牛奶緊張，憑小孩出生證定量供應，嬰兒食品也很難買到。定量的牛奶不夠吃，就到處托人買奶粉、代乳粉之類。實在沒有辦法了，就用麵糊糊餵孩子。日子過得十分窘迫、困難……

　　兩個月後，我們便抱著小生命，一路顛簸回到了青石嘴。沒有牛奶，用羊奶餵，沒有奶粉，用麵粉餵。──我們發誓，我們的後代不管吃什麼，好壞不說，但決不能讓他們再餓肚子！決不能讓他們重複我們小時候挨餓的滋味！

三、問蒼茫大地

　　1974年5月，國務院和中央軍委發布命令，正式撤消全國十二個生產建設兵團，恢復地方國營農林牧場。至此，林建師編制也隨之撤消，交歸地方管理。原有兩個團分別改為六盤山林業管理局，所屬各連隊均為下屬林場和縣屬農牧場。這對廣大兵團知青來說，無疑是不公平的；他們曾經擁有的理想和情懷遭遇了輕慢和冷漠，他們用青春和汗水凝聚的創業精神將被任意塗抹，知識青年和軍墾戰士的光榮稱號將被取代，他們賴以生存的唯一一點精神支柱隨即倒塌！不僅如此，更重要的是，他們的身份將由知識青年或軍墾戰士改變為農場或林場職工，這就意味著他們內心蘊藏的返城夙願將被大打折扣，返城的希望「真的是更加渺茫了！」

　　司汗青已馳騁在西北高原巡迴演出近五年，不僅為林建師基層連隊提供精彩的文藝節目，還為「西海固涇隆」五縣貧困地區群眾送去了難得的文藝演出。並在參加全區文藝匯演中名列傍首，榮獲一等獎而名聲鵲起！遂受到駐寧空軍部隊邀請，連續在賀蘭山基地演出一週，贏得了部隊官兵交口稱讚！使活躍在銀北地區的農建十三師文藝宣傳隊也讚嘆不已！應該說，司汗青率領的文藝宣傳隊為林建師獲得了榮耀，為林建師知青樹立了美好的形象！

　　豈料時運不濟、風雲變換，司汗青率領的文藝宣傳隊，終因林

建師編制撤消而被擱淺在黃峁山田窪知青點上，這些來自各個基層連隊的北京、銀川知青文藝骨幹們憂心忡忡，前途未卜。司汗青更是為他們的處境和出路而憂慮不安……

　　一波未平一波又起！是日，無聊的知青們聚在一起照相玩，有一個男知青用圍巾把頭裹上，要男扮女裝拍照玩。遂有人錦上添花，上前捧起那張臉，叫嚷要拍個精彩的畫面！隨即一幫人爭芳奪艷玩起了浪漫！誰知三天後，作為一起「流氓活動」被上面派人下來調查，宣傳隊一時風聲乍起，惶恐不安……

　　司汗青萬般無奈，只好去找固原軍分區劉元副司令員（兼任固原地區革委會副主任）反映情況，並表示：「我用腦袋擔保，決不是什麼搞流氓活動！」劉司令員聽後不禁哈哈大笑，隨即便認真地說：「這些娃娃們都到談婚論嫁的年齡了，是應該關心關心他們這方面的問題了！」司汗青見劉司令員如此體諒，如釋重負。便進一步試探性問道：「聽說固原地區準備招收教師，能不能在林建師招一批教師，給知青們一條出路？」「你是從哪裡聽說的？」「我是聽知青們下面瞎嚷嚷的。」「哦，你這個意見倒是不錯，這些娃娃文化基礎很好，就是要嚴格培訓、擇優錄取……」

　　不久，招收教師工作首先在文藝宣傳隊展開，算是對這些文藝骨幹們給予了一份特殊的照顧！……

　　是年春季造林結束後，上面正式下達文件通知；凡是符合條件的知青可以報名當教師，以補充山區長期匱乏的中小學教師力量。這個消息像一塊石頭落進了久已沉寂的湖面，在眾多知青中引起陣陣浪花漣綺，很多知青動心了，動搖了；此舉雖然不能返城，但換一個輕鬆的工作，換一個正式的身份，何嘗不是一次選擇改變的機

會？——知青的身份不倫不類，知青的生涯苦不堪言，不能一輩子當知青修理地球啊！很多知青躍躍欲試，急不可待！

但是，也有不少知青顧慮重重，甚至無動於衷。那時候黃崀山大多數知青已經結婚，他們中一部分女知青早已在銀川找對象成家，信誓旦旦等待政策的鬆動；有朝一日「牛郎織女」夢圓銀川！因此，她們對這些消息並不感興趣，除非能調回銀川去當教師。否則，她們寧願兩地分居，等待機會。

另一部分則是知青對知青成家的患難夫妻，這個消息對他們來說，充滿了忐忑和糾結；他們有了家庭累贅，有了小孩拖累，有了那麼多的瞻前顧後，習慣了土裡來泥裡去，害怕小家庭肢離體散，害怕脫離知青團體勢單力薄，無依無靠；他們從初生牛犢不怕虎的優勢，嬗變到畏首畏尾、瞻前顧後的弱勢，可謂今非昔比、舉步為艱；他們矛盾地、痛苦地思前想後，在觀望中猶豫不決、徘徊不定，但最終還是選擇了安分守己、聽天由命！——想飛，已經飛不起來了！……

韓新倆口子要走了。他們義無返顧、充滿信心！他們的孩子留在北京由父母撫養，倆口子無憂無慮，無牽無掛。從事教師職業是蒼天賜予他們的千載良機，他們具有得天獨厚的教學授課的文化功底。「文化大革命」和「一打三反」給了他們太多的磨難，太多的苦澀，讓他們心灰意冷。在「修理地球」的重複勞動中，他們沮喪落魄、看不見希望；「能夠出去當教師換個響亮的職業何樂而不為？知青事業充其量不過是擴大農民的再生產。」「鐵嘴」韓新的口才再次充滿了活力，他的理論家風度和尖刻的語言，讓人無可置疑！

　　在他們走的前一天，我和海漩專門做了幾個菜、備了酒，叫來了鐘兵、衛希明、祝福然幾個好朋友相聚為他們話別——我們曾經是滿懷熱望的下鄉青年，有著共同的理想和美好的願望，不約而同地走上了西北黃土高原；高唱「一手拿槍、一手拿鎬，戰鬥在祖國的僻野荒山！」——我們也曾是「文革」同一戰壕裡的戰友，為捍衛毛主席革命路線，心紅志堅、風雨同舟！在腥風血雨中洗禮，在大浪淘沙中磨礪，在革命風暴的震憾和顛簸中搖旗吶喊、衝鋒陷陣！不同的視角、不同的觀點，又使我們各執一幟，分道揚鑣，成為派別之爭的對手；互相攻擊、互相廝殺，大革命的政治風雲把我們推上了同室操戈、相煎何急的地步！……往事如煙，不堪回首！在那一天的酒桌上，我如痴如醉地朗誦了送友小詩：

　　　　十五未滿月遂圓，銀河兩岸淚濕衫。
　　　　昔日友情如江水，今朝歡別添新波。
　　　　此生此筆在何處？把酒舉杯送征途！

　　在一片夢話醉話裡送走了韓新倆口子，也送走了青春年華的豪情壯語……

　　正是「知青可以報名當教師」這個文件的閃亮出籠，鬆動了長期禁錮知青政策的控制力度，使很多知青及其家長們看到了一線希望，他們開始為自己、為子女前途、命運，殫思極慮、想方設法、積極行動起來……
　　還在黃峁山連隊苦苦煎熬的王偉和吳浩，已經下鄉八年了！他

們的年齡也接近而立之年了，可他們依然是孑然一身、無著無落。如此窘迫的處境，讓做父母的牽腸掛肚、焦慮不安！真可謂是：此時不爭，更待何時？

王偉的父母終於「挖掘」了一條「盼兒歸來」的「渠道」；他們通過「對調」的方式，尋找家在山區、人在銀川工作，亟待回家鄉工作的人；此乃大海撈針，困難重重，但經不住大浪淘沙，層層過篩；他們終於成功地找到了那個亟待回家的人，經過雙方共同努力，最終實現了各自回歸故里的夙願，使王偉率先脫離了苦苦八年的知青生涯，調入銀川軸承廠工作。

吳浩的歸返充滿焦慮，一波三折；他母親通過老同事幫助聯繫的調函，被領導悄悄扣壓擱置不辦。不知原委的吳浩，竟然還在為某知青被安排在田間放水，舊病復發，一頭栽在水裡，差點沒憋死一事找領導打抱不平。而後又憤然辭去班長職務，要求到山上去蹲點放牛，這正好遂了領導的心願。吳浩在山上苦苦煎熬了一年多，除了耕地、放牛，就是搞他的地震監測，學習地震知識（固原防震辦委託他在山上設立了一個地震監測點）。而他翹首以待的調動卻石沉大海、渺無音訊！無奈的吳浩只好拿著母親的信箋，去找固原科委領導詢問此事，答覆是「調函早在一年前就發出去了，你們單位一直沒有回復。」不知就裡的吳浩終於真相大白，但也萬般無奈！一直熬到1975年6月，在他母親及其同事們的周旋下，才由固原科委出面，以「借調」為由，將吳浩安排在縣防震辦公室工作；1976年春天，幾經周折的吳浩，終於以優異的學識及其地震專業知識，順利調到寧夏地震局工作，如願以償地返回銀川；耿直厚重的吳浩，整整在山區度過了十載青春年華！

　　而那個風口浪尖上幾經周折、歷經「運動」磨難的馬捷，在解除了「清理階級隊伍」審查後，終於平心靜氣地蹲守在黃崗山田窪知青點上，一門心事搞起了苗圃栽培，刻苦學習林業技術。在紛紛嚷嚷當教師的熱潮中，他謝絕了去當教師的規勸；理由是父母都曾是高級教師，卻屢屢遭遇「運動」的迫害。以至於他升學無望，上山下鄉。隨後又因為他「公然質疑工作組」、涉嫌「文革」武鬥，多次挨整、隔離審查。如此多舛的命運，皆源於家庭出身不好；他認定了「十年樹木，百年樹人。樹人不易，樹木先行」的道理；決心在林業戰線上腳踏實地，以回饋父母「百年樹人」的慘淡人生；埋頭苦幹、「十年樹木」，以報效黃土地乾旱貧窮的百姓之苦！……

　　林建師文藝宣傳隊解散後，司汗青既沒有選擇當教師，也沒有接受劉司令員要他到地區文教系統負責抓「文藝隊」和「秦腔隊」兩支演出隊伍的領導工作，而是選擇了去地區運輸公司搞政治工作；在經歷人生近十年知青生涯之顛沛，在面臨命運的唯一一次選擇時，他竟然與馬捷有「殊途同歸」之暗合；他的理由依然是家庭出身不好，文教系統風險大，去工交系統較穩定、安全。在他之後，又有不少黃崗山知青和原林建師籃球隊知青紛紛調入運輸公司，他們不約而同地走進了工人階級的隊伍！

　　儘管以「招收教師」為契機，地方領導為很多知青創造了一次脫離知青生涯，改變命運軌跡的機會，但它只是「兵團解體」後，僅限於局部的、有條件的人員合理流動，是稍縱即逝的一個偶然現象，它與國家大局「上山下鄉」並無內在的必然聯繫，「上山下鄉」依然是城市學生的主流方向，大多數北京知青和黃崗山知青依然苦苦煎熬在黃土高原上……

1974年10月，地方上調入的新官上任伊始，第一把火就是組織各林場負責人和技術骨幹人員，到各個林場去檢查工作、聽取彙報。（這是兵團建制撤消後，接管領導的一次大檢閱。）那時候搞什麼大的動作，講究有群眾代表參加，我作為青石嘴林場的群眾代表參加了這次大規模的檢查團行動；五、六十人浩浩蕩蕩跨越「西海固涇隆」五縣山山水水，轉遍了林管局所屬十幾個林場。每到一地都是熱烈歡迎、熱鬧開會、熱乎乎地吃喝，再坐上大卡車向新的歡迎場面開去！——好舒坦，好愜意啊！

　　說起林管局新任頭頭，還真讓人頗有感觸；他那好動的性格和瘦小精幹的身材，講起話來疾言厲色、指手劃腳，活脫脫一個共產黨土知識分子幹部形象。他是力量與意志相結合的產物，類似「焦裕祿」式的基層領導幹部。這樣的幹部責任心強，幹起工作來不要命，能夠要他命的是失去工作的機會；「文革」中這樣的幹部都被整的很慘。所以他們一但復出便大展身手，倍加努力，要把失去工作的時間補回來！

　　我喜歡他的性格和作風；五十多歲了，經歷過「文革」的衝擊和消磨，竟然還有大手筆、大氣魄，實屬難能可貴！儘管他初到青石嘴就偏執地認定；馬車夫馬乃子倒賣羊皮，是個典型的「皮貨商」！責令馬乃子背上鋪蓋到林管局去接受「再教育」！他為此專門把各林場的「資本主義尾巴」集中到局裡去辦「學習班」，惹得很多人對其「左」的做法抱以反感。但他並不理會，他是那種寧折不彎、徹底的布爾什維克！有人會認為這樣的人鐵板一塊，沒有人情味！可恰恰相反，正是他在一次讓知青衛希明給他理髮時，得知奔三十的人了，還是光棍一個？便設法把衛希明調到了固原林業局

去工作。還托人給衛希明介紹了對象結了婚，從而結束了衛希明孤苦伶仃的單身生活；他的這一充滿人情味的做法又讓知青們刮目相看……

半個多月的檢查工作結束後，我們這支風塵僕僕的隊伍又向南進發，翻山越嶺前往甘肅天水小隴山林場參觀學習。在天水姹紫嫣紅的街道上，大家欣喜地穿梭在異鄉的人群中，領略小城的風貌與民俗，鑒別寧夏人與甘肅人些許細微的差別；鑽進小飯館裡喝酒吃肉，吆三喝六、好不痛快自在，盡情享受城鎮生活的氣息，把黃土高原的孤獨煩躁一拋而淨！面對小龍山博大的森林物種，鳥語花香，大家又頗有一番感慨！——職業的追求，讓他們羨慕，自嘆不如！「能夠在這樣的山林裡搞專業，那才叫過癮！」

在參觀期間，領導還安排了遊覽佛山麥積山。這是我第二次面對佛的境界，佛的天堂。第一次在峨眉山，那是目不暇接，囫圇吞棗，恨不得把西南美景盡收眼底，好回去給大家吹牛，圖個稀罕！但這一次卻不然，我有了家、有了兒子、有了歲月的滄桑感，心裡裝了那麼多的牽掛，那麼多的酸澀；心態變了，眼光變了。光陰的侵蝕拉近了我對佛的距離，冥冥中彷彿與佛有了某種溝通，是什麼呢？說不清楚，但情感上有了某種傾向；佛本來就是人世苦難的化身，一個個低眉苦臉，受不了人間的七情六欲、生老病死的苦痛，為了解脫塵世的紛擾，跑到菩提樹下苦思冥想數年，終於茅塞頓開、大徹大悟——苦海無邊，回頭是岸！回頭成佛！規勸世人做一個覺悟者；我同情佛、尊重佛，同時又懷疑佛、貶義佛：所謂佛光高照、普降人間，可為什麼不能濟世扶困、除惡揚善呢？……

站在麥積山陡峭的懸崖上，極目遠眺藍天白雲、青山綠水，我情不自禁、感慨萬端！不禁把片言隻語記載下來，串成一首紀念小詩，以備日後枯燥乏味的日子裡慢慢地回味品嘗：

麥積山

山巒迭翠一神峰，溪水妖嬈競風流。
歷代僧佛香煙裊，不負玄奘萬里遙。
千餘石窟凌空築，萬尊泥塑眾神穆。
佛陀原本是肉身，何曾奢望騰雲間。
陡峭懸壁斧斑痕，豈憐白骨堆積山。
欲問天宮為哪般，但見寺廟萬人觀。
遠眺峻嶺似麥垛，近看膝下皆蒼生。
老僧指點雲宵上，回首乾坤一笑空。

一切安排圓滿結束的那個晚上，幾個知青代表終於按捺不住火車的誘惑，索性爬上去就往銀川顛了；留下紙條說：「三天後保證返回林場。」這一下轟動了整個檢查團，氣得老局長把所屬負責人訓得焦頭爛額、狼狽不堪——「這樣的人還有資格參加檢查團？」……

老局長上任第二把火便是組建護林大隊，建立鄉村護林網絡，把護林工作抓得有聲有色。在整個冬季裡，老局長深入到各個林場護林小分隊瞭解情況，解決疑難；責令各個小分隊春節前一律不得脫離林區；宣傳群眾、動員群眾，與群眾一起打好冬季護林防火戰

役！青石嘴林場的男人們組織了幾個護林小分隊，三五一夥，深入
到林區社隊開展護林防火活動；組織民兵蹲守在各山口，堵截社員
進山打柴，時常會發生拳腳相加的衝突。女人們則在林場附近山上
看守幼林，禁止放牧⋯⋯

　　記得我們五、六個人，第一次深入到偏遠的竇家山莊去護林
的情景。大家被生產隊隊長安排在生產隊冰冷的土炕上，就再也見
不到他的人影了。負責照應我們的民兵排長，有一頓沒一頓地帶領
我們去吃「派飯」（沒有一點油水的稀湯混合面加水煮土豆、酸白
菜），吃得人心慌意亂、沒著沒落，肚子裡嘰哩咕嚕地提意見。大
家整天為吃飯發愁，搞得人心神不定，只想跑回家去填飽肚子。護
林隊長前來檢查工作，聽大家如此訴苦，一拍大腿撂了一句：「奶
奶的熊！靠山吃山，靠水吃水，你們護林的在林區還怕吃不上飯？
明天跟我走，我倒要看看他這裡就沒個砍林蓋房的！」⋯⋯

　　第二天，我們跟隨護林隊長出動，主要是看有沒有蓋新房的。
每到一戶宅院前，那周圍被驚動的護院狗便會裡應外合地把我們團
團圍住，呲牙咧嘴、狂呼亂叫，恨不得撲上來把我們撕碎了！我們
往往在最危急的時候，猛然蹲下身子，那狗以為你在拾掇什麼秘密
武器，便調頭就跑，卻又不甘心，遠遠搖著尾巴、汪汪地叫喚，伺
機反撲⋯⋯

　　那些沒有砍林行為的人家，會把狗攔到一旁，把你讓進屋裡
客客氣氣地聊上幾句。有砍林行為蓋了新房的主，往往嚇得鑽在屋
裡半晌不敢露面，任由狗與我們周旋。我們不敢貿然進院，總是先
把門拉手緊緊握在手裡，然後不懷好意地推開一窄門縫，就在院裡
的狗往出撲的那一瞬間，猛然合門把狗頭緊緊夾住，那狗疼的進退

兩難，吱哩哇啦嚎叫不已。房主人意識到不能再糾纏下去了，只得出來把狗攔到一邊，遂側身擋住新房，把你往舊屋裡領。一陣寒暄後，話入鋒芒：「你的新房是啥時候蓋的？有手續沒有？」「有有有！」只見房主人嘴裡答的順溜，身子卻直轉磨磨，急的愣是拿不出憑據來。——「走，看看你的新房去！」大家神氣十足地擁向新房。那狗不服氣還要往來撲，慌亂的房主人跑上去連踢帶罵、轟出了院外。

大家開始「一二三、四」對著房頂數起了壓在房上的新椽子：「一共四十八根，外加兩根檁條！」房主人此刻已經完全無奈了，客客氣氣又把我們讓到舊屋裡，擺上炕桌、搬來了小土爐子，架火給我們熬罐罐茶。我們心安理得，輕鬆愉快地圍坐在炕桌前，抽菸、喝茶，等待房主人好的表現。——多日不見的生產隊長終於露面了，客氣得又是握手又是問候，還急忙從口袋裡掏出一盒香菸，滿腔熱情地挨個敬菸，並當我們的面把房主人訓斥了一頓，遂打發出去弄錢準備接受處理，那態度真是沒話可說。大家饒有興致地和生產隊長聊天，護林隊長卻端坐在那裡一聲不吭，那架勢分明在審時度勢、把握最有利的說話時機……

房主人忙裡忙外一個多時辰，果然端上來了熱乎乎的雞肉和蒸饃，大家饞得嘴裡直泛口水。生產隊長忙把筷子送到每個人的手裡，一個勁讓大家快吃，快吃，趁熱吃！其實不用讓，大家的筷子像雞啄食一樣，你來我往，不停地穿梭在嘴與桌子之間。直吃到給褲帶鬆綁，才有人騰出嘴臉來戲言道：「哎，在家老婆做的雞咋就沒有這麼好的味道？」有人便接道：「那是你老婆手臭，晚上沒做

好事，早上又不洗手，所以味道就不對嘛。」大家撲哧一下，哄堂大笑！……末了，一個個才收起了吃相，用手去擦嘴邊發亮的油汁，又把那油汁塗抹在粗糙的手上，真可謂物盡其用，兩全其美了！

　　生產隊長又開始上菸、續茶，慷慨地宣稱：「以後你們常來，剄了（剄；意為腸胃缺乏食物或營養引起不適的感覺），咱就殺雞犒勞你們！」──「那哪能成？這幫子狼一樣，還不把你給吃了！」護林隊長終於開口說話了，且語出驚人！生產隊長急忙解釋道：「不咋的，不咋的，自家養的，不怕吃！」他似乎感覺到護林隊長話裡有話，遂又對護林隊長表示：「這向日子忙得沒照顧好大夥，讓大夥餓肚子了，畢了在食宿上我再安排一下，有啥不周到的地方你們直管說。」護林隊長攬過話茬，正而八經道：「咱們護林全靠你們支持，沒有你們支持咱們寸步難行。可話又說回來，林護是為了啥？護林好了對誰有利？說白了，還不是為了你們好，是不是這樣？」「對對對，沒錯沒錯！都是為了咱百姓好，你們又背不走那山林。」「那你明天給安排個社員大會，咱們來這麼長時間了，也沒開個會宣傳宣傳、說道說道。」「成，成，就照你說的辦！」護林隊長出其不意、連哄代捶的話語，徹底摧垮了生產隊長的心理防線（維護一方燒柴、建房砍伐林木避免處罰的心理），所有的問題迎刃而解。

　　房主人趁熱打鐵，及時跨進屋來，熱情地招呼大家：「吃好了沒有？」大家異口同聲地說：「吃好了，吃好了！」「家裡窮，沒啥招待大夥的，大夥就多擔待些。」「不客氣，不客氣，這就很好了。」

在護林隊長和生產隊長的撮合下，最後放寬政策，各讓一步；按一塊錢一根椽處理，共計五十元錢。房主人說：「實在拿不出來這麼多，只湊了三十元先交上，剩下的下次來再補上。」——大家心滿意足地走出門外，私下裡頗有感觸地說：「今天學了一招，還真管用！……」

為了取得各級領導的支持，擴大聲勢，護林隊長提議我們到公社去一趟，通過公社書記發話，在村村連接的廣播線上來一次大宣傳，這樣的工作效果肯定要比我們七、八條腿來回折騰強多了！大家說這個辦法好，說幹就幹、事不宜遲！

第二天下午，天氣暖洋洋的，我們說說笑笑走在去公社的山路上。空曠的山野裡居然冒出來了一老一少父女倆，晃晃悠悠地前行在陽光散漫的坡梁上。我們幾個像是發現了新大陸，不由地加快步子趕了上去。不無目的地問老漢：公社還有多遠？老漢看看我們，樂呵呵地大聲對我們說：「不遠了，翻過梁就到了！」那女子見一夥陌生人，早已羞澀地閃到一邊自顧走；那一臉的紅潤鑲著一對黑乎乎的大眼睛，模樣不高不矮不胖不瘦，年齡約在十七、八歲，看上去恰似高原上一朵鮮艷的花，讓人心裡充滿了好感。幾個人圍著老漢就不想走開了，你一句我一句，邊走邊和老漢扯磨（聊天）。老漢也樂得和我們聊（走路嘮嗑本來就是山裡人的一種消閒，難得山路悠長有人搭伴說話）老漢自信地說：「一看你們就是公家的人，年輕、有文化。年輕時我也跟你們一樣活泛，走南闖北無憂無慮，稀忽忽（差一點）沒跟上解放軍南下打老蔣去！有膽大的跟著走了，現如今官當大發了，在城裡管事，牛的很！」說來道去，又

聊到了家裡：「老伴過世多年了，留下了三個娃，大女前年嫁到了後山，二女年上嫁到了川裡。這三女今年剛滿十八，還沒個下嫁。我沒兒，觸摸著想召個女婿進門，家裡好有個幫手，老漢我也就心了啦！」大家見老漢心地坦然，熱情健談，便越加口無遮攔，逗老漢開心：「你看看我們幾個，哪個能給你當個女婿？」一句話惹得老漢大笑不已，樂顛顛地瞅著我們幾個笑道：「能成能成，哪個都能成！」呵呵地笑個不停……

與老漢在公社集鎮分了手，我們便住進了車馬店。洗把臉，一個個躺在炕上稍作休息，準備到公社去見書記。祝福明拍拍我的大腿，悄悄道：「連手，那小娘們長得真像電影《渡江偵察記》裡撐杆跳船的女子，想不到山溝裡還有這麼漂亮的娘們。」「咳！你小子還真會想，把張金玲都扯上了。有道是窮山窩裡出鳳凰呢，洗一洗、穿上時髦的衣裳，哪一個也不比城裡人差！」「咳！這兩個傢伙還在惦記著那朵花呢？咋了？動心了？乾脆離了，把她娶來！」……大家又是一陣熱鬧，嚷嚷得護林隊長憋不住了，翻起身來贊成道：「是啊，是個好女子！我想給侄兒說給，你們看咋樣？」大脖子直言不諱地起哄道：「誰知道你侄兒長得人模狗樣的？別讓一朵鮮花插在了驢糞蛋上了，讓人看了心裡愈發放不下了！」又是一陣哄然大笑！「嗨！別開玩笑了，我是當真的，我侄兒在蘭州當兵，年底就回來了，家裡讓我給說個對象的。」「那你先說說你侄兒長得咋個樣？」祝福明又給添了一杠子，那神情好像那女子是他的妹子，他有權做主似的。護林隊長認真地說：「小夥子長得沒問題，在座的沒有一個高過他的個頭，今年二十二歲，初中

文化，家裡就剩這一個老疙瘩兒子，論倒插門的條件還是可以的。」
「那行，咱們立即行動，別錯過了好姻緣！」我火上澆油地說……

　　一行人興致勃勃地來到街面上，問那磨房掌櫃的：「家有三個女娃的蘇老漢家住在那裡？」掌櫃的放下手中的活，拍拍滿身的粉塵跨出門來，手指斜對面巷道說：「就在那巷第二個院子。」謝過磨房掌櫃的，我們興匆匆地前往造訪。路過供銷社時護林隊長說：「先等一下，我進去買點東西提上，顯得慎重些。」「對對對！正而八經地去做媒，別讓人家以為我們是在開玩笑呢！」大脖子極力慫恿著說。於是我們提著兩瓶酒、一包點心，信誓旦旦地前往老漢家去。

　　「吱扭」一聲，推開雙扇扇院門，只見那女子蹲在屋前揉洗衣服。便齊聲道：「就是就是，沒錯沒錯！」那女子聞聲抬頭見是我們，驚訝裡略顯喜悅，未及打招呼就對屋裡叫道：「爹，家裡來客人啦！」遂起身對我們羞澀地笑笑，甩甩潮濕的手，急忙把洗衣盆挪開，讓我們進屋。老漢見我們幾個果真上門拜訪來了，高興得嘴裡不住地嚷嚷：「稀客，稀客！」站在屋門一側，一一握過我們的手往屋裡讓。那神情，就像是接待外賓一樣禮貌客套。進得屋裡，又把我們安頓到炕上，叫女子擺上炕桌，端來爐子點火燉茶。一陣寒暄後，護林隊長就把話扯到了正題上……老漢聽罷愈加高興：「造化啊，造化，能與你們結成這門子親戚，果真是造化！我老漢還有啥說道的……」遂打發女子上街去割肉，一定要留我們吃了這頓喜慶的飯食再走！

　　一頓羊肉梢子麵吃罷，大家心滿意足，花好月圓地離開了老漢的家。心想，明年如果沒有大的問題，我們幾個便可以親眼目睹這

個女娃子做新娘的風采了！……

　　1975年9月11日，我的女兒不聲不響地出生了！我們既沒有回銀川也沒有過多的準備，她竟然奇蹟般地誕生了！她如此體貼她的父母，好像知道我們那時候的艱難與困苦。當她的母親戀戀不捨放下一歲多的兒子由我照顧，隻身懷著她前往固原醫院準備生養她時，她是那樣的平靜，那樣的讓人放心。當初懷上這個孩子的時候，我就萬分憂慮，堅持要把她拿掉。海漩說：「那是一條生命啊，怎麼可以隨便放棄掉！」也許應了「心靈相通」那句話，這個孩子從懷上到臨產，我們都相安無事。海漩多病的身體奇蹟般地少病，一切彷彿有神靈在護佑。這便增加了我們的信心和勇氣，順其自然，任其發展，倒也平平安安、無驚無險。生命中有些事情好像是注定的；順起來一帆風順，擋都擋不住，背起來小心翼翼走路都栽跟頭，個人意願有時在生命的歷程中是微不足道的……

　　就在我操心兒子、擔心妻子，整天沒著沒落、忐忑不安的第三天下午，有人從固原帶回來消息說：「你的老婆生了，生了個女兒，大人小孩都很好！」那一陣我的心裡陰霾頓開，喜上眉梢。但很快又得到一個不幸的消息——黃峁山知青「小丫頭」服毒自殺了！……

　　我懷著悲喜交加的複雜心情，擋了個車趕往固原醫院把海漩和女兒接了回來。彷彿做夢一樣，家裡又多了一個女兒，可遺憾的是，知青隊伍裡又失去了一位年輕的生命。

　　「小丫頭」張惠琴，是黃峁山知青中年齡最小的幾個之一，也

是黃峁山知青第五個服毒自殺的女知青。在她之前棄世而去的有；女知青馬木英、閻愛娣，男知青馬希龍、梅公達。每個年輕的生命當初都是生龍活虎、光彩奪目的。但在離別黃峁山深入到大山深處所處的不同境遇，孤獨、失敗，使他們徹底絕望了！他們失去了人生目標、喪失了生活勇氣和希望，把痛苦的靈魂永遠埋葬在寂寞的山林裡。沒有人對他們的死負責；自殺是背叛革命，自絕於黨和人民。沒有哪一級組織、哪一個領導會對這類陰暗面感興趣……

那時候知青自殺似乎具有感染力，青石嘴也發生過兩起自殺未遂事件，恐怕很多知青都有過自殺的念頭——人死如燈滅，死可以解脫一切苦難。猶如美美地睡一覺，做個好夢，自由自在地翱翔在天空——面對人間大地，重新選擇，重新做人，重新規劃好自己的人生！這樣的美夢，在那樣孤苦的環境裡，做起來就像沉迷於一部經典小說，而且作者就是他們自己——如此山重水複、柳暗花明；他們是在這片神奇的夢幻裡走的嗎？我真希望他們是這樣走的，因為他們留給我們的是一張張青春的笑臉！——在選擇結束自己的方法上，他們幾乎表現出驚人的一致，都是吞服了大量的藥物，保持了完整無缺的身體！……

說到自殺，讓我又不得不再次提到黃峁山知青高材生——那個曾經滿懷熱望，前往師部宣傳隊去報到，遂又被軍管幹部半路帶回團部審查的杜文蔚。在經歷了幾個月暗無天日的檢查、交代和批鬥後，終於在「林彪事件」後不久，得以解放返回自己的連隊。但他的生活狀態卻一落千丈，彷彿變了個人似的。曾經活潑健談、熱情洋溢的他，竟然索然寡居、抑鬱寡歡；他幾乎不與人接觸，對什

麼事情都不感興趣；他沉淪了，他陷入那個「厄運」之中苦苦不能自拔；他的書生意氣，他的聰明帥氣，統統都被他壓抑在皮囊臟腑裡，日復一日，醞釀發酵著……

他終於在那個收工後的無聊的時間裡，疲憊而恍惚地坐在陰暗的小屋裡，在抿完了幾口苦澀辛辣的高粱酒後，信口吐出魯迅悼念范愛農的「把酒論當世，先生小酒人，大圜猶酩酊，微醉自沉淪」的詩句，遂從炕灰洞裡取出了珍藏許久，一直都「捨不得」喝的「美酒佳釀」（農藥樂果），咕咚咕咚地就往嘴裡灌；那一刻，他豪情萬丈、高聳入雲，他真正體驗了一種夢幻般的飛躍……

在此後的三十分鐘裡，五、六個知青拖著一輛飛快的架子車，拼命奔跑在通往團部醫務室的十里下坡路上，他得救了！因為那十里下坡路！……但在第二天知青們接他回連隊時，他竟然說了一句：「你們怎麼就不讓我輕鬆的走呢？」……

1975年冬天，老局長又燒起了第三把大火；組織各林場民兵進駐二龍河林場搞軍事訓練加次森林改造。青石嘴林場的知青們愁眉苦臉；連年大會戰把大家都搞怕了，更何況大冬天到深山老林裡去臥冰爬雪，砍林伐木……幾次動員會都反映冷落、牢騷滿腹，準備出發的民兵排一時難以落實，急的指導員李靖到知青中去摸情況，找原因。最後跑到我家裡來，一屁股坐下愁容滿面地說：「媽媽的，現在工作真難做，阿木了（怎麼了）不聽話嘛。」他一個勁摳後腦勺、欲言又止。我知道他有話要對我說，便認真地問他，「你打算咋辦？」「咳，沒辦法，我知道你老婆身體不好、兩個娃娃又小，可大家非要你出頭才肯去，副連長王叟帶隊大家死活不幹

麼！……」我知道這是知青們抬舉我，圖個出門在外大夥有個貼心知己，能夠夥到一起、樂到一起，免得身邊有個「嗖嗖嗖」，上竄下跳，大夥受苦受累出力不討好，便爽快地答應了指導員的要求。當天晚上，大會上就宣布了二龍河會戰由我帶隊，大家高興得喜形於色，紛紛報名前往。二十八人的民兵排組成了！大家雖苦猶樂、同甘共苦地登上了涇河源二龍河的冰天雪地裡。

二龍河地處寧夏南部山區最南端的原始森林裡。山崖陡峭、重林疊嶂，資源豐富、景色秀麗，獨樹一幟地俏麗在貧瘠荒蕪的黃土高原上。它造就了老龍潭瀑布飛濺、激流漾蕩的名勝景觀，向世人傳述了遠古魏征夢斬龍王、血染龍潭的神話故事。它上起六盤山，下落陝甘源上，把蜿蜒清澈的涇河水送往貧瘠乾旱的土地上——穿越千瘡百孔，千辛萬苦地與渭河媲美，創造了「涇渭分明」傳世成語，成為古往今來，人們潔身自好、不同流合污的經典佳句，為中華民族璀璨文化增添了一道絢麗的人文景觀！

各連隊都組織了精兵強將彙集在二龍河林場；人們磨刀霍霍、試比鋒芒，不是要斬「龍頭」而是要砍朽木，要讓千年古林煥發青春！為年終評比「先進」奪標民兵建設打好堅實的基礎。寂靜的山林裡一時熱氣騰騰、熱鬧非凡……

我們上午軍事訓練，摸爬滾打。下午上山伐木，揮斧開鐮。在沒膝蓋的雪地裡，大家把自己纏裹得活像《林海雪原》裡的「小常寶」，渾身上下只露出一張凍得發紅的紅臉蛋。一陣披荊斬棘、斧頭鐮刀劈哩啪啦、樹上的殘雪紛紛揚揚，汗水和雪水濕透了渾身上下，稍息一下又凍得渾身發抖；一堆堆柴火燃燒了起來、煙燻火

燎，一個個燻烤得黑不溜秋、直抹眼淚⋯⋯寒風吹來，接連的噴嚏如雷貫耳；感冒了！鼻涕眼淚一起流。但晚上睡上一覺，第二天照樣出操！⋯⋯

　　幹了幾天大家剷了，饞肉了！派人下山去買來了大肉罐頭，一人一罐連肉帶湯「唏溜唏溜」眨眼沒了──你瞪我、我瞅你：「怎麼這罐頭這麼不經吃就沒了？」傻乎乎，明知故問，逗樂子！把熱水倒進罐頭瓶裡搖搖晃晃，又倒進了肚子裡，美曰：「肥水不流外人田嘛！」

　　晚上躺在乾草鋪上輪流講故事，誰講得不好，罰第二天打洗臉水。講得實在太臭的，漆黑裡會飛過去一隻臭鞋子以示抗議。於是，一陣臭鞋你來我往，直鬧到點燈找鞋子，集體跑出去尿尿、放屁、凍得龜孫子般鑽進被窩裡才罷休。

　　元旦搞聯歡晚會，黃崕山知青王古一一曲「楊子榮打虎上山」唱得一鳴驚人，一連三唱掌聲不斷，為黃崕山知青們博了個大彩！大家都說：「想不到，這小子幾年不見還露出了這麼『一刷子』！」大家以此為榮，贊嘆不已！可第二天晚上，大家又傻眼啦！──指揮部突然召開批判大會，拉上去五、六個，個個搖頭晃腦無所謂，都是些調皮搗蛋、目無組織的頑主！惟獨王古一別開生面，站在那裡低頭哈腰、狼狽不堪；他竟然對女知青動手動腳、耍流氓被告發而受到批判；那副猥瑣萎靡的樣子，讓黃崕山知青們羞臊得不敢抬頭看人──昨晚威風凜凜、正義浩然、出盡了風頭，今夜卻讓黃崕山知青們丟盡了臉面，無顏見人！這個顛覆性的反差在黃崕山會戰知青中引起了極大的憤怒，好幾天大家都氣憤難平──

恨不得把這小子揪來狠狠揍一頓才解氣！……

那時候人的思想單純，集體榮譽感很強，幹什麼都爭強好勝，最忌諱別人說三道四，往臉上抹黑。王古一的無恥行為讓黃崗山知青在全團丟了臉。他們說：「犯什麼也不能犯調戲婦女的錯誤，一個老鼠壞了一鍋湯，怎麼也得露一回臉，把面子爭回來！」

機會很快就來了，夜晚遠處山林著火了，大火映紅了半邊天！不等領導動員，大家就爭先恐後地往前跑，黑夜裡什麼也不顧了，衝著火光就往前撲，恨不得一步登到山頂上去，在地上打上幾個滾，把火給撲滅了，當回英雄，露回臉！可看山跑死馬，漆黑的山路要衝到前面去談何容易？一個個「呼哧呼哧」爬到山上，卻發現走錯了方向，摸了個瞎。等糾正方位再次「呼哧呼哧」趕到火場時，大火早被熟路的人們給撲滅了！一個個灰心喪氣、事與願背。

回去的路上互相埋怨、爭論不休；衝在最前面的「大脖子」讓大夥罵了個狗血噴頭！——「要不是你瞎促促地只顧往前跑，我們何至於白跑一趟丟人現眼！」硬鼓著「大脖子」到食堂去買幾斤饅頭犒勞大家！可「大脖子」神通廣大，竟然端來了一大盆熱湯麵，大家一哄而上直挑大拇指稱贊！——一人一碗不夠？「大脖子」樂呵呵地說：「不夠？我再去端，保證人家吃夠！」「大脖子」轉身毫不猶豫又去端麵，其慷慨表現讓大家贊不絕口！

大家美孜孜地拿著空碗坐在地鋪上，等待「大脖子」第二盆湯麵伺候。不料，閒不住的張揚從外面風風火火地趕來了，急燎燎地嚷嚷道：「快快快！到食堂去打麵，不要飯票！去遲了就沒了！」大家這才丈二和尚摸著了頭腦——原來是領導見大夥上山撲火，下來肯定饑乏難耐，特意安排食堂煮湯麵犒勞大家；領導的美意，剛

好讓「大脖子」借花獻佛，落了個便宜，賣了個乖！事雖如此，大家還是佩服「大脖子」弄拙成巧，將好事進行到底的幽默精神！

那時候「蘇修」（指前蘇聯修正主義）最難對付的是坦克。「珍寶島反擊戰」為爭奪「蘇修」落水坦克雙方死了很多人，最後坦克終於被我軍控制，遂把戰利品拖到全國各地巡迴展出，很多人目睹了這個龐大的鐵疙瘩。摧毀「蘇式」坦克的進攻，是當時遏制蘇聯侵華戰爭唯一有效的戰略手段。最簡單的辦法就是發揚「一不怕苦、二不怕死」的革命精神，用人的血肉軀體，抱炸藥包衝上去炸毀它的傳動鏈條，讓它不能動彈！我們軍事訓練最重要的環節就是炸坦克；自己製作炸藥包，不要命地衝到模擬坦克跟前，把炸藥包放在鏈軌上抽線就往回跑，轟地一聲爆炸了！教練準確地報出你分分秒秒的速度；「不行！重來！」一遍一遍地衝刺奔跑，直到合格為止。

二龍河原始山林被砍伐出一溜溜光禿禿的黑土地，它們順序漸進，間隔排列；從山下到山上，六十米寬橫貫山頂，其宏大的開山場面，氣勢雄偉、布局非凡！——長年不見陽光的土壤，終於裸露在光天化日之下，赤條條又顯得不堪入目；有人說這是造孽！勞命山林！老局長卻堅定地說：這是更新，是創造！來年種上油松、華松、優質優生，不出三五年，舊貌換新顏！……

首次次森林改造工程，在領導們氣壯山河的規劃藍圖中緩慢而艱難地進展著……

——毛主席水調歌頭、重上井岡山詩詞，也首次在全國公開發表：「可上九天攬月，可下五洋捉鱉，談笑凱歌還！」……

1976年1月9日早上，我們在陰霾寒冷的操場上跑操時，從大喇叭裡傳出了周恩來總理逝世的消息。大家驚愕，不由地停下了腳步，站在空氣凝結的山野裡、默然泣哀……很多人提出要舉行哀悼活動，領導卻說要等待上級的通知，未接到通知一切照常進行，不得亂來！……那些天，每天早上跑操的時間變成了聽廣播的時間，人們的心情凝重、情緒消沉，說不上的一種壓抑與彷徨……

　　春節前夕，地方政府組織慰問團到二龍河來慰問會戰的知青們，帶隊的團長正是幾年前負責搞戰備公路的固原地區「革委會」副主任許文林。時光流轉、物是人非。當年要開挖的戰備公路終因林彪的「猝死」而中途夭折。彷彿在大家的記憶裡，那不過是一場兒童遊戲，事過境遷，誰也不會去探究以往政治的得失與成敗；反正林彪一亡俱亡，一了百了！凡涉「林家鋪子」全部清入歷史的垃圾堆，狗拉的也是他拉的！歷史原本就是一張任人塗抹的紙……

　　戰爭沒有了，拉練、防空洞、緊急集合全都沒有了。天還是那個天、地還是那個地，爹是爹、娘是娘，山裡的孩子照樣上山砍柴、輟學、鬧饑荒！……

　　許主任在座談會上一眼就認出了我，硬是叫我坐到了前排享受人前的待遇；他把兩盒牡丹菸衝我扔來，讓我散發給弟兄們抽。弟兄們想不到我竟然會有如此大的臉面，高興得問這問那，榮光煥發。散會後，許主任又專門找到我們宿舍裡來，坐在地鋪上噓寒問暖、與弟兄們談笑風生，親密無間。臨走時向我們要兩根鍬把，說是要留作紀念。大家把各自砍好的鍬把挑了又挑，撿最好的送給他。他感觸地說：這是戰天鬥地的知青朋友們送給我最好的禮物，

我要好好保存，永遠記住你們！那一陣，我們彷彿是「抗美援朝」戰場上最可愛的人了！

　　大會戰在凜冽的冰天雪地裡持續了兩個多月，直到臨近春節才收兵出山。我率領的弟兄們第一次為青石嘴林場獲得了民兵訓練、次森林改造先進排的榮譽。我們懷抱著獎狀坐在寒風呼嘯的卡車上，山道彎彎、歸心似箭。當青石嘴出現在眼前時，心不由地為之一熱！大家都一樣，面對青石嘴都會有一種異樣的感動，異樣的眷顧。——眼前的青石嘴依然蒼涼，依然沉默。曾幾何時，青石嘴知青造林大會戰，解放軍軍事大演習，統統都被人們遺忘了！曾經的輝煌史冊（長征最後一戰青石嘴大捷）隨著林彪的墜落消失的無影無蹤！青石嘴不再肩負政治榮耀了，不再人為的崇敬與轟動，它像一個疲憊的老人解脫了塵世的紛擾與爭鬧，頹廢了，本色了，可它的面貌本來就是蒼涼孤傲的！人為的功利主義、趨炎附勢並不能改變它的地位和本質，它依然像上帝一樣巋然不動，安然自若！青石嘴的知青們對它的情感還是一如既往，氣脈相通！每次出門歸來都會觸境生情，感動不已！——那裡有溫暖的家，有溫馨的夢！

　　當卡車爬上青石嘴坡臺上時，眼前灰白的房子一下子讓車上的人怦然躍起——我們回來啦！我們戰勝了！我們為你爭回來了屬於你的榮耀和驕傲！……

　　久別的青石嘴因我們這幫子弟兄們歸來而活躍起來；一家家鍋灶熱氣騰騰，婆娘們忙前忙後為愛人做好吃的；嘮叨著愛人走後家裡的寂寞和場裡的清冷；誰和誰為什麼事拌嘴吵架了，誰的愛人從銀川來，把老婆娃娃接回銀川過春節去了！丈夫抱著呀呀學語的孩

子，在屋裡轉來轉去，把孩子逗得「咯咯咯」笑個不停，婆娘的竊竊私語根本就沒往耳朵裡去……

　　時光轉輾到了下鄉第十個春節，知青們的生活發生了質的跨躍和變化。簡單地說，他們多數人都有了家，有了孩子；有家的一部分女知青家在銀川、夫妻兩地，來去匆匆。另一部分知青闔家團居，大小三、四口，但他們還是在想家，想他們在城市的老家。還有一部分知青光棍和知青處女，他們天馬行空、獨往獨來，一年有三分之一的時間漂泊在城市與山區的氣流中，他們是知青中最不穩定的一夥，也是帶來希望和失望的信使；他們的來去，往往牽動著知青們的心靈觸鬚，會讓大夥心起漣漪、觸景傷情……

　　春節是休閒的，可知青們的春節總是別有一番滋味在心頭；年年相似，歲歲彷徨。每逢佳節倍思親！——回家過年的知青往往是回的痛快，來的痛苦。不回家過年的知青難免心慌意亂，孤苦伶仃。成家的知青們失去了一年一度的探親假，沒有了回家過年的奢望。於是就忙前跑後、翻山越嶺，購置油鹽醬醋、米麵蛋肉，備柴擦灶、除塵布新。儘管寒磣、簡陋，依然是俗心不改，樂此不疲。彷彿這樣才能安定自己的心。——年三十晚上把半導體放的亮亮的，「白毛女」、「紅色娘子軍」連跳帶唱；老婆娃娃圍著桌子，也來一段「對酒當歌，人生幾何？」（革命樣板戲「紅燈記」裡鳩山的臺詞）臨睡覺前往火爐裡撒一把粗鹽，「劈里啪啦」地一陣火爆，算是鎮邪除夕！然後老婆娃娃熱炕頭，一覺睡到日梢頭。

　　在荒涼的山區過年，最難熬的就是無處可去，無處熱鬧，便夥上留守的知青們輪流坐莊，挨家挨戶地設宴喝酒。從初一喝到初

十，天天喝，夜夜醉。七毛錢一斤的散白酒家家都準備了十幾斤。肉菜吃完了吃鹹菜，酒喝暈了，摳嗓子、吐掉，再喝！醉意朦朧中最上勁的就是吵吵嚷嚷，糾纏不休；「誰怕誰？誰怯誰？誰不喝就是龜孫子！」直鬧到洋像出盡，都癱在那兒了才罷休。惹得很多倆口子早上起來又吵又鬧，夫人氣得大罵：「早知道不如早早抱了孩子回銀川去，讓你一個人喝死喝臭喝個痛快！」大家又是勸又是哄，末了，倒把哭鬧的夫人硬是給逗笑了……

想家的時候往往是無聊的黃昏或夜晚，神秘的情感會泛起一股莫名的惆悵，讓人心裡空空蕩蕩、無著無落。那是一種無處逃遁、無處躲藏的感覺……

半夜三更，車夫馬乃子喝多了酒，興奮得睡不著覺，挨家敲門叫嚷著還要喝酒！門裡的倆口子躺在熱炕上嘻嘻直笑，大聲衝門口喊道：「王八蛋、龜孫子，你還不息歇去！老子明天再收拾你！」……

萬籟寂靜，曠夜裡傳來了馬乃子的拿手好戲——

啊唷／尕妹妹呀／哥在雪地裡寒磣／你在窯口裡瞅著／啊吆吆呵呵吆／哥想死個你／你卻白瞅著／不來看望哥哥……

第四章

残陽如血

一、泣天動地

　　1976年的春天步履蹣跚、游移不定，寒風依然陡峭在青石嘴的山野。當我們面對遲遲不肯復甦的群山大地，準備用鐵鍬、鎬頭敲開那沉睡的山野時；李靖指導員告訴我：組織上準備選調你去當森林警察，我當時有點受寵若驚、不知所措，猶豫地問：「我能行嗎？……」他笑著說：「咋不行？你各方面條件都不錯嘛！」這讓我一下子消除了顧慮，喜上眉梢。但我依然不敢肯定，只是把事情悄悄告訴了海漩……

　　我有幸被選拔為森林警察，這在我知青生涯中無疑是一次重大的突破，對我的家庭所有成員是一個振奮人心的喜訊！他們怎麼也不會想到，家中居然會出現一個當警察的！在過去灰暗的歲月中，警察的概念形同於「蓋世太保」；公安局、派出所是「地富反壞」的閻羅殿，具有嚴厲的階級劃分和階級鬥爭的性質，讓家庭出身不好的「狗崽子」們望而卻步。

　　當警察當然是榮耀的，但當警察並不是我的初衷，當解放軍的夢想倒是時常有；雷鋒那手握鋼槍的照片誰不喜歡？但能夠當上警察足已表明我在政治上已經得到了領導的認可。雖然當的是森林警察，管得是山，護得是林，可警察的身份和性質是一樣的；頭頂國徽、領戴紅旗，無產階級專政的工具一點也不含糊！

我當上警察無疑為我們家畫上了一道革命的光環，使過去的不公正、瞧不起、甚至挨整的陰影徹底消除！穿上警察服那天，我特意趕到固原照相館照了一張相給家裡寄去，讓母親看看她下鄉的兒子是怎樣的出人頭地，以他十年的勞動汗水，脫胎換骨成為一名嶄新的人，表明他的兒子是怎樣的不辜負她的希望，為她爭氣，為她爭光！

　　六盤山森林派出所共有十七名幹警，除了所長、指導員外，每個警察負責一個林場的林區森林治安，處理毀林案件。我所在的青石嘴林場管轄的荒山、林區涉及到古城、開城、大灣、新集四個公社。隨便出去走一趟、巡一次山，少則一周多則半個月。我經常一個人踽踽獨行在山轉峰還的羊腸小道上；身上背著挎包、腰裡別著手槍、手裡提著打狗棍，行色匆匆，躊躇滿志；幾乎把思想和工作當作生活的唯一樂趣而沉湎於山色秀麗或貧瘠荒蕪的遐想中，靠想像滋潤和充實單調乏味的生活，成了我光陰中獨自享有的一個精神世界。在這個世界裡，我可以馳騁天下、傲視群雄，把一個個日落推下山去而自豪不已！也可以面對群山之巔，把自己狂妄的靈魂批判得魂飛魄散而無地自容！——靠想像來支撐極度匱乏的精神世界，強化一成不變的生活步履；可以想像，假如沒有想像，我將如何度過那些孤苦、思念，荒蕪、貧困的歲月啊！……

　　令人欣慰的是，由於我經常在外，照顧不到家裡，領導便安排海漩在場部醫務室當「赤腳醫生」，頻繁的重體力勞動從此減緩了許多，了卻了許多擔憂和煩惱。我們各自投入在相對滿意的工作中去，思想上有了著落，有了寄託。家裡雇了個小保姆照顧小牛和小青，日子過得清貧如水，卻充滿了遐想和期待……

　　就在我們心安理得、努力工作，爭取儘快成為行家裡手的時候，外面的世界正紛紛擾擾、喧喧鬧鬧；國家大事、政治傳聞到處都在街談巷議，比林彪的「政治謠言」還要玄乎！人們似乎在推波助瀾，興風作浪！彷彿不弄出一場暴風雨，不足以發洩心中的憤懣；那是一段苦澀而激憤的歲月！——「反擊右傾翻案風」刮得一陣緊似一陣；曾幾何時同志加兄弟般的「越中友誼」竟然翻臉成敵，刀槍相向！「越中摩擦」打得慘烈窩囊；鄧小平的「全面整頓」不到一年，又遭遇「左傾路線」的全面反擊！更讓人難以置信的是，大山深處的「穆斯林」竟然聽信了「爺的口喚」起來要造反；大人小孩棄家上山，揚言要踏平固原城、建都大西安，做四十年天下是「爺的召喚」。莫名其妙的事情層出不窮！……

　　3月下旬，南京、杭州、鄭州、西安、太原等城市的群眾，利用清明祭祀祖先的傳統習慣，衝破層層阻力，舉行悼念周總理的活動。

　　3月底，首都人民自發彙集到天安門廣場，在人民英雄紀念碑前獻花圈、敬花籃，張貼標語、散發傳單，朗誦詩詞、發表演說；人們競相以各種方式表達對周總理的哀悼，痛斥所謂「四人幫」的政治野心。

　　4月4日，悼念活動達到高潮。首都和外來的群眾不顧上面一再重申的禁令，紛紛湧到天安門廣場的人數竟然達到二百多萬人次。其浩大的聲勢、激憤的群情，可謂是空前曠古！

　　4月4日晚上九點多鐘，中央政治局會議把天安門廣場的事態定為反革命事件，決定當晚採取行動，清理天安門廣場的花圈、標語及人群……

4月5日凌晨，群眾看見天安門廣場的花圈、詩詞、挽聯等均被拆除清理，異常氣憤，同民兵、警察、解放軍發生衝突。晚上，一萬多民兵和警察奉命進入廣場，驅趕、毆打和逮捕在場的群眾，很多人被視為現行反革命被捕入獄；那些天，報紙、廣播整天叫喊捉拿反革命暴徒！

　　——首都北京戒嚴了！一輛輛軍車開了進去……凡是要到北京去的人暫緩行程，凡是去過北京的人要審查是否參於了天安門悼念活動。

　　4月7日，中共中央做出《關於撤消鄧小平黨內外一切職務的決議》。全國「反擊右傾翻案風」＋「批鄧」＋「追查天安門反革命事件」全面展開！

　　一個貌似平靜，危機四伏的晚上。由知青跨入工人階級隊伍的司汗青正伏案蹙眉一份領導催辦的上報材料而左右為難；他已經把意見給領導彙報了，認為「這幾個人不能抓，不能判，放到車間監督勞動較為妥當些……」可領導不以為然，堅持「不能讓這些造反奪權的傢伙們逍遙法外！」遂幾次催促他把材料報上去，上面等著要呢。司汗青為此頗為糾結；這些人都是些正宗的工人出身，當初「造反奪權」是響應「文革」號召，況且沒有參於什麼「打砸搶」行為，怎麼能作為壞人或反革命一棍子打死呢；他想再找領導陳述一下意見……

　　突然，門開了，是文中甲闖了進來，神色慌張、滿臉沮喪地嚷嚷：「完了，完了，走不成了！」「你不是明天下午走嗎？怎麼就走不成了？」「他們追查『總理遺言』，查到我這了，聽說明天

上午就要來抓我⋯⋯」「叫你別亂說，你偏不聽，現在弄出事來了！」司汗青本來就煩悶的心情此刻有點惱火。「老司，求求你了，你快給想個主意，要不然不但走不了，而且事還弄大了！」司汗青知道他所說的「事情」的嚴重性。一看時間快九點了，沒有時間再廢話了。就直接走到門口推上自行車說：「快，去找胡啟立！」（中央下放領導，時任固原地委副書記）馱上文中甲就往地委行署騎去。──正窩在沙發上看書的胡啟立一聽此事，臉都白了。他無奈地說：「這一陣正找我的茬呢，我說不上話的，弄不好還幫倒忙。你們去找馬思忠吧（固原行署副專員），他能說上話。」

　　二人謝過胡啟立，急忙去找馬思忠。──「這麼晚了，你們胡竄啥呢？」「打擾你了，馬專員，我們有件急事想求你幫助。」「啥事？長話短說。」司汗青簡要把情況說了一下，馬思忠手指文中甲道：「你咋把這事給弄上了？你不好好弄上幾個節目讓群眾高興高興，咋盡弄些莫謎眼的事情！⋯⋯」馬思忠把文中甲訓了一頓，遂對司汗青說：「我明天去給他們說，是謠傳聽來的，不是他寫的，不要把問題搞複雜了。」又對文中甲說：「你上你的學去，好好學，回來了多演上些好節目！」二人如釋重負、感激不盡，退出門外⋯⋯

　　北京知青文中甲在林建師宣傳隊解散後，被調到了固原文工團擔任編導，成績斐然、名聲鵲起，受到地區領導器重，被派往北京音樂學院去進修兩年。不料，關鍵時刻，卻因他從北京探假回來，帶了一份所謂的「總理遺言」，幾個人悄悄傳著看了，不知誰又傳到了駐守在地方的某某部隊，結果引起一場軒然大波，差點陷入

「天安門反革命事件」。

1976年注定是一個劫數，充滿了劫難和哀傷！

1月8日，周恩來總理逝世！

7月6日，朱德委員長逝世！

7月28日，唐山大地震！以一個城市的覆沒，二十四萬多人死亡，重傷十六萬多人的大災難震撼著中國大地！……

9月9日，毛澤東主席逝世！——那一瞬間，好像聽見自己的靈魂轟隆一聲跌倒在茫然的塵埃裡……

那天下午我是場裡唯一一個守在家裡休息，收聽半導體聽到毛主席逝世消息的人；我心驚肉跳地再三確切自己沒有弄錯後，懷著從未有過的沉重心情，失魂喪魄地跑到苗圃地裡去把指導員叫到一旁，小心翼翼地告訴他一個驚天動地的諱言，並提出讓大家立刻回去收聽重大新聞的建議……

第二天上午，大家忙於動手剪紙紮花、縫製黑紗挽聯，在會議室布置了祭奠毛主席的靈堂。說也奇怪，那天天氣居然也下起了渾渾噩噩的秋雨，淒淒瀝瀝、連綿不絕，大家都說：「這是老天爺在哭啊！」……

我依仗警察的身份，擋車趕到固原城買了兩個大花圈，在風雨吹打下，硬是塞進了長途班車司機的身旁，這要是擱在平常是絕對不行的。但那一陣沒有人會阻攔，那是一段非同尋常的日子啊！——三位共和國主要締造者，先後逝世在同一年時間裡，古往今來、世所罕見！……老百姓們接二連三地聽著哀樂，扎著白花，沉浸在悲哀的氛圍裡，大有「天塌下來」的感覺……

　　秋雨濛濛、哀樂聲聲，沉重的祭奠守靈儀式在全場職工日夜輪流守護下持續進行。很多女同志持槍肅立兩個小時下來，便天眩地轉般癱倒在地上嘔吐不止，勸說她們休息，但她們堅持要像男同志一樣，為毛主席守靈盡忠！……

　　9月11日，我向黨組織遞交了第一份入黨申請書。這是在一個特殊的時間、特殊的事件、特殊的背景下完成的一份崇高的政治訴求；這不僅僅是我個人的選擇，它是那個時代賦予我們整整一代人的選擇；總是想在關鍵的時刻，把自己完全徹底地奉獻出去，以表達對黨對革命的赤膽忠心！這恰恰是共和國第一代人的一種普遍心態。儘管他們心裡有那麼多的苦澀，那麼多的困惑，那麼多的反叛。但在他們心裡，還有什麼比祖國、人民、黨和毛主席更重要的呢？那是一個奉獻的年代，殉道的年代、沒有選擇的年代啊！

　　9月15日上午，我們在淒風苦雨中迎來了著名的老紅軍——曾經當過紅軍領袖張國燾的貼身警衛，時任固原地區軍分區司令員的李凱國少將。老人身著一身嶄新的軍裝，神情肅穆、步履沉重，面對煙雨蒼茫的群山大地，熱淚盈眶、心潮澎湃！——他冒雨站在青石嘴坡臺上，指點「當年鏖戰急、彈洞前村壁」的戰鬥情景，與當地貧下中農、下鄉知青們一起緬懷毛主席的豐功偉績……

　　兩天後，《寧夏日報》以《六盤兒女緬懷偉大領袖毛主席》為標題，將此情此景刊登在頭版頭條上；把歷史人物、歷史事件、歷史背景定格在有目共睹的報紙上，讓文字和圖像見證了一代偉人逝世、及其追隨者們的情感世界！——沉默蒼涼的青石嘴，因為這位親歷長征的老紅軍的到來，讓人們再度想起毛主席詩詞六盤山、長征最後一戰——青石嘴大捷、張國燾分裂紅軍西進慘敗、林彪9.13

身敗名裂的故事傳聞。——歷史在人為的喧鬧和填寫中高歌猛進，同時又遺留給人們諸多無法釋懷的傷感和霧霾……

1976年是驚心動魄的一年，彷彿是一場噩夢的驚醒！

10月7日早上，當人們睜開眼睛，便傳來了粉碎「四人幫」的特大喜訊！幾百萬群眾又一次湧向天安門廣場，歡欣鼓舞迎接「第二次解放」！人們興高采烈、奔走相告！市面上的廉價酒供不應求，平時不喝酒的人也要湊上喝上兩口；慶祝勝利，舉杯痛飲！彷彿人人都是粉碎「四人幫」的急先鋒！

文藝界「相聲」脫穎而出，最先演繹出鞭撻「四人幫」的醜聞鬧劇；「四人幫」成了人人喊打的過街老鼠，成了陰謀篡權的「呂后」、陷害忠良的「秦檜」，禍國殃民、厚顏無恥的跳梁小丑！

音樂界引吭高歌，唱出了歡快、豪邁的「祝酒歌」，那跳躍、奔放、活潑、動人的旋律，把人民壓抑了幾十年的勝利喜悅暢揚！

文學界終於把觸角探向了「禁區」，傷痕文學、小說、電影應運而生，人性文學死而復生！人們在歷史的回眸中，看見了萬馬齊喑、噤若寒蟬的悲慘歲月……

歷史是一面破碎的鏡子，那些鋒利的碎片，會把人們善良的心靈割裂得鮮血淋漓、痛不欲生！——多少冤屈、多少壓抑，多少期盼、多少淚水，終於都洶湧澎湃、宣洩奔放！

二、魂斷高原

　　1977年，中國大地雨過天晴，停滯了幾十年的政治鬱結終於得到舒緩；全國人民從痛苦的噩耗中醒來，意識到「從來就沒有什麼救世主，也不靠神仙皇帝，要創造人類的幸福，全靠我們自己！」法國歐仁・鮑狄埃的《國際歌》唱了幾十年，一夜間唱出了毋庸「千頭萬緒」的真諦！──新思維、新思想、新潮流，從南向北、推陳出新，千方百計挖掘生活中本來可以享有的一切！人們開始熱衷於精心打造自己的小家庭；自己動手、豐衣足食，人人都是能工巧匠！給多少年空洞簡陋的家室添置了名目繁多的家具；捷克式桌子、五斗式櫃子、中國式大板床，繼而發展到包沙發、繃軟床、刷房子、擴院子、壘廚房的生動局面！──「莫斯科不相信眼淚，麵包會有的，牛奶也會有的！」人們開始用嶄新的姿態重新審視生活，把生活中本來可以得到的東西推而廣之，競相效仿；一時間，泡紅茶菌、喝雞血、灌涼水風靡全國，生活的多彩，讓人目不暇接！⋯⋯

　　寒春三月的青石嘴，人們擁擠在會議室裡學習「粉碎四人幫罪行材料」時，有社員跑來報信說：「有一輛小車翻在了溝裡⋯⋯」大家一哄而起、奔赴現場，從翻滾的吉普車裡拖出了兩個滿臉是血、處於昏迷狀態的受傷人員，迅速背起奔向林場的醫務室；驚訝

之餘，才弄清其中一位就是大名鼎鼎的固原地區革委會副主任許文林！當消毒止血簡單的包紮處理完後，蘇醒過來的許文林拉住我的手，痛苦而詼諧地說：「小夏，我們又見面了，是一次難得的見面……」我安慰他說：「你別說話，已經打電話給地區醫院了，很快就會來車接你們回去治療。」他說：「不要緊，我命大，老天爺不會收留我的。」說完，他苦笑著瞇上了疲憊的眼睛。

救護車很快就趕到了，抬上車時，我脫下身上糊上血的黃棉衣蓋在他身上，他虛弱地握住我的手，顫動了一下嘴唇，想說點什麼又沒說出來。救護車在瑟瑟的寒風中呼嘯而去。這是我們最後一次見面。——兩個月後，聽說他治癒出院後就被請進了清查「四人幫」幫派體系「學習班」。他的政治生涯隨著「四人幫」的倒臺而迅速結束。他身兼的各種職務從上到下一擼到底，從「學習班」出來便復原了平民百姓的身份。不久，他就離開了曾經使他輝煌的固原山城，帶上老婆娃娃銷聲匿跡了。在「文革」歷史大舞臺上，曾經出現過多少曇花一現的風流人物啊！他們像泡影一樣，眨眼間消失在歷史的汪洋大海裡，連個迴響聲都沒有留下。

五一勞動節上午，衛希明騎摩托車專程從固原趕來，利用節假日的機會要給我包沙發。他連批評帶挖苦地說我：「城裡人做的家具琳琅滿目，人們都在忙於更新換代，你成家幾年了，家裡寒磣的連坐的地方都沒有，炕上坐、炕上睡，除了熱炕頭就是窩窩頭！」說得我哭笑不得，羞愧難當。急忙叫來了祝福明、武建軍，四個人通力合作，大幹快上！直忙到下午，一對以木框、輪胎、棉絮、帆布加工而成的沙發，毫不遜色地登堂入室了！我們欣然地坐在屋裡抽菸、喝茶、聊天，等待海漩為我們炒菜、上酒，慶祝勞動成果！

祝福明神秘兮兮地對我說：「連手，把你的那『傢伙』拿出來讓哥們開開眼。」我沒有猶豫，起身就從抽屜裡取出五四手槍，饒有興致地返身坐到沙發上，不慌不忙、小心謹慎地卸下彈匣，並習慣性地將槍口朝下摳動扳機。誰料「怦」地一聲巨響，果然有子彈！──屋內震撼、硝煙彌漫，強勁的子彈在屋裡彈跳飛劃、肆無忌憚！嚇得四個人站起身來，八隻驚恐的眼睛你看我，我看你，生怕哪一個撂倒躺下那可不得了！

──「天哪！你這是要我們的命啊！」衛希明首先發出驚嘆！緊接著祝福明苦笑著對我說：「連手，你這是讓哥們品嘗槍殺的滋味啊！」──「天哪！謝天謝地，一場虛驚！」我惶恐地感嘆，心中充滿了困惑。──「咳！不響不火不熱鬧，大難不死、必有後福！」武建軍灰諧地減緩了驚愕不已的尷尬場面。那一陣，我渾身直冒冷汗，自我意識裡並不是一個粗心大意的人，怎麼防什麼有什麼？幸虧我沒有直接把槍遞給旁人，否則後果不堪設想！……

四個人滿屋子察看走火濺飛的彈核──那傢伙從地上蹦起，削掉對面桌子的邊沿，死死鑽入衛希明就坐的頭頂牆上。衛希明伸伸舌頭、摸摸腦袋，急忙找來了鑿子，硬是把它從牆洞眼裡掏了出來，說是留個與死神交叉的紀念。

──多懸啊！我真的好幸運，面對三個人槍彈走火竟然安然無恙？但我的幸運還是出於自己的謹慎。秋千架林場王林卻未能倖免槍彈走火的苦惱，他粗心大意，竟然把槍放在了炕頭上，被三歲小兒摸到端在手裡，生生打掉了自己的腳指頭。孩子驚嚇傷痛、老婆鬧死鬧活，本人還背了個處分。但大家都說他還是幸運的：「打掉兩根腳指頭不要緊，如果再偏高一點，連他婆娘的命還要搭上。」

所以，王林自己也感到很幸運；那天他老婆就在離小兒不到三米遠的地方做飯，嚇得魂不附體；如果小兒端槍的手上翹一點，他老婆的命就懸了。這件事情就發生在我之前兩個月，我慶幸沒有充當王林第二！

六月下旬，有人一反常態地對我說：「告訴你一個好消息，你的入黨申請批準了，恭喜你！」他是那樣的認真，那樣的誠懇。我當時一陣激動，但表面上卻付之一笑，未作任何語言表示。因為這個人不是能夠與我分享快樂和痛苦的人。他曾經為了一件小事和海漩吵架，居然仗著家庭出身好，掛了個「革委會」委員之名，養尊處優起來，把一件小事耿耿於懷，不惜造謠生事、惡語中傷，冷了知青們的感情、灰了大家的心。因此我對他無話可說，常以冷淡的態度敷衍了事。但對於這樣一個好消息，自然是抑制不住內心的喜悅，迅速把情況告訴了海漩。海漩自信地說：「就你這樣的，風裡來雨裡去，一心撲在工作上，早就應該是個黨員！」經海漩這麼一說，我更加自信這是真的。

月底照例到派出所去彙報工作。指導員專門找我談話，在肯定了我的工作成績後，拐彎抹角地對我說：「有人反映你驕傲自大、脫離群眾、階級立場不堅定，支部會議沒有通過你的申請。但不要灰心，繼續努力，經受組織上的考驗……」我一下子被弄懵了，怎麼會是這樣？我怎麼也想不到事情竟然會如此顛倒，如此蹊蹺？一連幾天，我都沉鬱在撲朔迷離、紛擾複雜的人事綽影中而不能釋懷。當初入團時，就因為不同意見惹惱了領導倍受冷落，政治上跟了一回挫折。這次入黨又遇上了麻煩，而且比上一次更嚴重，更讓

人難以接受，好事為什麼總是伴隨著苦惱？……

　　第四天，我們散會要回去了，指導員的老婆把我叫到她家裡，熱情地倒水泡茶，關切地說：「愣頭，往後待人處事可要小心謹慎呵，人心隔肚皮，五花八門，什麼腸腸道道都有……」我惶惑不解，啞口無言。她用眼睛直翻我，進一步說：「阿麼了？（青海語：怎麼了）你真的不知道？」我搖搖頭說：「我不知道是怎麼回事？」「有人寫信把你給告下了，說你和犯人張文華拉拉扯扯、吃喝不分，你作為警察怎麼會這樣？」至此，我終於明白了寫信告狀的人，及其卑鄙的嘴臉；他居然做了壞事還賣乖？真是個十足的搞陰謀詭計的小人！

　　天津知青張文華，因為在「文革」中參於集體武鬥，以最後一棍子打死人而被判刑八年，因身體狀況不好，監外執行送交青石嘴林場監督改造，由我負責監管。我們之間本來沒有什麼瓜葛，除了正常的監管外，處於關心，時常找些書報給他看，有時家中改善生活，也給他拿上些吃的。讓他在孤獨的監改中感受些許溫暖，不至於自暴自棄；鼓勵他接受改造、重新做人，經受住命運的考驗；以一種同齡人共同經歷所產生的憐憫，覺得他不是一個本質很壞的人。他曾經和我們一樣啊，從城市脫離父母的呵護，滿懷熱望、昂首闊步到邊疆；圖什麼？文化大革命不是哪一個人的行為，那是整個民族的災難啊！——為了捍衛毛主席革命路線，毀了別人也毀了自己，這樣的人還少嗎？那是個特定的歷史厄運，任何個人都無法承擔的歷史悲劇啊！——對於悲劇人物，我往往給予同情，無論是看電影、讀小說，還是看現實、看歷史，總是偏愛琢磨原因，從而

使自己心理上容易產生寬容，這是我致命的性格弱點。但我從來不排斥它，我無法排斥它，它是我生命情感中的一部分，是痛苦的、矛盾的、思想的一部分。

有了張文華這件事情，思想上的隱痛更加深刻。往事的激情與迷茫、風和雨、是與非，渾然交織、包容交替，讓人斷然不得、分離不得。那是一個混淆是非、沒有判斷的歲月，我們注定是矛盾的、痛苦的、充滿迷茫含混的一代。思想和夢想跌蕩起伏，卻永遠無法跳出時代的怪圈；面對「波瀾壯闊的革命洪流」及其荒謬悲慘的後果，時常會浩嘆：「夏日消溶，江河橫溢，人或為魚鱉。千秋功罪，誰人曾與評說？……」這幾句詩詞的作者正是毛澤東，除了他，誰還能擁有如此宏大的氣魄，誰又能對那場「大革命」做出公允的評判？……（雖然我入黨延期了七年，一直到返城後，在新的工作崗位上才得以實現。但我心安理得，無怨無悔。我品嘗了思想的過程，忠實於生命的良知。而那個耍陰謀詭計的人，並沒有因此得到什麼；他竟然在一次開荒中，一鋤頭砍在堅硬的石頭上，蹦起的鋤頭順勢砸在自己的腳上，從此一蹶不振。張文華在刑滿釋放後，於1980年返回天津途中專程到銀川來找我，硬是拉我下館子風光了一回。他說：「苦去甘來，過去將來，我都無法感謝你對我的幫助，僅此現在一個機會，就讓咱哥們好好地痛快一回吧！」我當時的心情可想而知，概括一句話，還是好人終有好報啊！）

7、8月間，黨的十屆三中全會和第十一次全國代表大會傳出了四件大事：「四人幫」被永遠開除出黨！平反「文革」冤假錯案！鄧小平再次復出！歷時十年的文化大革命宣告結束！

　　1977年夏天，我再次出席了銀川市上山下鄉知青年代表大會。儘管知青事業日薄西山、前途未卜，但上面在堅持知青上山下鄉方向上還未予鬆動。此次知青代表大會相對減少了典型發言和經驗交流，增加了外出參觀遊覽的活動安排。這對常年蹲守在山溝裡的知青們來說，無疑是一次難得的享受。我們先後參觀了飛機場、橡膠廠，遊覽了靈武灌區和滿春知青點。外面的世界越來越陌生卻又越來越親切；所有的事物都讓人感動，讓人感到一切都是那麼美好，那麼令人想往；面對熟悉的城市、誘人的工廠，我的內心不乏一種淡淡的憂傷和隱隱的酸澀，那是一種漂泊久遠的傷感，顧盼回家的傷感！……

　　在與知青朋友們交談中，方知七四年曾經一起參加過知青會議的幾個小知青，當兵的當兵、上學的上學都走了。那都是些政治上合格、生活上有門路的「革幹子弟」，他們下鄉是「鍍金」，好堂而皇之地遠走高飛。文化大革命初期，也是那些高幹子弟大鬧紅衛兵運動，最後把「運動」領上了歧途，成了「打倒一切、否定一切、炮打無產階級司令部」的「5.16分子」。這些人成事也是他們，敗事也是他們；最早脫離知青隊伍上學、當兵、招工還是他們。他們善於捅窟窿，捅馬蜂窩，也善於拔腿就走，溜之大吉。這不是埋怨誰，這是當時的客觀現象。曾經轟動一時的張鐵生考試交白卷事件，也是當時的一種客觀現象；他當生產隊隊長，風裡來雨裡去，苦幹實幹，操心隊裡生產、社員生活，沒有時間複習功課，寫了幾句牢騷話、交了白卷，本來無可厚非。壞就壞在他處在那個政治動蕩的年月，被「四人幫」趁機利用，充當了打人的「政治炮彈」。短暫的榮華富貴，換取了十五年的鐵窗生涯。這一切合乎邏

輯嗎？不！可社會生活往往就是由一系列不等式組成的……

　　海原山區落戶成家的知青陳耕耘無奈地對我說：現在就是讓他回城去，他也走不動啦！老婆娃娃咋辦？……陳耕耘在上屆知青代表大會上是出了名的先進典型。他下鄉一年後就與當地農民的女兒結了婚，現已有三個孩子。艱苦的農村生活把他完全磨礪成了一個標準的農民。在他身上，我看到的是樸實無華、堅忍不拔的精神，但同時也感受了一種從骨子裡滲透出來的悲涼；他把自己置換成了一個農民，又再養育著幾個農民後生，世世代代繁衍下去，心靈將如何承受？難道知青上山下鄉正如「理論家韓新」所說的，「不過是農民的擴大再生產嗎？」

　　兩年後，當我重返城市生活，每每回顧知青生涯時，時常會想起海原山溝裡的陳耕耘；他是如何面對知青返城熱潮的呢？是堅守還是放棄？這是一個多麼艱難的抉擇啊！希望他能有一個好的前程或歸宿。但陳耕耘現象在知青大返城中演繹出很多妻離子散、天各一方的故事。九十年代初，由上海知青作家葉辛編寫的電視劇《孽債》在全國播映，引起很大的反響。那劇中片尾曲唱道：

　　　美麗的西雙版納，留不住我的爸爸；
　　　上海那麼大，有沒有我的家？
　　　爸爸一個家，媽媽一個家，
　　　剩下我自己，好像是多餘的。
　　　爸爸呀，媽媽呀，
　　　能不能告訴我，這到底是為什麼？

　　秋天來了。雁群從鄂爾多斯茫茫草地裡飛來，嗷嗷地掠過天高雲淡的黃土高原，它們到南方尋找溫暖去了。與此同時，在青石嘴率先返城的知青「牛郎織女」們，終於完成了「八年抗戰」的艱難跋涉，如願以償地陸續返回銀川。——知青大退潮終於不可避免地來臨了！很多知青光棍、知青處女們，在「牛郎織女」們的深謀遠慮、堅韌不拔的精神鼓舞下，開始加緊行動，尋找一切理由、發動所有門路，鼓足幹勁、力爭上游，頻繁往返於「銀固」公路上。他們以各種各樣的名目、頑強不息的努力，終於撬開了接受單位和勞動部門的門縫；當他們拿著一紙決定命運轉換的調令書，皆大歡喜地返回青石嘴辦理調離手續時，高興得手舞足蹈、心曠神怡！——工夫不負有心人啊！他們的成功惹得青石嘴安家的知青們羨慕不已，心慌意亂——半夜裡睡不著覺，互相埋怨、互相苦嘆，大有被命運拋棄的感覺……

　　1978年春節幾乎所有知青都返城過節了！不論是有探親假的單身知青還是沒有探親假的成家知青，他們都懷著一種憧憬、一種使命，或者說是一種惶恐不安的心情回去的。他們要親眼看看、親耳聽聽，城市接受他們的程度到底有多大？知青返城政策究竟鬆動到什麼程度？……

　　在這股知青返城的「預習」中，行動遲緩，走在最後的往往是有牽掛的、拖兒帶女的知青小家庭；他們買肉買蛋、大包小包準備好，忐忑不安地等待著往返郵車來把他們拉上回銀川去。那些郵車司機是他們的座上客，時常帶些新鮮蔬菜瓜果來知青點，各家分上些稀罕物，如同過節一般熱鬧。他們忙活著給司機燉肉做飯，替

司機到老鄉家去買雞買蛋。那時城市這些東西不好買且價格貴，開車跑長途的司機們走南闖北，不僅自己可以買到城市買不到的東西，而且還可以替別人捎帶，長途司機那時吃香的喝辣的，走到哪裡都受人尊重和歡迎。尤其是對身處異鄉的知青們來說，更具有吸引力。知青們認識幾個跑長途的司機，不僅捎帶東西方便，回家方便，更重要的是拉近了城市與山區的距離。司機們開著汽車神氣轟轟地來了，帶著城市的氣息，談論城市的時尚，總會讓知青們無限溫暖、無限眷戀，彷彿過了把城市生活的癮。

　　要說知青返城的源頭，與熱情的司機們不無某種瓜葛，很多女知青最初就是通過一些司機而助長了腿，縮短了山區和城市的距離，滋長了回城的嚮往和希望。她們偷偷在城市找個對象，埋下了遲早要回城團圓的理由。這就注定了知青上山下鄉運動，最終將被客觀的婚姻問題而捅個窟窿，由此潰散了千里之堤。

　　值得一提的是，在知青返城「預習」的春節期間，張揚的老母親親自出馬，令人驚嘆地奔波在「銀固」公路上。在風雪彌漫、車輛無法通行的六盤山至涇河源的公路上，她肘著拐棍、頂風冒雪，硬是走完了九十多里山路；她一把鼻涕一把眼淚、老淚縱橫地爬跪在領導面前，述說要兒子回家的理由——不蓋公章放兒子回家，決不起身！創造了黃峁山知青返城最為感人的記錄！

　　1978年春節後的那些日子，幾乎無不閃爍思想和智慧的光芒！

　　3月14日，華國鋒在中央工作會議上再次重申：「凡是毛主席作出的決策，都要堅決維護，凡是損壞毛主席形象的言行，都必須制止。」（簡稱兩個凡是。）

　　5月11日，《人民日報》發表《實踐是檢驗真理的唯一標

準》，引發了實踐是檢驗真理的唯一標準的大討論。

6月2日，鄧小平在全軍政工會議上公開肯定了這個討論，全國大多數省市自治區和大軍區主要負責人都在報紙上發表文章或講話，都認為堅持實踐是檢驗真理的唯一標準，是馬克思主義的原則，具有重大的現實意義。由此在我國理論界、思想界展開了建國29年來，第一次「思想解放」運動。這在我國歷史上究竟能產生多大意義，恐怕當時大多數人都無法預言。

當人們面對很陌生、很理論化的「解放思想」大塊大塊文章，如同隔靴搔癢般找不到感覺時，青石嘴河灘地裡的林木卻連連遭遇盜伐。這讓我羞愧難當，寢食不安；思想解放不解放與現實無關痛癢，如何端掉眼前的禍害成了我心頭大患；大有不擒此賊心難平之憤慨！遂決心以其人之道還治其人之身，像賊一樣選擇月黑風高的夜晚，披上雨衣（臥地隔潮用）、踹上雨鞋，悄悄趟過河灘淺流，潛入偏僻一隅、貌似神秘的河灘樹林裡去；心想，瓦罐不離井口破，出不了幾天必有成果！漆黑的夜，儘管帶著手電筒，但不能使用，怕驚動了山賊。就像瞎子一樣，觸摸著一棵棵樹幹行進。不，像幽靈一樣在尋找著可恨的獵物。——那黑，那靜，那神秘巨測的氛圍，完全吞噬了我，真有一種找不到自己的感覺。那一陣我把自己變成了魔鬼，恐怕魔鬼碰見了我，也會嚇得不知所措！就這樣想著、膽怯著、前進著……猛不防一個踉蹌碰在了樹幹上，「呼啦啦」驚天動地！嚇得我魂飛魄散、天暈地轉！本能地緊緊抱住樹幹，心想難道真的碰上鬼了？難道黑夜裡果真有鬼怪作祟？慌亂的神智如同走馬燈般晃蕩，要不是抱著樹幹，我會嚇癱在地上……但

理智終歸戰勝荒謬，我還是找到了感覺；意識到那是一群栖息在樹上的烏鴉被我驚擾了，是我的一個趷蹌觸及了牠們的靈魂，牠們像我一樣驚恐萬狀，「呼啦啦」魂飛魄散！儘管如此慰藉，可我的心還是在狂奔亂跳，渾身冒冷汗，直想嘔吐。只好打開手電筒，尋找一個背窪處躺在那裡抽菸斂魂⋯⋯

　　一連四、五夜，「守株待兔」沒有收穫，熬得我眼圈發黑臉色發青。海漩說我充能，個人英雄主義，就算是碰上了山賊，你一個人又能如何？⋯⋯想想也是，我孤身一人、身單力簿，有槍又能如何？⋯⋯於是，我就讓連裡又給我派了一個人，一個四十多歲的老菸鬼。我倆繼續蹲守，鍥而不捨！

　　是夜零點，我倆蹲守在河灘地裡，像伏擊敵人一樣窺視著對面百米開外的樹林。遠處終於傳來了動靜，是斧頭和木頭的撞擊聲！好一陣激動。可關鍵時刻，老菸鬼竟然咳嗽起來，急得我趕緊讓他把嘴摀住！再聽遠處動靜，彷彿剛才是我們的錯覺，萬籟寂靜、渺無音訊。老菸鬼頗為內疚地說：「沒有錯，是砍樹的聲音，可能是受了驚擾⋯⋯」此刻我倆別無選擇，只能耐心等待。等待山賊再次放開手腳，繼續大膽地砍。等他把砍好的樹扛在肩上走出樹林時，我們再出擊！不，最好等他路過我們的伏擊圈，我們來個出其不意，打他個措手不及！那才是絕對有把握的伏擊戰！如果我們現在就急於出擊，那數百米遠的河灘地就會把我們暴露在月光下，趕跑了山賊，前功盡棄！我倆就這樣悄悄地互相叮囑、互相安慰，耐心等待、仔細觀察，全神貫注地連根菸也不敢抽⋯⋯

　　一個小時，兩個小時，直到東方泛白、冷風颼颼，才失望地

向樹林竄去。——面對一棵被砍倒的樹身，我倆無奈地宣告伏擊失敗。我們的分析是主觀的、片面的、一相情願的。我們的伏擊到底還是被咳嗽聲破壞了！……

由於此次蹲守失敗，驚擾了山賊，我們整整半個月沒有行動。我們知道做賊的比抓賊的更加謹小慎微，我們沒有理由再做徒勞無益的事情。索性放開不管，來個將計就計、欲擒故縱，就連那棵被砍倒的樹也沒有拖回去，丟在那裡製造假像，好像我們根本就不知道此事似的，讓山賊感到庸人自擾，以便再度放開手腳，為我們創造捉拿的機會。——我們如此沮喪地以退為進，與山賊鬥起了心眼子，以求得心理上的平衡。

中秋節那天下午，我終於按捺不住了，找正在打牌玩的老菸鬼說：「咱們今晚行動！」老菸鬼會心地一笑，點頭表示同意。這次我倆趟過河灘「嘩嘩」激流，捨近求遠、沿山而上，企圖繞道迂回潛入林內，準備以近距離的伏擊方式堵截山賊，這是上次遠距離守候失敗的結果。就在我倆一前一後匆匆接近樹林時，我忽然感覺前面有動靜，遂收住腳步使勁朝前看，漆黑的樹林裡什麼也看不清楚，就聽「媽呀！」一聲驚叫，「呼啦！呼啦！呼啦」！三聲倒塌的響聲和慌亂的腳步聲。——「快追！」我衝後面老菸鬼大喊一聲，便拼命朝前追去。但一進入黑糊糊的樹林裡就無法再追趕了，否則就會碰得頭破血流。我靈機一動，迅速鑽出樹林，在朦朧的月色下拼命向樹林的另一端狂奔，企圖在無阻礙的前面截住山賊。但我還是遲了一會；就在我拼命向前狂奔時，有三個黑影也像我一樣穿出樹林，借助月光飛快地向河灘對面逃竄。他們距我約四、五十

米遠，我大聲疾呼：「站住！站住！」無濟於事。他們的速度顯然比我更快，我只能拔出手槍要挾，大喊：「再跑，開槍啦！」遂對空連發三槍，靜謐的夜空把暴裂的槍聲拉得那樣長、那樣響，我看見那最後一個身影撲倒在河灘地上，前面兩個拼命地趟過「嘩嘩」的河水，朝黑暗的溝岔裡逃去……

我快速奔向栽倒在地、嚎叫不已的身影，撲上去壓在他的身上，起手朝頭上搧了兩巴掌：「跑！叫你跑！……」我渾身發抖、氣喘吁吁，一手按住俘虜的肩膀，一手不斷地在臉上抹汗，直到老菸鬼趕來才鬆手起身。老菸鬼上前用腳踹了踹已經束手就擒的俘虜：「狗日的，起來！再跑，敲斷你的腿！」那俘虜並沒有立即站起來，只是爬起身坐在地上不停地啜泣。那一陣，我才看清楚了她的面孔──原來是個女娃子！我無法形容當時我處於一種什麼樣的感覺，幸虧那是一個夜晚。

我和老菸鬼跟著約十五、六歲的女娃子，返回到樹林裡察看被拋棄的樹木，一共三捆，兩大一小。大捆六根，小捆四根，合共十六根。如果我們再遲到一會，他們就走遠了，就成功了。他們是在扛上樹木起身走時發現了我們，慌忙扔下樹木撒腿就跑。那跑在前面的分別是女娃子的父親和哥哥。面對膽戰心驚、渾身顫抖的女娃子，我倆只能心平氣和地讓她領我們到她家去。一路上我倆幾乎無話可說，我們的心情是那樣的沉重……

在青石嘴背後的山岔裡，一個廢棄孤荒的羊圈旁，有兩間低矮的土房子，裡面的人正在焦慮不安地等待著。那四十多歲的漢子面牆跪在炕上，嘴裡嘰哩咕嚕地祈求胡達顯靈，保佑其女平安無事。

（胡達，源於維吾爾語，意為真主。）他的婆娘坐在炕上，瞅著橫七豎八四個熟睡的孩子抹眼淚。還有一個沒有在炕上的傻小子，他蹲在灶台前啃吃洋芋蛋；我們踩著晨曦的寒露，推開這家屋門時，看見的正是這副淒涼的情景。此時此刻，不！當我們在通往這戶人家的路上，面對那花季般年齡、蓬頭垢面、衣衫襤褸的女娃子寒磣樣時，便意識到了我們的徒勞無果，或者說是一種失敗，我們在心理上已經有了這種沮喪的準備。我們收斂起勝利者的趾高氣揚，沉重無奈地履行職責，沒有給這家人施加任何壓力。

那年僅四十多歲（貌似五、六十歲）的漢子，坦誠地向我們泣訴了他的罪過；其目的就是為了籌措購買救濟口糧的錢，被逼無耐、挺而走險；他說他領著子女們先後砍了三次，都是夜黑裡偷偷幹的；他擦了擦眼淚，領我們到羊圈裡去，挖出了埋在土裡的二十多根新椽子，如釋重負地說：「你們咋處理都成，誰讓咱犯下了呢！……」

我讓老菸鬼回連隊套車來拉椽子，我便隨同漢子去找生產隊隊長通報情況。隊長很年輕，也很會說話——「你再窮也不能去砍公家的林木啊！你這不是自找麻煩嗎？」然後他調轉話頭，訴苦般地對我強調，天旱無收，政府救濟糧下來，社員無錢購買的難處，遂提高嗓門嚷嚷道：「救濟糧拉不到家裡，冬裡要餓死人啊！」

「西海固」（寧夏南部西吉、海原、固原三縣統稱）歷來是十旱九歉收的窮困山區，那裡的鄉村幹部長期以來，最頭疼、最艱難的工作就是跑上跑下解決救濟糧、救濟款的問題。他們練就了一身討要、分配、維持生存的本領。年復一年、山川依舊，人貌藍褸、

吃糠咽菜，日子過得寒磣、淒涼！——那些年，很多社員把解放軍送來的軍大衣、棉皮鞋都賣了，變錢買口糧吃肚子。軍大衣、棉皮鞋都穿在了鄉鎮幹部和城裡工作的人身上了，知青中也有不少穿的。他們用極其低廉的價錢買回了極其光榮的時尚；穿上軍大衣、棉皮鞋多威風啊！真正的貧下中農穿的極少，他們吃肚子是頭等大事，穿戴體面不體面對他們來說根本就上不了生活的議事日程。

老菸鬼趕來了馬車，裝上椽子就往回趕。那時我倆肚子餓得咕嚕咕嚕直叫喚，那拖在地上的椽梢「唰唰唰」地也跟著瞎起哄，硬是磨蹭著走不快，氣得老菸鬼連連抽打那「呼哧呼哧」委屈無言的牲口，嘴裡還不住地罵著：「日它媽，盡幹這龜孫子出力不討好的活計！」他罵得那樣專注，那樣不可思議，我無力駁斥他，也沒有興趣跟他開玩笑。難怪啊，我們辛辛苦苦折騰了大半個月，到頭來落了個窩囊、難受，沒有名堂，誰心裡不窩火？

兩天後，我又找老菸鬼，未及我開口，他便伸出巴掌直往後趕，嘴裡嚷嚷：「你別讓我再幹那沒溝門子的事了，你饒了我吧！」我笑道：「我不為難你，只是想讓你代我辛苦一趟，到五里岔『山賊』家裡去問問那女子，願不願意到我家來當小保姆？」那時，四歲的兒子、兩歲的女兒正需要人照顧。

1978年國慶節是在「繡金匾」和「人說山西好風光」的熱唱中度過的。那是歌頌英明領袖華國鋒重新填詞的民歌，由著名歌唱家郭蘭英率先在舞臺上唱起，唱紅了祖國大地。在這舉國上下同聲歡唱的日子裡，青石嘴卻發生了一件讓人想像不到的事情。這件事情發生在某個晚上，四個人閒聊中，三個黨員聽一個知青講銀川的喜

聞樂見，講著講著就扯到了捉拿「四人幫」的傳聞上。某知青最後以一句「可溝子的求讓×××給美美地×上了！」結束粉碎「四人幫」的喜悅之情。此話溜出口後，三個黨員聽呆了、嚇傻了，不知所措地悄悄收場，各自躺在炕上翻來覆去睡不著。於是翻起身來不約而同地去敲連長的門，把情況向連長作了彙報——誰都害怕自己不彙報或不及時彙報，別人彙報了自己要倒楣……

第二天一大早，連長一臉愁容地把情況告訴了我，並決定立即向上反映，看上面咋辦？他讓我先找某知青談話瞭解瞭解情況，不要驚動他。我憂疑地去找某知青，到處找不見，有人說一大早就見他攔車走了……

這件事在林管局乃至地區領導引起了高度重視——「這還了得，公然辱罵英明領袖，這不是階級鬥爭在新形勢下的新表現嗎？」於是，派出所馬所長接受上級領導的指令，親自掛帥匆匆趕到青石嘴，說是情況已經驚動了地區領導；要求抓人，儘快定性。連長見情況搞得如此嚴重，心存疑慮，當著所長的面讓我說說某知青一貫表現，我明白連長的心思；批判批判、整治整治不知天高地厚、滿嘴跑汽車的知青還可以，但要作為反革命案件定性抓人，恐怕於心不忍。我就把某知青過去的表現向所長介紹了一番，並著重講了近兩年由於個人戀愛失敗，加上雙腿患靜脈曲脹，思想苦悶、精神壓抑，神經兮兮的胡言亂語現象時有發生。為此，連裡專門安排他回銀川去看病，誰知他跑回來不幾天就發生了這樣的事情。馬所長聽了似乎也心有所動，提議再聽聽群眾的反映。當下叫了五、六個熟知某知青的人來座談，大家說的情況和我說的情況差不多。馬所長便把初步瞭解的情況打電話給局領導彙報，局領導的意見很

乾脆，也很出人意料：「如果懷疑精神上有毛病，就把人帶到醫院去檢查，由醫院做出鑑定……」

為此，我和馬所長三次往返於銀川，開展甄別某知青「辱罵領袖的政治案件」。應該說馬所長是個好人。那時候好人的標準就是不整人，實事求是。他四十多歲，瘦高個，是森林派出所組建時，從地方公安局調入的老公安。他不善言辭，樸實誠懇，不像有些公安幹部那樣，不是自吹自擂，就是盛氣凌人。我和馬所長一身便裝北上銀川，彼此商量好不以派出所的身份出面、不談辱罵領袖的事情，只以組織上關心某知青的病情為由開展工作。我為馬所長的沉穩老練、客觀公正的態度而感到欣慰。同時也為某知青捏了一把汗——他的命運歸宿全憑醫院鑑定決定了！

到銀川尋找某知青的家並沒有費多大周折，我們按照某知青檔案填寫的家庭住址，順藤摸瓜摸到了他的家裡。我們的突如其來，讓某知青的父親頗為不安；他的兒子前腳剛到，我們後腳就來了！「莫不是有什麼事情？」做父親的擔憂往往是有道理的。但我們一再表示：「沒事，沒事，我們是代表組織來給他看病的。」某知青被他弟弟從外面找了回來，見了我們並未反映出驚訝或困惑，對我們的造訪好像早有所料，又似乎渾然不覺；說話有一句沒一句，前後斷檔、驢頭不對馬嘴。但他對自己可笑的語言，會表現出搖頭晃腦，無可奈何的樣子。面對熟悉的我和陌生的馬所長，他也沒有熟悉和生分感，一視同仁，淡然處之；他真的讓我很難捉摸他是真傻還是裝傻？在我們離開他的家後，馬所長說：「看樣子是有點不正常……」

第二天我們就帶他去市醫院看病。先到外科看靜脈曲脹，花了一大筆錢，開了很多藥。又到神經科檢查神經，我背過某知青對

醫生聲明要做出檢查鑒定。醫生說他只管看病，不做鑒定。他們醫院不具備做鑒定的條件，建議我們到靈武精神病院去……我們無奈了，只好把懷疑某知青神經可能不正常對他父親說了，要求他隨我們一同去靈武檢查。他父親為難地說：「看這一大家子，我不能耽誤工作啊！」他提出讓三小子（約十七、八歲）陪我們一同去，我們欣然接受了他的意見。應該說我們的工作做得頗有成效，把本來屬於水火不容的階級鬥爭，不顯山不露水地轉換到關懷、理智，實事求是的工作思路上來。這在當時來說，是一件了不起的事情，這種客觀的工作態度，人性化的工作方法，正是馬所長讓我佩服、讓我難忘的地方，也是某知青幸運遇上了一個好人。假如遇上了落井下石、或者好大喜功的人，那事情恐怕就很麻煩了……

　　汽車在收割後堆滿稻穀的田野上行進了約一個時辰到了靈武車站。就在人們擁擠下車去的那一刻，發生了我們意想不到的事情：某知青的弟弟一頭從車門上栽了下去，滿臉是血、昏迷不醒。這突如其來的意外讓我和馬所長慌了手腳，急忙求助於車站把人送往醫院。路上，我問某知青：「他有心臟病嗎？」搖頭。「他暈車？」還是搖頭。整個事變的過程他都表現得麻木不仁，不急不躁，好像是個旁觀者，又好像他早有所料，毫不奇怪。我納悶地說：「他那麼健壯，怎麼會突然栽倒呢？」他這才淡淡地說：「他就是這樣的。」那神情習以為常，不足掛齒。我忽然明白了——「羊角風！」我曾經見過這種病的犯病過程，對！沒錯。我急忙把預見告訴馬所長，以緩解我倆莫名其妙、緊張擔憂的心情——那麼大個小子，萬一有個三長兩短，怎麼向他父親交代？

果然不錯，在醫院醫生的一陣檢查後，醫生告訴我們說：「不要緊，癲癇病，俗稱羊角風。讓他休息休息就好了。」這場意外的驚險耽誤了我們的行動計劃，我們在醫院待了兩個多小時，等病人完全恢復了正常，在食堂吃了點飯就領著他們哥倆返回銀川。他的父親看著鼻青嘴腫的兒子，沉重地嘆了口氣——「有段時間不犯了，想不到又犯了！」那神情充滿了無奈……

　　應該說，這個充滿壓抑、負擔沉重的家庭，為我們「神聖的使命」抹上了一層灰暗的色彩。我倆懷著沉悶的心情，第二天在沒有家人陪伴的情況下，重新踏上去靈武的班車，看著某知青那副若無其事的樣子，怎麼也想不通竟然會碰上這樣蹊蹺的事情……

　　靈武精神病院遠離市區七、八里路，我們走到那裡已經是中午下班時間了。空曠的大院裡除了幾棵高大的白楊樹外，只有一群群麻雀嘰嘰喳喳、呼天喚地的嬉俏玩耍著。我們三人坐在門診大廳水泥臺階前消磨時間。某知青撩起褲腿把那靜脈曲脹的小腿曝曬在陽光下，他是那樣的坦然自若，好像我們就是帶他出來看病的。他這種傻得近乎可愛的樣子，越發讓人心裡感到不是滋味，倒像是我們在哄騙一個不懂事的孩子似的……

　　上班的時間終於到了，大夫們不知從什麼地方鑽了出來，白大褂、白帽子、來去匆匆，全都是一個模樣。我們在門診掛號後便在醫生的指點下，穿過門診大廳向後院深入進去，那裡才是真正意義上的精神病院。前院門診什麼病都兼而顧之，很多當地農民都在這裡就診看病，是重要的救死扶傷，實行革命的人道主義的前沿陣地。假如不通過這塊必經之地，你就無法知道裡面還有一個神秘的

世界，那是正常人無法想像的世界……

　　把前後兩院隔離開的是一片花草果園，走在通往後院的這條神秘幽靜的小路上，你便可以看見有人在花草前發呆，在樹蔭下痴笑；那笑聲是平直的、怪異的、沒有熱情支撐的，直衝衝地撲面而來，讓人感到毛骨悚然、惶恐不安……

　　後院的世界自成一體，是由一系列走廊，串連起診療區、病房、宿舍和果園；串連使這個世界獨居一方、包容覆庇，像一座古老灰暗的宮殿，一切都藏而不露、函蓋充周。它悄然固守在茂密的樹蔭和高大的圍牆裡，保持著一個與外界不搭訕的自我封閉的世界。

　　當我們深入到診療區時，就有人把我們引到診療室。那是一間很大的房子，確切地說它更像是領導的辦公室，有桌椅沙發，但都極其簡陋，不張揚、不奢侈。印象最深的是，在這間大房子裡還有兩間偏室，門上標明「閒人莫進」的字樣，這讓人容易產生好奇甚至聯想……

　　就在我端詳揣摩這間不倫不類的診療室時，有人推門進來了，一老一輕兩個男人。那老的直接朝辦公桌前走去，坐到椅子上儼然一副「主審官」的架勢。那年輕人向我們走來，嘴裡說：「誰是患者？請到前面來。」我下意識地把某知青從沙發上拽起，拉他到桌前面對「主審官」坐下，迅速從口袋裡掏出掛號單和介紹信遞給「主審官」，他習慣性地看了看說：「哦，遠道而來，坐，坐！」頗有一番學者的風度……

　　與所有醫院不同的是，這裡看病不用聽診器，不量血壓、不測溫度，只是談話，提問。那談話是輕鬆的，像聊天、扯家常那樣自

然。但穿插其中的一系列提問卻很唐突、很有趣，像智力遊戲，又像是審訊犯人，充滿任意性和強制性——你怎麼回答都可以，但你必須回答，不能回避。這使我聯想起曾經看過的一部電影，那是偵察人員深入敵內，與敵人展開心理戰，最後被捆綁在電椅上接受測試的殘酷情景；我不由地抬頭看那「閒人莫進」的偏室，心想，那裡面恐怕就有測試儀，是真是假、有病無病，不僅通過談話的直接感覺，還要經過高科技的測試手段來強化鑒別——這是一場沒有硝煙的戰鬥啊，一場辨別真偽、充滿智商的心理戰！

　　談話持續了近一個小時，年輕的助手一直在把談話的內容記錄在案。某知青還是那樣坦然自若，對自己回答問題的表現頗為不滿；他往往在回答一個問題後，就會朝我無奈地搖搖頭，那神情充滿遺憾，就像魯迅筆下的阿Q，死到臨頭還念念不忘那個沒有畫圓的圈……

　　談話測試結束後，「主審官」果然讓年輕的助手把某知青領到「閒人莫進」的偏室裡去了。他很客氣地對我和馬所長說：「疑似病人需要留下觀察十天到半個月，你們要提交一份司法鑒定申請書、本人簡歷，及其工作表現、生活嗜好等方面的材料。」這完全出乎我們的意料，我們以為把人帶到醫院，檢查一半天，出份鑒定就完成任務了，沒有想到事情這麼複雜……

　　我和馬所長頗為鬱悶地走出診療室，很遺憾不能參於其它檢測過程，尤其是那神秘刺激的科技測試手段。在通往果園的拐彎處，被一陣熱鬧的喧嚷聲吸引——「走，看看去！」我倆饒有興趣地拐入另一走廊，只見一群人在一間寬大的房子裡嬉耍，舉止如同

幼兒園的孩子，唱歌、拍手、做各種各樣的可愛動作。但他們不是孩子，是大人，是各種年齡的大人。他們正在享受下午集體娛樂活動。我倆站在門口觀察他們，心裡怪怪的，充滿了同情與憐憫……

　　一個三十多歲的男子注意到我們，他朝我倆慢慢走來，「咳咳咳」地衝我倆痴笑表示友好。還伸出手來直言不諱地說：「師傅，有菸嗎？給我一支菸。」那迷茫的眼睛透出乞憐的神色，沒有合攏的嘴角順著「咳咳咳」的痴笑聲流出了口水。我趕緊掏出香菸給了他一支，他高興得接過菸，點頭哈腰連聲：「謝謝，謝謝。」轉身就高舉香菸大喊：「我有菸了，我有菸了！……」這一下可熱鬧了！五、六個怪模怪樣的人都向我倆湧來，「師傅，給我一支，給我一支！……」我索性每人發了一支，並挨個給他們點上了火，他們一個個歡天喜地、洋洋得意地過起了菸癮……

　　一個約十三、四歲的小男孩跑來，「叔叔，你們是從銀川來的吧？你們是來看病人的嗎？」那明亮的眸子充滿了好奇。「是啊，我們是來看病人的。」「叔叔，我家在銀川北門住，我爸爸在看守所工作，你們認識我爸爸嗎？我一看就知道你們也是公安上的，你們能不能給我帶封信給我爸爸？」小傢伙聰明伶俐的目光，根本就讓人無法拒絕他的美好願望，你也根本就無法把他同精神病人聯繫在一起。我欣然地說：「行，可以！」小傢伙得到肯定的答覆後，又興趣盎然地說：「叔叔把你的筆借我用一會，我一會就寫好！」我遂從上衣口袋裡抽出鋼筆給他，小傢伙一聲：「謝謝叔叔！」轉身就鑽進去趕製他的傑作去了……

　　兩個女護士從裡面出來了，嚷嚷道：「誰給他們菸了？這裡禁止吸菸……」她倆朝我們走來：「請你們趕快離開這裡，這是違

反規定的！」我倆不好意思地退出走廊，只見她倆把柵欄門使勁拉上，轉身走了！——我很遺憾，不是因為那支鋼筆，而是因為沒能滿足小傢伙的一片美好願望……

一週以後，我和馬所長帶著精神病院需要的鑒定申請及其有關材料，再度重返銀川。某知青的父親提出要隨我們一同去靈武看望兒子，說是要帶上些衣物和吃的東西，怕委屈了有病的兒子，我們欣然同意。一路上，這位六個子女的父親對我們述說了很多家庭不幸的遭遇，顯然，他沒把我們當外人。他說他娶的老婆娘家是地主，仗著家中有錢替他在馬鴻逵（國民寧夏省政府主席）部下捐了個少校軍銜，年輕時什麼都不會做，就知道玩耍。解放後家裡落魄了，沒有手藝，就做些小買賣維持生活。五七年「反右」被打成右派，在西湖農場勞改了半年。六〇年「雙反運動」被判了兩年徒刑，那是做小買賣投機倒把犯的罪。「文革」中舉家被「遷趕」到西吉山區待了近一年，幸虧落實政策回到了銀川，要不然，病殃殃的婆娘非死在山裡不可。某知青是他的二兒子，初中沒讀幾天就跟著他拉人力車，受了很多苦。本指望他上山下鄉有個出路，給家裡減輕些負擔，年輕人在一起有組織照顧，隨大夥一起也好有個出息。沒想到他腿子得了病，思想上苦悶，像他媽性格孤僻，成天昏三道四、胡思亂想的，家裡什麼也指望不上，反給家裡添亂！……

班車很快就在他不停的述說中進了靈武車站。我們在精神病院診療室見到了那位「主審官」，遞交了他需要的材料，並向他介紹了某知青的父親。他說某知青的情緒不穩定，現在是觀察病情的最佳時期，對於確診精神是否正常很重要；強調這段時間最好不要

和外界接觸，要我們配合治療，暫時不要會見某知青。這使某知青的父親很是失望，醫生的話讓他預感到兒子的精神病恐怕是木已成舟、無可避免了；他紅著眼睛把給兒子的東西留下，握住「主審官」的手，動情地說：「大夫，你們一定要治好他的病啊！他還年輕，連家都還沒成呢，我給你們下跪啦！」說著就要跪下身去，我和馬所長趕緊把他拉住；此時此刻，一個做父親的良苦用心全盤托出，讓人傷感不已……但令人苦不堪言的是，我們的願望和這位做父親的願望正好相反；我們希望他的兒子有病，有精神病，這樣他才能躲過牢獄之災。這種反人道的邏輯思維，從一開始就注定了某知青要麼下地獄，要麼成瘋子，二者必居其一，別無選擇！

10月下旬，我在青石嘴收到馬所長托人捎帶來的信函，告訴我某知青的精神病已經確診，要我帶上某知青的工資、糧票以及治療費用再赴靈武精神病院辦理相關手續，取回診斷鑒定書，並把整個情況寫一份書面報告，準備向上級彙報。至此，一起辱罵領袖的政治案件終於有了了斷。某知青因禍得福，平安無事地在銀川接受治療，一切工資、費用均由單位承擔。在以後的一年多時間裡，我每月按時把他的工資糧票領出來給他寄回去，他父親曾多次來信表示感謝，直到我返城脫離知青生涯。這是我當森林警察期間，經手過的一個難忘而有意義的案件。

當各地知青動盪不安、紛紛鬧事的時候，北京知青工作會議卻作出了與知青願望相悖的決定；宣布繼續動員城市應屆中學生上山下鄉、強調要堅持知青上山下鄉的正確方向，並作出了農場（兵團）知青一律按照國營企業職工對待，不再例入國家知青政策照顧

的範圍。這就是說，滯留在邊疆幾百萬知青大軍最終失去了作為知青身份所享有的返城資格。此文件一經公布，引起全國城鄉強烈的反響；從兵團建制撤消，到知青身份改變，知青的名分和身份都沒有了，回家的願望也沒有了！——粉碎「四人幫」後，右派平反、天安門事件撤銷、地富反壞摘帽，所有冤假錯案平反昭雪，似乎所有好事都與農場（兵團）知青無關；同樣是知青上山下鄉，插隊的兩年可以招考上學、參軍、招工，惟獨屯墾邊疆的農場（兵團）知青被剝奪了知青應有的權利。這個不公平的規定，終於使轟轟烈烈的上山下鄉運動走向了運動自身的反面！——全國重大事件頻頻發生，山西知青上訪請願、新疆知青赴京告狀、海南知青集體罷工，知青倒流回城阻斷交通，返城浪潮一浪高過一浪，搞得雞犬不寧，上下不安！鄧小平痛心地說：我們花了三百億，買了三個不滿意；知青不滿意、家長不滿意、農民也不滿意……

　　1978年11月10日，注定是個不尋常的日子。這一天早上，上海知青徐玲先要生產了。她拖著沉重的身子艱難地行走在雲南橄欖壩的山路上。這一天正是她下鄉十周年。西雙版納的熱風苦雨、鐮刀斧頭把這個上海姑娘琢成了一個皮膚粗糙、手腳粗大、什麼事都不在乎的當地農婦。——她就要做母親了，陣痛中不乏欣慰。她沒有驚動自己的丈夫，他們正在幾十里外學大寨工地上戰天鬥地；生孩子本來就是女人的事情，沒有必要拖累男人跟著自己婆婆媽媽；她也沒有求助自己身邊的戰友，自己的事情自己做，何必大驚小怪去影響別人呢？走十幾里路到農場醫院把孩子生下來就是了；她這樣想著，這樣做著。默默地把為小孩趕製出來的小衣小褲，還有手絹縫製的小鞋小帽一併和自己的衣物包裹起來；她要上路了，她要獨

自迎接那個小生命的到來！——當她踏出家門順手關門時，覺得自己笨重的身體有點可笑，怎麼就變得這樣彆扭呢？她勉強笑了笑自己，對即將闔上門的家輕輕說了聲再見！那神情充滿了眷顧與期待。可她萬萬沒有想到，滯留在中國邊疆百萬知青的命運，乃至長達十幾年的上山下鄉運動，注定將由她和她那未出世孩子的血和生命作為代價，揭開了知青返城大風暴的序幕！——一起因玩忽職守造成的醫療事故，終於引發了一場遲早要爆發的火山！

一週以後，憤怒的知青們抬著母子倆的屍體，浩浩蕩蕩踏上了前往景洪州府的公路上。一路上，途經各農場的知青們紛紛加入，遊行隊伍如滾雪球般迅速壯大，總人數達到萬人。景洪街上交通阻塞，車輛停駛，行人駐足……

半個月後，知青們又發起《萬人簽名運動》，釀成了雲南十萬知青大罷工，大請願。他們的口號是：「知青要做人！」「知青要回家！」——面對各種許願和壓力，他們在所不惜，矢志不渝！經與各級地方領導對話、抗爭無果的情況下，他們成立了知青北上請願團，他們要北上進京直面中央！

12月28日，在新年前夕濛濛細雨中，知青北上請願團突破重重圍攔堵截，義無返顧地踏上了距昆明火車站兩公里，一個叫羊方凹的地方集體臥軌示威。致使昆明開出的列車受阻，昆明接連京滬、京廣、隴海幹線的鐵路大動脈中斷……

12月31日凌晨，北京電告雲南，同意知青請願團赴京反映情況，但人數須限定在三十人以內。喜訊傳到羊方凹，寒冷的鐵路上響起了一陣歡呼聲！勝利的喜悅過後，知青們又抱頭痛哭；他們千辛萬苦、敢冒天下之大不韙的行動，終於贏得了北京最高層的回

應，他們有希望了！

1979年新年伊始，寒冷的北京火車站迎來了衣衫單薄、神情疲憊的雲南知青。他們聚集在人民英雄紀念碑下，一連兩天，把兩個月來雲南邊疆發生的事件如實向首都人民報告。消息傳開，受到北京居民、知青及其家長的聲援，食物、飲料和禦寒衣物堆成小山。

元月四日下午，雲南知青北上請願團終於受到中央首長的接見！……

一波雖平一波又起，就在北上知青請願團受到中央領導接見，達到直面中央反映情況的目的後，分別取道重慶和上海返回雲南期間。雲南罷工知青與省委派來的工作組兩次就知青身份改變問題抗爭無果的情況下，憤怒地將已經進行了兩個月的罷工升級到絕食……

元月23日晚9時，在雲南猛崗農場的罷工知青第一批311名男女開始絕食。萬餘名知青圍攏在絕食現場周圍，淚水飛揚、哭聲動地！……

三天後，第二批絕食知青七百餘人進入絕食現場。第三批絕食知青已經作好準備，隨時準備用死來追求生的希望！他們將一份事先擬好的電報稿，通過電話傳到縣城郵電局值班室。自後，每隔兩小時，以知青罷工指揮部的名義，向當地縣、州、省委及北京通報一次絕食現場的情況。抗爭進入到生死存亡的危難時刻！……

元月26日中午，中央派出的五人調查組直奔絕食現場，看望已經絕食絕水六十多小時的知青。面對中央調查組的到來，絕食知青們遞上了一份用血寫的六個字──「不回家，毋寧死！」

中央調查組與知青見面會立即在山坡露天廣場舉行。中央調查

組首長被請上主席臺就座，知青罷工指揮部成員坐在台下知青隊伍最前排。放眼望去，會場與山坡上黑壓壓的數萬名知青，主席臺形同一座孤零零的小島……

當中央調查組首長問候的第一句話：「農場青年職工們，你們好！」還沒有完整落地，台下已經呼喊起來：「我們不是青年職工，我們是下鄉知青！」……

就在首長對著話筒苦口婆心、反覆勸解時，一個知青罷工指揮部成員走上台，拿過話筒：「北京來的首長們，親愛的知青戰友們，兄弟們，姐妹們，我是六九年下鄉的北京知青，今天站在這個講臺上，當著我的故鄉北京來的首長和親人的面，當著我患難十年的知青朋友的面，說幾句公道話。請你們記住，這是一個三十歲男知青留給這個世界的肺腑之言。說完這些話，我想我從此問心無愧，因為我已經盡了我最大努力來報答大家的信任。」他盡情訴說了知青的種種苦難與不幸，講出了一代知青的心裡話，說出了大家要求返城的迫切願望。最後，他悲壯地說：「在我的發言即將結束時，為了捍衛一個真正的知識青年，一個有血有肉的人的尊嚴，也為了拒絕剛才強加給我的『農場青年職工』的不真實的身份，我決定以最後的方式來表達我的抗議！」說完，他轉過身，面對全體中央調查組成員，從褲兜裡掏出一把鋒利的匕首，一下子就切開了自己的手腕，剎那間，一道血柱如噴泉般噴湧而出，不等人們清醒過來，這位勇敢的知青便跌倒在地上……

講話的首長絕對沒有想到，他們堅持的知青政策，會對知青們產生這麼深的傷害！……人非草木，孰能無情？他開始轉換身份，改變思路。──「同志們，青年同志們，我慎重地、負責地、全心

全意地為剛才的話，也為那個不公平的稱呼向你們道歉！正式向你們說一聲，知識青年同志們！」會場頓時響起雷鳴般的掌聲！——「作為個人，我也是一個普通知青的家長，我的兩個孩子也像你們一樣至今在農村……」會場完全沉靜下來，知青們淚眼迷濛、全神貫注地傾聽著……

一個女知青站起身來，慢慢朝主席臺走去。她感覺眼前這位老首長親切、慈祥，就像自己的父親。她夢幻般地走到老首長面前，雙膝一軟，撲通一聲跪下，抱住老首長的腿放聲大哭起來——「伯伯，好伯伯！救救我們吧，救救可憐的女兒吧！……」

一時間，現場上的知青們齊刷刷地朝主席臺跪下——撕心裂肺的哀鳴，撕裂長空大地！這些新中國第一代紅領巾、當年趾高氣揚的紅衛兵，曾經演繹過多少雄心壯志、燦爛輝煌的革命篇章？如今卻喪魂失魄、匍伏在地，哭成一片！

是什麼魔咒能夠使他們曾經無比驕傲的頭顱低垂哀鳴？是什麼力量能夠摧毀他們曾經鋼鐵般的意志長城？——是天，是地，是風，是雨？不！什麼都不是，是光陰，是淒風苦雨般的光陰！蹉跎無望的歲月讓他們喪失，讓他們挫敗，讓他們痛心疾首，讓他們號啕大哭！積鬱崩潰，恰似一江春水向東流，延續十幾年的知青上山下鄉運動終於走到了盡頭！

1979年春天，當「中越」邊境打得熱火朝天、血染風采的時候，雲南版納十萬知青正在勝利大逃亡，與南上一列列滿載軍用物質的車隊形成了鮮明的反差。這能怨誰呢？歷史的碰撞往往偏頗，歷史在鑄造一批英雄兒女的同時，往往又拋出了一批落荒者。當人

們在為英雄壯舉感慨的時候，對逃之夭夭的失敗者們不屑一顧。人們很少歷史地看問題，總是用成功與否的眼光權衡利弊，推論事物。因而，知青大返城在不是知青或者家中沒有下鄉知青的人眼中，在對知青持有不同看法的領導者眼中，在生活優越不知山高路遠風雨泥濘的人眼中，不過是一群烏合之眾，垮掉了的一代！對知青返城仁者見仁、智者見智，褒貶不一，眾說紛紜。儘管如此，知青返城勢不可擋！知青們不管世風如何，就像當年不管家長們如何勸阻非要上山下鄉一樣，向著他們認定的方向洶湧而去！各大交通幹線、車站廣場，湧滿了潰散回流的知青。——兵敗如山倒啊！他們蓬頭垢面、行裝襤褸，抽菸喝酒、行為粗野，窮盡了戰場上潰敗下來的狼狽像……

　　一代知青，十年荒野，面對他們，多少父母心如刀絞、淚流滿面……

　　誰能把歷史的成敗歸咎於下鄉知青的身上呢？如果說知青上山下鄉是一場意義深遠的革命，那麼這場革命的對象不是別人，正是他們自己；他們自己對自己打了一場比八年抗戰時間還要長的持久戰，那是靈與肉的搏鬥啊！……儘管他們以失敗而告終，但沒有理由對他們橫加指責，他們的失敗正是撥亂反正、順應社會發展的開端，他們為破除迷信、解放思想增添了一塊厚重的砝碼；無論曾經是被迫下鄉還是志願下鄉，他們都無法逃避時代賦予他們的共同的命運，他們注定是「英雄創造歷史」的產物；作為共和國一代長子，他們是托起太陽行走的壯士，他們為自己的時代奉獻了最寶貴的青春乃至生命！無論是無怨無悔，還是悔怨交加，他們都是無可爭議的人生經歷，他們畢竟要接受歷史的檢驗。短暫的人生在人類

社會長河中只是一個瞬間。毋庸置疑，共和國的歷史必將銘記幾千萬知青用青春和熱血譜寫的悲壯歷程！從這個意義上講，他們無愧於自己，無愧於時代賦予他們的使命！

　　整個春夏秋冬，黃崆山的知青們陸續往回返；楊紅旗走了、鄭建國走了、高鵬倆口子也走了！但黃崆山知青返城沒有迭起高潮，沒有造成聲勢，這要「歸功」於上級領導的高瞻遠矚。假如當初不採取分化瓦解的手段，把知青們分散到各個深山老林裡去，讓時間和空間去隔離他們、消磨他們，他們不定要鬧出什麼聚眾返城的故事呢？……如今，他們面對各大城市轟轟烈烈的知青返城運動，只能是各就各位、各自為政，單槍匹馬、各有千秋；「誰有能耐誰先走！」把火焰般的返城激情化成了星星之火，無燎原之勢，減緩了知青返城的衝突和壓力：「銀川下鄉知青在返城大潮中沒有惹是生非、製造麻煩。」這是銀川知青辦的「成功」和「自豪」！這也使得勞動部門有充分的時間，有條不紊地接納、安排一批批風塵僕僕、感恩戴德的返城知青們。

　　但這種「緩慢」的退出過程，這種沒有明確文件規定、模棱兩可、含糊不清的「辦理」方式，如同分娩陣痛般把知青們折騰得痛苦不堪，心急如焚！他們在別人紛紛離去的過程中，不斷體驗身心分離、心神不定的苦痛；他們同樣要面臨別人返城過程中的艱澀與心酸；他們踩著勝利者的步履，「穿針引線」、「牽線搭橋」，前赴後繼、在所不惜！一個個最終身心疲憊地悄然退出了知青生涯，把勝利的苦澀慢慢與家人分享。這種「憑門路」，「靠關係」的退出過程，不僅拉長了知青返城的時間，更加重了那些尚無登陸目標

（沒有接受單位）的知青們巨大的心理壓力，他們在承受著知青返城過程中所有糾結與不安；那種焦慮、那種失落，是常人所無法理解和想像的。真所謂「上山容易，下山難啊！」……

在知青返城大潮中，我屬於「身心分離」的一族。在沒有「門路」的前提下，只能苦苦堅守著森林警察賦予我的職責。猶如十幾年前，在家找不到工作，期待前程，聽天由命一樣！所不同的是，曾經是想往遠走高飛，志在有一番作為。如今卻是「樹倒猢猻散」豐城劍回，落葉歸根；大家都走了，剩下的自然心慌意亂，忐忑不安……

為了補充知青返城的空缺，林管局及時解決了一大批老工人家屬到林場來當職工。這些二、三十歲的婆娘們都是土生土長的農民，能夠到林場來吃公糧、拿工資，帶著孩子與丈夫團圓，那可是她們夢寐以求的好事。這些人與知青正好相輔相成；知青們高興地走了，她們如願地來了，她們真正趕上了社會主義的優越性，一步從農民變成了工人，過上了旱澇保收、老婆娃娃熱炕頭的好日子！

又是一個秋天。秋天對羈旅的人總是傷感的。秋天的大山深處，綠野被秋風蕭瑟的萎靡不正、灰心喪氣。一切都是那樣的凋零、衰落，唯有那山林中頑強不屈的紅葉，雖然面臨飄逝的威脅，卻如同潑血般生動鮮艷！一片片、一簇簇、如火如荼，競相在生命的最後一刻，展示出與命運抗爭的輝煌！──順手摘下一葉，夾在筆記本裡便會成為一枚紀念，一個記憶……

護林隊長和我約好，我們在南莊見面。可我到達兩天了，硬是沒見他的人影，他把我一個人丟在了人生地不熟的大山深處。我困惑地住在民兵連長家裡，這是莊子上條件最好的一戶人家。院子裡

三間瓦房，收拾得乾乾淨淨。小倆口剛結婚不久，正在釀造甜美的小家庭生活。我有幸住在這麼好的人家，是因為「撥亂反正」了，凡事講究個組織觀念，比不得原先隨心所欲、怎麼方便怎麼辦。很多事情往往由一個不經意的偶然，牽連起一連串的必然。這次遠行我是捨近求遠繞道到生產大隊去的，要和在那裡蹲點搞「社教」的「工宣隊」取得聯繫，按照組織程序開展工作。恰好遇上家住南莊的大隊民兵連長，「工宣隊」頭頭順水推舟把我介紹給他；小夥子義不容辭、高高興興把我帶到他家裡安頓下，熱心地協助我開展工作。

　　令人生氣的護林隊長與當地兼職護林員楊隊長鬧矛盾，互相埋怨、互相指責，誰是誰非？領導上讓我前往明察。三天了，護林隊長愣是沒有露面，急得我坐不住了，就讓民兵連長叫來了生產隊民兵排長，把話題扯到了護林隊長反映的情況上來。不料，出乎意外，民兵連長和排長都感到蹊蹺，手拍胸膛大包大攬地說：「楊隊長擔任兼職護林員多年，工作實誠，得罪了很多人是實，可說他砍林蓋房的事兒，純屬胡說八道咧！」當下就要領我到楊隊長家去見證一番。——索性一不做，二不休。我隨二人坡上坡下、三轉四拐來到一處坡崖上，民兵連長手指崖下一處空曠的院子說：「這就是楊隊長的家！」——三間低矮的茅草屋一目了然，院裡栓了一頭奶羊、一條狗臥在旁邊曬太陽，五、六隻雞在晾曬的草攤上競相刨食。屋檐下順序立著犁、耬、耙，院裡最隆重的是沿院牆一溜齊刷刷的乾柴垛，形成了一個大寫的感嘆號；看來楊隊長家窮得和莊上社員家沒啥兩樣，並不像護林隊長反映的「顯山顯水、呼風喚雨的人家啊！」……

　　坐在楊隊長家的土炕上，我們聊了一下午。脾氣倔強的楊隊長訴說了長期困擾在護林問題上的憋屈與無奈——「山高皇帝遠，王法沒處使。護林員一年半載來一趟，鑽進熟人家裡一吃一喝、末了抬屁股就走了，這林怎麼護？我一月拿林場發給的十幾元錢，不操心，心裡對不住公家，跑上跑下、惹惱了鄉鄰街坊，年上險些沒讓那夥砍柴的人給打趴下……」楊隊長訴苦連連、滿腹委屈，說得我心裡直發怵；想一想也是，人最怕的就是出力不討好啊！「你們的護林隊長有親戚住在莊子上，護林護到了他家裡，山林是給他們家長的，人家蓋房、賣椽沒人敢管！」愣頭愣腦的民兵排長氣惱地說；「哎，咱要說就往實處說，可不敢胡說！」民兵連長攬過話茬慎重地說。心氣不平的民兵排長愣是不服氣，又搶過話頭道：「不相信我說的？咱們今兒個晚上就到他家去看一看，道是虛是實！」他胸有成竹地走到我跟前，悄悄對我耳語了幾句，那神情彷彿他就是神探「福爾摩斯」。民兵連長又接著說：「要從根上說，護林隊長的親戚馬占山，原先也是個當了多年的生產隊隊長，前年落選了由兼職護林員老楊接換，埋怨好事全讓老楊給占了，對老楊心存嫉妒。在隊裡形成了一把子勢力，經常和老楊對著幹。年上蓋了兩間新房，群眾是有些反映，但具體有沒有啥手續，咱們也說不準。」楊隊長趁熱打鐵地說：「既然你來了，這事就好辦了，你把他過問過問，是真是假自有了斷！」

　　晚上，月亮露出大半個臉，羞羞遮遮地瞅著困乏的山莊。我們踩著羞澀的月光來到馬占山兒子的家門前。一陣激烈的狗叫聲驚動了房主人，院裡傳來腳步聲和罵狗聲，隨即院門「吱啦」一聲打

開，探出半個身臉，衝衝地問：「誰？」民兵連長誇張地說：「公安上來人了，要問你個事，你把狗栓了，讓我們進去。」小夥子猶疑地看了看我，感覺生生的，沒言喘轉身把狗拉過栓了。進得院子，我便四下瞅了又瞅，心裡就有了眉目。小夥子的媳婦見來了生人，抱起懷裡吃奶的娃就往裡屋去。我讓民兵連長和排長坐到炕上去，隨手在炕邊拿起一個小板凳遞給小夥子，喧賓奪主地對他說：「你也坐下，我有事問你，你要實打實地說，不敢含糊。」遂轉身坐在箱櫃旁一張滿身垢色的椅子上，掏出廉價的「前進」牌香菸，抽出兩支分別扔給民兵連長和排長，又抽出第三支遞給小夥子，小夥子連連擺手說他不吸菸，遂自己點上。

幾口菸吸罷，見小夥子還乾愣著站在那，便意有所指地衝他發問：「咋了？咋不說話？」小夥子面有難色，看了看民兵連長和排長，呐呐地說：「就是年上……把隊裡的庫房撬了一回，啥也沒拿上，就被隊上給整治了……再沒做啥事。」

看來小夥子不撥不轉、榆木疙瘩一個；我又直截了當地大聲喧道：「砍山林、賣椽子的事，你給咱說道說道！」「沒…沒有，前一向我爹舊房上拆下的幾根舊椽棒棒，叫我給拉上賣了。山裡的林木……我沒砍過。」「你院裡還有椽子嗎？」「沒…有。」「啥椽子都沒有？」「啥椽子都沒有。」「當真？」「當真！」「好！咱們到院裡去看看。」

一夥人隨我起身來到院中，皎潔的月光比屋裡曖昧的油燈敞亮些。我信步走到那堆柴草前站定，回身衝小夥子道：「你過來！把柴草給我揭開！」小夥子一下慌了神，向前挪了兩步就一個勁推說那是柴草。我說我知道是柴草，你來把下面的東西給我翻出來！

小夥子腿子沉得挪不動步、滿嘴打吞吞不知說什麼好，尷尬得僵在那裡。我斬釘截鐵地說：「下面有東西，你把它拿出來，咱們好說話。」小夥子畏蒽不前，我信心十足地上前兩步嚴厲警告小夥子：「現在說實話還來得及，算你主動交代，從寬處理。否則，別怪我不客氣！」民兵連長和排長見火候到了，上來勸說小夥子：「趕緊把實話說了，人家把話說到這個份上了，你還等啥哩！」小夥子這才磨磨嘰嘰地說：「下面埋了些椽子。」「有多少根？」「二十幾根。」「刨出來數！」小夥子終於挪動了腳步，揭開了柴草，拉出來了四捆直溜溜的椽子，共二十六根，旗開得勝！

　　一夥人又回到屋裡。小夥子的媳婦一把鼻涕一把眼淚地數落起小夥子：「叫你不要做虧心事，你偏偏不聽！這回惹下麻達了，害誰呢？……」民兵連長把哭哭啼啼的小媳婦勸進裡屋。我從挎包裡取出紙、筆，對小夥子說：「你把椽子的事一五一十地給我說一遍，不敢胡說！胡說了就不是那話了！」

　　從小夥子家出來，月亮已經坦坦蕩蕩地高懸在夜幕之上。月光巧妙地把我們幾個人的身影，或長或短、變換不定地投影在崎嶇的山道上。我們踩著自己怪異的身影，把靜謐的夜色晃動，攪擾；一舉拿下馬占山的兒子，幾個人激動不已，一路上商量著明天上午就到馬占山家去：「這一回不怕他胡攪蠻纏，牛鼻子捏在咱們手裡了！」民兵排長更是興奮不已……

　　第二天吃罷晌午飯後，我們幾個先到馬占山兒子家，讓他去找楊隊長把椽子拉到生產隊庫房裡去，然後直奔馬占山的家。身材粗壯的馬占山，目光炯炯、半臉髯鬚，一看就不是個等閒之輩。他

熱情地把我們迎進屋裡，似乎早已知道兒子的事情。把我們讓到炕上、擺上炕桌，親熱地問吃了沒有？沒吃讓婆娘做去。「吃了，吃了，不麻煩了。」「那就泡茶！大夥辛苦了一晚上，逍逍停停喝上些茶！」一陣客套話後，大大咧咧的馬占山忽然「唉！」地一聲長嘆，把頭搖的跟撥浪鼓一樣大罵兒子：「狗娃孽障啊！好吃賴做，盡想掙些昧心錢。從小他娘慣的！成了家、有了娃，還賊心不改嘛！」他深惡痛絕地罵了不爭氣的兒子，顯然是想贏得我們的同情。但看我們沒有反映，遂又把話鋒一轉，乾脆利索地說：「千錯萬錯，你們衝我說，我一繩子背了，任你們處理！畢了，我再教育他！……」

馬占山一口氣慷慨激昂、肝膽照人，從頭到尾把事情全包攬了，聽得人心裡怪舒坦的。我心裡想——薑還是老的辣呀！遂抬頭對馬占山說：「行啦！你兒子的事回頭再說。我問你，你這房子是啥時間蓋的？有手續嗎？」馬占山略一愣神、隨即道：「哦，這房子是去年蓋的，林場人都知道，咳咳。」「都是誰知道？」「老李、老田，他們都知道，都是熟人嘛！」「那你把手續拿來我看看，咱們登記一下，好有個說法。」「咳咳，沒啥手續，都是些沒收下的橡把把子，護林隊長給了我，我就拾掇了蓋了房，咳咳。」他每每話前話後都會「咳咳」地乾笑兩聲，讓人覺得他是那種無所畏懼、刀槍不入的主。我抬頭手指房頂不無嘲笑地說：「你看看哪根是橡把把子，你給我指出來？」馬占山抬頭看了看房頂，略顯尷尬地解釋道：「有些是掏錢買的，有些是舊房拆下的，咳咳。」他依然有條不紊、應對自如。我不由地加重語氣說：「馬占山，你不

要遮遮掩掩了，我們既然來找你，肯定是有說法的，要不然，我們來扯什麼磨嘛？問題明擺著，何必拐彎抹角給自己過不去呢？說清楚了，做個處理，不就完了嘛！」「對對對！是這話，有啥說啥，人家也是個痛快人，不說個明白，做個了結，恐怕啥時間也不得安生！」民兵連長接著我的話茬規勸道。──「唉！」又是一聲長嘆，又把鬍鬚抹了一把，彷彿把一臉的晦氣都抹掉了；面對蓋在房上齊刷刷的山楊椽子，馬占山實在無可奈何了，他乾脆把砍林蓋房的事做了交代，並表示願意接受處罰。

　　當天下午護林隊長匆匆趕來了，說是娃娃有病了，抽不出身，來遲了。我把馬占山父子的事情簡單說了一遍，然後不管他的意思如何，遂帶他一同到楊隊長家去。我想，面對楊隊長家的三間茅草屋和馬占山兒子家中搜出來的椽子，一切不言而喻。至於他以前的事情，由他自己想去，畢竟他是護林隊長，說多了倒顯得沒意思……那時我已經學會了一些處事方法，學會了寬恕和忍耐。楊隊長見護林隊長也來了，不拘前嫌、非常高興，我們一起商量了召開社員大會，處理馬占山父子倆砍伐山林的事情，以此強化社員群眾護林愛林的意識。楊隊長頗為感觸地說：「想不到，人家初來乍到，一點也不含糊。如果都朝這麼做，誰還敢去砍林？」他要我們多住些日子，說外面常有一幫子人進山砍柴，盡砍些椽椽棒棒，擋也擋不住，希望我們配合他蹲守上幾天，剎剎邪氣。民兵連長、排長都十分贊同，我和護林隊長自然沒啥說的。我們一行五人連續在山林主要路口巡視了三天，擋了很多進山砍柴的人和牲口，下午下山把這些人集中起來宣教一番、寫個保證，便打發他們趕上牲口回家去。

是日下午，天陰了，似乎要下雨。我和護林隊長到公社彙報完工作便急步往回趕路。頭頂上嗡嗡響起飛機聲，我習慣地抬腕看手錶——4點10分，一般相差不過十幾分鐘，那是由北京飛往西安的航班。每當下午聽到天上的轟鳴聲，就會抬頭追尋那雲裡來霧裡去的飛機，心馳神往、浮想聯翩；好羨慕坐在飛機上的人啊！總會想像他們坐在上面俯視黃土高原是種什麼感覺？若換成自己又會是怎樣的心情？憑空想像也是一種生活的情趣，善於想像更是寂寥環境中的一種藝術；我雖然無法確切出身臨其境的感受，但電影中飛機上的人物形象，緊張的、輕鬆的、自豪的、驚恐的，總會把各種高空中飛行的故事展開，任你想像，任你創作！雖然如此，可每次昂首翹望失蹤的飛機，回眸空曠寂寥、陰霾籠罩的山巒，卻又不免悵然若失！人啊，還是沒有想像的好！

　　快到莊口時，看見麥場上圍了一夥人在看什麼，有人見我倆就喊；說是滿山的傳單不知是咋回事？我倆接過一看，嚇得心驚肉跳！忙問：「是什麼人撒的？看見人了沒有？」他們七嘴八舌地說：「是飛機響過後，從天上飄落下來的，山野裡多的很！」我急忙對護林隊長說：「你趕快去找民兵連長，召集莊上的民兵進山收繳。我去找楊隊長通知社員，凡是撿到傳單的一律交到隊上來。」而後的幾個小時裡，不斷有人來送交傳單；識字的，不識字的，人人都知道那東西不是好玩的，不能收藏也不能糊牆圍子，更不能讓娃們當稀罕物拿著玩耍，那可要遭惹麻煩的！

　　——面對色彩各異、內容不一、駭然入目的反動傳單，我的心在震撼——第一次面對真正的，不是聽說的，名副其實的，不是牽強附會的階級敵人、反動派出手的東西——那攻擊領袖的刻毒語

言、投敵叛國的自白書、醜化黨內鬥爭的披露文章，無不令人怦然心跳、毛骨悚然！——那傳單附加的圖畫穿插精緻、主題鮮明，超過了一般常見宣傳品的製作水平。尤其是《昨日的朋友，今天的敵人！》「中越」兄弟刀槍相向的漫畫，和《我們要回家！》知青遊行連環畫，像刀一樣切入肌膚；讓人痛苦，讓人寒顫！——問題是：這國內航班上，怎麼會撒下這樣的傳單呢？……

後來，我終於找到了答案——1980年1月16日，鄧小平在中央召開的幹部會議上講話中，對當時國內這種混亂現象嚴加指責。他舉例說：「有些秘密刊物印得那麼漂亮，哪兒來的紙？哪個印刷廠印的？他們那些人總沒有印刷廠吧。印這些東西的印刷廠裡有沒有共產黨員？支持那些人活動的有一些就是共產黨員，甚至於還是不小的幹部……」

再後來，我也弄清了知青返城和停止上山下鄉，是知青們破釜沉舟、「不回城，毋寧死！」義無返顧、以死抗爭的結果。罷工、遊行、請願、臥軌、絕食、談判，一切能做的都做了，沒有什麼力量能夠阻止他們！他們要北上進京、直面中央，訴求他們要回家！一切都是真的，不是謠傳，不是虛構。

> 我們曾經崇拜過靜止的偶像，他帶給我們的是失望。
> 我們曾經崇拜過活動的偶像，他留給我們的是迷茫。
> 我們到底應該崇拜誰？——為了填補崇拜的空檔，
> 我們就崇拜自己吧？——我們有的是思想和經歷，
> 還有那信心和力量！

三、風雪迎春歸

1979年9月下旬，我收到家中來信；說母親要退休了，有文件規定，凡是退休人員可以由下鄉子女頂替返城。那時青石嘴的知青多半都走了，剩下少數心慌意亂，惆悵無奈。我按照大哥的囑咐迅速趕回銀川，與母親所在單位政工上聯繫。他們說：我這種情況只能「單調」不能「雙調」。這就是說，海漩和孩子將繼續留在山區。我說那就讓海漩頂替，讓她們先回來；「不行，頂替指標只能由直系子女使用。」我傻眼啦！怎麼會是這樣？再細看那「頂替」文件，那退休頂替政策壓根就沒有考慮到已經結婚的知青。我灰心喪氣、痛苦失望！⋯⋯

兩天後，我沮喪地返回青石嘴。海漩堅決地說：「你先走！只有你先走了，我們才會有希望！我和孩子在這裡再熬上一段時間，天無絕人之路！你不能錯過這樣的機會！」她的意思很明確，只有我走了，就有了夫妻分居調離返城的理由；「很多女知青在銀川找對象結婚，不就是走的這條路嗎？」海漩的話是對的，「為了孩子的將來，我們決不能錯過這樣的機會啊！」⋯⋯

我又心急火燎地趕回銀川，痛苦地填寫申請頂替表，辦理有關手續。令人尷尬、可笑的是；接受單位居然讓我寫一份「保證書」，保證今後不會因為夫妻兩地分居的問題再找單位的麻煩。我

既無奈又違心地寫了這樣的「保證書」，心裡卻把這種無視知青痛苦的做法罵了個底朝天。更令人焦慮的是；當我拿上沉甸甸的「頂替商調表」返回到林管局簽注意見蓋章時，領導上竟然置之不理，一連三天不予辦理。我心急如焚；銀川方面只給了我半個月的時間，逾期頂替指標就作廢了！我萬般無奈，硬著頭皮找派出所馬所長。我知道馬所長不會放我走，我連續三年被評為先進工作者，而且正在解決黨籍問題；我害怕組織上以此為理由拒絕辦理我的調動。但我只能找他，別無選擇。畢竟他在我心裡是一個比較人性化的領導，和這樣的領導談話比較容易溝通，不至於談崩，搞成僵局。

　　果然如此，馬所長說他捨不得讓我走：組織上培養一個警察不容易，你各方面表現都很出色，正在入黨考驗期，你再考慮考慮。我說我就這麼一個機會，錯過這個機會可能遺憾一輩子。我有老婆孩子，我不能讓她們失望啊！馬所長最終答應替我找上級領導問問情況。可上級領導的答覆簡直像砸在心上的一塊石頭──「他走了，丟下老婆娃娃咋辦？」當我聽到這是拖著不辦的原因時，痛苦得難以言表；一邊要我寫「保證書」，不因夫妻兩地分居給單位找麻煩；另一邊則質疑我「丟下老婆娃娃咋辦？」這真是一語中的，萬箭穿心！……領導的好意我完全能夠理解，但誰又能理解我呢？誰又能真正理解下鄉知青們的苦衷呢？我何嘗不想帶老婆孩子一起回去？這是我下鄉十三年唯一的生命果實啊！沒有這個果實，我何必為此周折，為此祈求？……

　　誠然，在知青大返城中出現了很多夫妻離散、各奔前程的悲劇，但這究竟能怨誰呢？是誰造成的呢？……

1979年11月，我滿腹憂傷地離開了青石嘴，離開了海漩和孩子。當汽車爬上了開城梁頂，最後一次回眸山嵐下的青石嘴時，我悵然若失、潸然淚下……我是懷著一顆破碎的心離開了奮鬥了13年的黃土高原的，離開了與我一起上山下鄉，歷經艱難困苦、相依為命的海漩和孩子們的。那是一種怎樣的淒苦、怎樣的傷痛啊！只能用「撕心裂肺」來形容了！

　　曾經的滿懷熱望變成了泡影，雄心壯志化為灰燼！一身塵土兩眼迷茫，孤苦伶仃地踏上了淒涼的歸程……

　　凱撒大帝有一句震撼世界的名言：「我回來了，我看見了，我戰勝了！」

　　現在，我也回來了，我也看見了，我也戰勝了！但是，我回來幹什麼？我看見了什麼？我戰勝了什麼？——整個知青都回來了！一千多萬知青的夢破滅了！這是一個嚴酷的現實，一段挫敗悲嘆的歷史！

　　回歸返城的過程是苦澀的，慘淡的。回歸意味著失去所有——青春、理想和信心，甚至做人的尊嚴！面對水泥堆砌的城市，我感覺自己活得就像紙一樣脆弱蒼白、卑微無力；意識到曾經為之苦苦追尋的理想，為之奮鬥不息的事業，乃至整個青春歲月的美好憧憬，在城市社會的芸芸眾生中微不足道，渺茫得連個響聲也聽不見；城市是什麼？是一堆沒有靈性的鋼筋水泥嘛！城市裡的人曾經轟轟烈烈、大張旗鼓地把一批批兒女送往農村，好像就是為了讓城市更加安逸、更加舒適些；城市是健忘的、世俗的，追名逐利的。城市並未以絲毫的熱情迎接回歸的知青們；城市是冷漠的、自私的、嚴峻的，城市並不需要你！城市對知青來說同樣是一場夢，一

場破碎的夢！……

　　我很快被分配在煤球廠當煤炭工人，成為城市勞動大軍的一員，名副其實的無產階級；沒有房子、沒有財產、一無所有！勞動已不是改造或鍛煉的代名詞，勞動返樸歸真，成為謀生的唯一手段。理想也已不是解放全人類，而是爭取儘快調回妻子孩子，儘快爭取分配到一間房子。每天按部就班，重複的勞動、重複的光景，生活失去了「革命」的光環，生活一下子變得行屍走肉，俗不可耐……

　　知青們在城市的銅牆鐵壁面前，必須儘快調整思維慣性，端正生活態度，適應新的環境，重新生活，重新做人；擯棄下鄉期間脫離城市生活的一切因陋簡習，從零開始，從作息時間開始，從吃飯睡覺開始，從穿衣洗漱開始……把被改造過去的東西再改造過來！不能說這不是一種人生的尷尬，歲月的尷尬！

　　那段時間我非常苦悶，非常牽掛遠在山區的海漩和孩子；想念她們，心疼她們，我能想像她們的孤獨和困難；我一封一封寫信給她們，讓她們感受我的關愛，我的氣息。除了關心她們，我幾乎什麼事情都不在乎，把自己封存在過去釀造的苦酒中；我甚至動過再回去的念頭；因為工作不好，沒有住房，家庭分離；早知如此何必當初呢？可當初回家是多少年的夙願啊！——好馬不吃回頭草！可重新返回山區吃回頭草的人不是沒有，雖屬個別現象，但這種現象，對於好不容易返城回家的知青來說，又是多麼令人痛心啊！……

　　在那灰暗的日子裡，好在有母親在我身旁。那時候我和母親、

弟弟住在一起。母親在關鍵的時刻總會讓我學會忍耐和堅強。「一切都會過去的，天無絕人之路！……」母親時常用她在最困難的時期作比喻，講她堅忍不拔、排除萬難的事情。風雨中的母親一個人把我們兄妹五個拉扯大，經歷了多少艱難困苦，母親抱怨過嗎？——沒有！母親就像一個定心盤，總會給我們力量和勇氣；想一想母親的一生，我們算得了什麼呢？——生活如同一個接連一個的泡影，讓人追逐，讓人失望！但生活的哲理就是勇往直前，永不放棄！人生如同戰場，艱難險阻你不能倒下，倒下了就意味著放棄了一切！

　　1980年5月，充滿活力的胡耀邦總書記終於提出了不再搞「上山下鄉」運動。知青返城安置工作也在逐步拓寬渠道。其中允許農林牧對口調動，使大批知青得以名正言順地從邊遠山區調入城市周邊的農林牧場。

　　6月中旬，海漩終於在她母親老同事的幫助下，對口調入了銀川新市區苗木場。我們終於結束了漂浮不定的知青生涯，那是十三年人生最美好的年華。我們把整個青年時期全部奉獻給了黃土高原，帶回來了兩個孩子和高原的貧窮和樸實。在母親的房前，我和弟弟辛苦了幾天，蓋了一間小房子，過起了城市市民的生活。七歲的兒子終於走進了寬敞明亮的教室，瘋得放學了還不想回家：這麼大的學校，這麼多的房子，還有這麼多的同學，比起山裡無窗無門無桌無凳，坐在地上趴在土泥檯子上寫字畫畫，開心好玩多了！五歲的女兒胖乎乎的，她是那樣的聽話，那樣的乖巧，整天在家門口水泥地上畫方跳布包包。一有賣冰棍的來了，這兩個小傢伙便急

了，「奶奶！奶奶！快快！賣冰棍的來了！賣冰棍的來了！……」
他們在山區哪見過這麼好吃的東西。

左派張揚見我們調回來了！毫不猶豫地兌現諾言：把他的一輛
輕便永久牌自行車轉讓給我。那時候名牌自行車一票難求。他們倆
口子比我早半年回銀川，走的時候張揚曾高興得對我許下諾言：只
要我能調回銀川去，他就把心愛的「永久」轉讓給我！張揚說到做
到沒有失言。這是他慶祝知青返城一種最痛快的表達方式！

衛希明從固原騎三輪摩托車回來了！（1974年從青石嘴調到固
原林業局）他拉著武建軍興致勃勃地找到我家來，又急撩撩地一起
坐上摩托車到郊區供銷社去找鐘兵倆口子。他開著軍用三輪摩托車
專門沿銀川東西大街一路飆上去，讓我們豪爽地在久違的城市裡兜
了一路風。在鐘兵家裡，大家有說有笑，感慨無限；返城的知青朋
友們相會銀川，實現了多年的夢想，自然有說不完的樂趣，喝不醉
的酒……（可惜衛希明走的太早了，他最終沒有如願地返回銀川，
沒有看見改革開放後幾十年巨大變化；以他生前注重穿戴、講究生
活細節，做事認真、信義坦誠的為人，他會生活的逍遙自在、如他
所願；他一定會把打牌玩耍中的一絲不苟、賭氣較真，轉換到打麻
將中的全神貫注，拍案叫絕！他會把他心愛的二胡拉的萬馬奔騰、
激情奔放，不會再去拉那沒完沒了的「病中吟」了。）

倒楣的韓新，自從甩掉鋤把子，當上鄉村教師後，終於驅散烏
雲見太陽，翻身農奴把歌唱，過上了理直氣壯，安逸舒適的生活。
不久，便興致勃勃地調回北京了。

聰明好動的唐杰，幸運地進入固原師範學校，並有幸到高等學
府——中國人民大學深造，實現了纏繞心頭多年的大學夢！

穩重踏實的王偉，如願地返回銀川後，在西北軸承廠上班。憑藉一手好字坐上了辦公室，一朝一夕乘車上下班，閱盡了城市的風貌和工廠的熱鬧，還有家庭的溫馨和甜蜜。

　　正直高傲的高鵬，回到銀川在一家水產試驗場從事科研工作。他當年的知青風貌永遠留在我的腦海中；黃崑山的荒涼，田窪的土炕、油燈。

　　厚重博學的吳浩，終於一步步走完了人生坎坷的路程。告別了青春，告別了苦難，告別了所有的憋屈與煩悶，心安理得地在寧夏地震局工作；一如既往、刻苦鑽研，以其深厚的學識和專業技術成績，獲至高級工程師職稱，如同他的人品一樣讓人敬重！

　　1980年是在知青返城的跌宕起伏，悲喜交加中度過的。

　　1980年也是在平反冤假錯案，解放「走資派」和釋放國民黨「殘渣餘孽」的悲歡離合中度過的。

　　1980年的上海新村，龐雜而醜陋，新穎而守舊。歲月的刀斧早已把1958年的上海新村砍伐的面目皆非！二十二年前的上海新村早已失去了原有的景象，沒有了獨居一方、四不搭訕，上海人一統天下的獨特風貌；上海新村有其名而無其實，只是一塊擁擠在銀川西南角上老舊小區的名稱而已。那裡已經沒有來去匆忙的上海女人的孤身單影，也沒有成群結夥、你追我趕的上海孩童們快樂的遊戲；上海人的西洋景，上海人令人搞笑的話語，都已經消失殆盡！曾經居住在這裡的那個鮮活的群體，如今也像上海新村一樣，七零八落，容顏不再！──五十年代末從上海「支寧」到銀川的上海人，作為一個特殊的歷史群體，早在六十年代的「饑荒」和「文革」的

兩次劫難下，分崩離析，流離失散。那些苦苦熬到了八十年代的人，已經進入花甲之年；她們有的隨子女生活在別處，有的依附上海親屬葉落歸根，也有被海外親屬接到國外定居。依然留守、為數不多的老人，以她們僅有的一點上海人的氣息，頑強地守護著上海新村最後一縷光陰。年復一年，「去」多留少。隨著改革開放、城市建設的步伐，上海新村終將與這些老人一起同歸於盡！但是，上海「支寧人」對銀川乃至寧夏工業基礎的奠定和建設，對社會文明進步、文化教育發展的成就，歷史是不會忘記的，歷史終將給予他們濃重的一筆！

1980年春天，闊別了二十二年的父親終於踏上了回家的路，他離開了那個我們小時候曾經在地圖上一次一次尋找的安徽廬江××信箱（勞改農場的番號）。當他站在無遮無擋、視野開闊的合肥火車站月臺上時，面對一列列南來北往的火車，老淚縱橫，感慨萬千！這一幕怦然心動的期待，在他夢裡千轉百回，伴隨他度過了從中年到老年，整整一個漫長的人生更替。如今六十歲的他，面對回家的路，思緒依然飄零在他的夢裡，那一次次滿載激情、兒女情長的列車上！……

畢竟時過境遷，人事皆非，往東南方向去的上海早已沒有他的家！他的家早在1958年，當他被手銬帶出那個家門的冬季，也連根拔起、背井離鄉，走向了一個比他走的更遠、更淒涼的地方，那個他聽也沒聽說過的地方……

他終於回過頭來向西北望去，竭力想像，在那一片蒼穹的雲壤深處，有一個他的家，一個讓他時空錯亂、思維顛倒、難以想像的家！同他夢裡縈繞的家正好相反，他要背道而馳，毅然決然地捨棄

那個夢裡轉輾幾十年的家！曾經那個魂牽夢縈的家，如今只是一個子虛烏有，一場空悲戚！——他是帶著夢幻與現實、喜悅與慚愧，交織、分裂、悔恨、感慨，極其複雜的心境踏上回家的路的；一切如夢如幻，恍如隔世！

——他終於如願以償，面對一個全新的家！一個五十年代拖兒帶女遷徙塞北的孺弱之家，竟然茁壯成長為上下三代二十口人的大家庭！——不曾想，不敢想，無法想；思想被封閉在方寸之間，除了夢是自由的，可夢又是有緣故的、局限的、沒有創意的，夢不過是自身條件的反射而已……

他終於家庭團圓，兒孫滿堂！他從夢裡回到現實，終於和那個漫無邊際的惡夢做了個徹底了結！——自那以後，每當母親端詳起那張全家福彩色照片時，都會自豪地說：「濟濟一堂，一個不少！」這是母親的自豪，也是我們一家人的幸運！不過，我要客觀地附加幾句，這樣的結局，在苦難、破碎的上海新村，在千百戶上海新村的家庭中，僅僅是鳳毛麟角，難以列舉的！

光陰似箭，歲月荏苒。1990年代初，當知青們度過了返城初期的黯然銷魂、困惑迷惘，改頭換面、平心靜氣，暗淡了城市生活的夢幻後，心靈的挫傷和知青情結便悄然萌發；知青文學、知青聚會、知青回顧展、知青舊地重遊，「知青熱」風靡全國各大城市；從脫離苦難歷程的審美角度把苦難加以炫耀，津津有味地咀嚼充滿悲情意味的青春歲月；宣洩壓抑、鞭撻荒謬，重溫當年的青春情懷。一時間，《蹉跎歲月》、《今夜有暴風雪》、《中國知青夢》、《中國知青部落》、《孽債》、《走出歷史的霧靄》 批具

有代表性的知青文學轟動全國！把一曲曲激情高亢、虛擲青春、遭辱慘痛、絕望沉淪的英雄夢幻曲奏響。把悲壯、雄奇、痛苦、困惑的知青生涯描寫的淋漓之盡，蕩氣迴腸！——歷史有理由銘記一代知青人的雄心壯志，蹉跎歲月，作為一種思考、一種文化，一段與共和國命運息息相關的歷史篇章存入史冊！

早在1970年代中期，從林建師文藝宣傳隊走進工人階級隊伍的司汗青，在山區運輸企業苦苦歷練了十餘年，不僅完成了公路交通運輸大專學歷，圓了上大學的夢，而且擔任了地區運輸公司副經理，率領千餘名職工奮力拼搏在改革開放大潮的艱難路程上，以其連續三年開拓進取、堅忍不拔的精神，為企業扭虧增盈做出了突出的業績，使企業名列全區交通運輸行業榜首，並於1992年調任寧夏區運輸總公司副總經理……

當年沒有選擇當教師的馬捷，堅守黃峁山林場苗圃基地建設，自學完成了林業技術專業課程；堅持邊學邊幹，學以致用。遂於1976年調任固原地區林業局技術員。以其刻苦、勤奮、聰明、實幹，為山區林業苗圃建設和林業規劃發展做出了優異的成績；先後在省級刊物發表論文及專業文章十七篇，並獲得中級科技職稱，成為黃峁山知青第一名成績斐然的林業科技人才。先後參於了「三西林業建設」（甘肅定西、河西、寧夏西海固）、「西吉防護林工程建設」及「六盤山生態保護區」科考工作，為開發打造六盤山紅色旅遊景區提供了科考依據。1987年被選拔調入寧夏林業廳，先後任科技處、造林處處長兼任寧夏自治區綠化辦公室主任……

當然還有很多返城後奮力拼搏在各個工作崗位上、成績突出，令人尊敬的黃峁山知青，本書不便一一表述，謹在此表示敬意！

不可置否，隨著改革開放的深入發展，大量中小企業被淘汰，不少知青身不由己地陷入下崗離職、工資待遇得不到保障的困窘。他們幾乎體驗了共和國風雨歷程的所有災難和厄運；他們挨過餓、失過學、下過鄉、受過罪，眼看快要熬到退休年齡了，卻又遭遇飯碗被砸、失去工作的結局。不能不說，他們的付出與獲得一如他們下鄉的付出與獲得一樣嚴重失衡，他們是過去幾十年「極左路線」受害最深的一族，也是為國家改革開放，減輕負擔、快速發展，犧牲最多，最值得人們關注和尊敬的一族！

　　1995年8月7日，北京知青一行百人，帶著千餘名北京知青的囑托，重訪下鄉故地、看望山區朋友、尋找當年的青春足跡，時值他們上山下鄉三十周年紀念日。1965年夏季，那場轟轟烈烈的「上山下鄉」運動在全國各城市興起，北京、天津、河南、銀川、固原等地知青三千餘人，先後來到寧夏南部山區落戶，並集合在隨後組建的中國人民解放軍西北林業建設兵團第三師的旗幟下，開始他們改造山河，綠化黃土高原的人生步履。全師以六盤山為中軸，分布中寧、同心、海原、固原、西吉、隆德、涇源七個縣境內三十多個連隊，幾乎囊括了寧夏半壁荒山僻野。如此雄心壯志、宏偉藍圖，卻不幸遭遇「文革」風暴衝擊，逐潰不成軍，黯然失色！一支前無古人的綠化勁旅，就這樣夭折在乾旱缺水、亟待綠化的黃土高原上！這悲催落魄的一幕，時隔多年，依然讓這些曾經的兵團戰士們難以釋懷！……

　　這次北京知青故地重訪，帶隊的正是出類拔萃、享譽國家一級作曲家的文中中，及他的老搭檔詞作家張中燦。曾經以他們共同

創作的《林建戰士之歌》唱響在黃土高原上，充分展示了一代知青戰天鬥地，報效祖國的精神風貌。由於「文化大革命」的到來；捍衛、打倒、武鬥、傷害，及其接連不斷的運動；挨整、蒙冤、審查、坐牢，致使很多知青慘遭傷害和罹難。他們如夢般的青春年華遭遇踐踏；失落、淒迷、苦悶、彷徨，他們在艱難的生活處境和人為的政治壓抑中苦苦跋涉了十年，甚至更長的時間，但他們依然為寧夏南部山區水土保持、綠化墾植和文化教育事業做出了斐然的成就！

　　斗轉星移、人到中年，面對三十年前那一幕幕燃情歲月、英雄悲歌，讓這些過來人心潮澎湃、熱淚流淌！——他們恍如夢般穿越在青春熱血拋灑過的黃土地上，傾情餘憶、觸景生情！曾經的熱望與淒涼，都化為一杯酸澀的佳釀，陶醉其中，回味無窮！他們深情地一掬貧瘠的黃土，虔誠地說：這裡是我們的第二故鄉！瞬間，一股熱流奪眶而出……

　　毋庸置疑，這裡曾是他們年輕的生命揚帆起程的地方，他們在這塊土地上與當地百姓共同度過了整整一個青年時期；這裡曾經演繹過多少高亢跌宕的青春故事，他們的身心在這塊土地上苦苦相搏，苦苦掙扎；他們的心靈深處藏有一塊屬於他們的黃土地，悲歡離合，難解難分，此生此輩，怎能忘懷！

　　——他們匍伏在「千里孤墳」前，面對那早已形影破碎的孤魂亡友，「塵滿面、鬢如霜，無處話淒涼」，只把那淚水、冥幣揮撒得紛紛揚揚、飄飄灑灑；或許，這將是他們最後一次遠道墓祭，直把那北京紅星釀白一杯接一杯往墳前潑灑，讓青春的挽歌、歷史的挽歌、心靈的挽歌默默流淌……

1995年8月27日（星期天），銀川晚報頭版刊登了原黃峁山知青李雲峰先生撰寫的《青春祭》，首次把三十年前銀川首批上山下鄉到黃峁山去的知青群體事跡，全面、詳實，客觀、理性地呈現在社會公眾面前，不僅引起一代知青的怦然心動、浮想聯翩，也引起社會公眾對那段歲月的喟然嘆息！儘管那段歲月早已遠離人們的視野，但幾千萬人，在風華正茂的年齡所經歷的那段價值取向背離、文明程度倒退的蹉跎歲月，歷史不會對此保持沉沒……

　　1995年10月15日，原黃峁山下鄉知青為了紀念上山下鄉三十周年，在銀川舉行大聚會。三十年前的高亢悲壯，再一次把一張張熟悉而陌生的面孔召喚。那一刻，淚水早已濕透了眼簾——重溫過去，聚焦往事，感同身受，激動不已；是一次幸福、酣暢的大聚會？還是痛苦、壓抑的大釋放？誰也說不清楚！

　　一張張笑臉流淌著苦澀的淚水，歡聚的場面充滿了啜泣和嘆息！——他們是在重溫美酒加咖啡似的浪漫情懷？還是在回味淒風苦雨般的苦澀與慘淡？在感悟人生苦短、歲月無情？還是在追悔美好的青春蹉跎不再？說不清，道不白，那已是生命中一段難以磨滅的記憶！

　　一代知青的情感世界，濃縮了共和國半個世紀的風雲歷程，酸甜苦辣堪比一部厚重的現代史話演義；每一個知青都有一本屬於自己的書，把時代的風風雨雨全部交織在自己的情感世界裡，千呼萬喚，依然蕩氣迴腸、意猶未盡！

　　有人說不堪回首，有人說難以忘懷，有人說刻骨銘心，有人說青春無悔！讓人無法用語言來肯定什麼或否定什麼，無法在生命的血肉中挑剔或割棄！

　　當大家唱起那一段段撥動心弦、壯懷激烈的下鄉歌曲時，感同身受、聲情並茂，恨不得再深入地投入一次！……

　　──他們終於再度踏上了六盤山的行程，那朝霞燃起、青春奔放的地方！

　　他們滿懷熱望，一路南上。首先呈現在眼前的是熱淚流淌的田窪大地！那整齊規格的苗圃基地，一覽青春綻放汗水泥拌的艱辛與憧憬；曾經親手栽植的小樹苗，已被人刻上了年輪的痕記；那是有心人有意而為之，讓人一下子就有了一種歲月的昭示感！

　　──再也找不到曾經的田窪知青點，那上下折疊風雨澆灌充滿泥土氣息的小土院，它早已被一排排拓展的磚瓦房覆蓋。唯有那山坡上隱約可見身陷絕境的土窯洞，視死如歸、信誓旦旦證明自己當年存在的價值；那曾經點燃在窯洞裡的煤油燈、馬燈，柔情似水般縈繞在我們夜不能寐的心裡……

　　滿腔熱情的汽車鼓足幹勁翻越開城梁頂，蒼涼孤傲的青石嘴一下子撲入眼簾，山上青松豁然屹立在人們的眼前！鬱鬱挺拔，獨領風騷！──曾經多少人、多少個春秋墾植，血汗揮灑的造林運動，如今僅贏得你一眼的風采！多麼珍貴的遺存，多麼昂貴的付出啊！（他們看見的不足以他們付出的幾十分之一，由於乾旱缺水、缺乏科學種植和科學管理等諸多原因，當年植樹造林成活率很低，素有「一年綠、二年黃、三年見閻王」之說。）

　　一路感慨，一路轉輾。穿過大彎進入和尚鋪，六盤山雄峰近在眼前！──今非昔比，時過境遷！這裡已成為松林環繞，碑亭雲天的寧夏著名的紅色旅遊景區！

　　滄桑歲月，如影隨行；六十年前紅軍翻越最後一座大山六盤

山時，毛主席即興賦詩《清平樂·六盤山》，結句以「今日長纓在手，何時縛住蒼龍？」設問，那是一種怎樣的企盼啊！……

三十年後，正當一代共和國長子風華正茂意氣風發的年齡，他們成千上萬地被號召上山下鄉，開始了他們繼續革命的新長征；這是一場針對自己、自我革命、踐行靈魂與肉體的大搏鬥，幾千萬青年的命運由此打了個結，歷史在這裡也設了個問……

這裡走過一批批「文革」學生輟學「插隊」，接受貧下中農再教育的流年碎影；更有兵團知青在這裡苦苦相守，年復一年、十年墾荒；用年輕的臂膀開墾出一條條帶子田纏裹狂放不羈的山野，用苦澀的汗水澆灌出一塊塊綠色的苗圃地，用青春的年華鑄就了一顆顆飽經風霜的心！

思想的汽車終於掉頭向南深入下去，它們依次是身披綠裝的東山坡、萬木蔥郁的野荷谷、清秀涼爽的涇河源、松濤連綿的王化南、林海茫茫的二龍河！在這些情感繽紛的山林裡，到處都有黃峁山知青深深淺淺的足跡！

三十年歲月回眸，故地容顏青春，時人卻已滄桑！——曾經受過那麼多的磨難，那麼多的無奈，那麼多的祈盼，至今對那段歲月依然留戀不捨，為什麼？答案很明確，也很朦朧，這就是我們曾經擁有的奔放和糾結的青春年華，這就是我們擁有一生的寶貴財富和終身無法消釋的遺憾！——生活過、壯烈過、落魄過、奮鬥過！

我們以各種方式紀念那段歷史，不僅僅是緬懷我們的青春歲月，我們的心靈櫥窗也有必要進行一次釋放或者整理。那段歲月有太多需要我們篩選、揚棄，反思、鑑別的故事，作為一代走過來的人，我們有理由把那段沉重的歷史告訴後人，以史為鑑，可知興

替。正如知青學者劉曉航先生所言：我們能熬過苦難，但決不讚美苦難！

　　一位黃崑山知青詩人在銀川晚報刊登的《青春祭》文章結尾中這樣寫道：

　　　　總愛把理想唱成太陽
　　　　總愛讓黝黑的脊樑接受熾熱的灸烤
　　　　在山路上托起它上升的時候
　　　　感情也莊重地上升

　　　　總愛像挑夫一樣　感到雙肩很重
　　　　那時　我們年輕
　　　　寄出的信都不留地址
　　　　使命感在任何地方都能長成綠萌
　　　　當生活為我們曝光的時候
　　　　我們只留給時代一個淡淡的剪影……

　　　　　　　　　　　　　　　　　　　　2015年4月6日

後記──我的父親

孫軼

　　我不知道自己該怎麼來介紹他：當年（1958年）從上海來到寧夏支邊大軍中的一員？不對，那時，他還只是個孩子，並不十分清楚那一年的背井離鄉意味著什麼；那麼，是一位中年作家？還是不對，在此之前，我沒有在任何出版物上見過他任何隻言片語，甚至是尋物啟事之類的東西都沒有；或者這個稱呼比較恰當些，老知青。可是，當年（1966年）跟隨知青隊伍去黃土高原的他幾乎是個文盲，下鄉之後才開始艱苦的自學。直至1995年，年近半百的他才終於拿到了大專文憑。

　　說到自學，他拿出了當年的幾個筆記本，從那上面由生澀到流利的字跡、漸漸減少的同音字、大量的成語俗語俚語，我似乎看到了當年那個年輕的靦腆的大男孩怎樣捧著一張張報紙把不認識的字抄下來，再去追問身邊那些真正的「知識青年」，然後認真地把自己認識的同音字標在生字的旁邊。「我的老婆就是這樣問來的，她是初中生，脾氣好，從不笑話我，所以，我經常問她。」說到這兒，他清瘦的臉上浮現出一絲有些不好意思又有點兒得意的笑。「那時候，幾乎沒有人知道我僅上過小學二年級，在我填寫的履歷

中，學歷一項一般都填初中……」我想，這應該是自尊使然。報紙、語錄、大字報、手抄本，凡是有字的東西，都成了他學習的教材。

知青返城後，他頂替自己的母親在工廠當了一名工人。由班組長、車間主任、廠長，直至總公司辦公室主任。十幾年間，用他自己的話說，「別人是活學活用毛主席著作，我是活學活用文化」。辦公室裡的老式打字機，他如獲至寶，拆拆裝裝，硬是把一部從未接觸過的機器變成了自己的好幫手。坐辦公室，本來是個閒職，喝茶看報聊天打撲克，只要混到點兒下班就是了。而他卻利用三年半的時間啃完了十三門課程，學完了法律大專，並順利取得了助理政工師的職稱。「坐辦公室的十年，是我人生最重要的十年，要麼退化，要麼奮起！」而他，完成了大專學歷後毅然走上了領導崗位。他不無自豪地說：「這是我有條件實現人生價值的一次難得的機會」。那時，他已經到了四十六歲的年齡了，其中所付出的艱辛和努力可想而知。

2002年，他提前退休了，不是因為身體原因，而是企業改制賣給了私人。為此父親耿耿於懷：一個好端端的盈利企業，一個他為之傾注全部心血的企業，一夜間變成了私有企業。有很長一段時間他感到無所適從，生活彷彿失去了重心，每天忙碌的工作學習忽然遠離了他的生活，這種悵然若失的感覺使他覺得自己一下子脫離了社會，脫離了幾十年一貫制的生活規則，命運又一次把他拋到茫然無望的境地……

好強的他並沒有沉淪下去，不甘心就這樣無所事事。很快他就轉悠在大街小巷，他在考察書店和網吧。他說公家不要我幹了，那

我就替自己幹吧！也嘗嘗當老闆的滋味。他的首選是書店，但電腦網吧對他的吸引力更大。他說要幹就幹文化層次較高的事情，更何況那時候網吧正熱鬧異常。滿懷信心、志在必得的他開始了人生的最後一搏。可以想像，他的這一搏是多麼大的一筆賭注啊！包括他整個生命的最後一根精神支柱和沉重的經濟負擔。應該說這就是父親的秉性——堅韌不拔、勇往直前！隱隱中我能體會到他是在爭一口氣，是在破釜沉舟……

他終於湊錢借錢辦起了網吧。兩個月時間他就辦完了所有的事情——「開心網吧」開業了！他不鳴則已，一鳴驚人！很多親朋好友都為他的魄力贊賞不已。就在這一年，我有幸在自己家的網吧裡毫無顧忌地過了幾天網癮，那種感覺真是輕鬆自如，開心不已，名副其實的「開心網吧」！這個命名是他親自設計的，其中蘊含著多少苦澀、期盼和追求，只有他最清楚。但是，命運還是跟他開了一個最不該開的玩笑——北京一家網吧一把大火燒出了人命，全國開始治理整頓網吧了！——他的「開心網吧」在長達一年多的「治理整頓」中走完了悲愴、屈辱、慘痛的歷程，終於山窮水盡！無奈之下，他虧血本轉讓了網吧，認命了！他一下子蒼老了許多：「有心爭氣無力回天啊！我沒想到高科網絡及其主管官員竟是如此黑暗霸道！」

2004年春節後，他毅然埋葬了網吧夭折的慘痛和所有糾纏在心的不愉快，全身心地投入到回憶錄的寫作中。本來這個想法是在六十歲正式退休後開始做的事情，但他無奈地把想法提前做了。兒子淘汰下來的電腦擺在了他的臥室裡，他要利用這台電腦開始對自己一生的總結。從學習打字開始，拼音表貼在了牆上，筆記本又放

在了案頭。「我要寫我們這一代人的生活，我要寫我所經歷的『文革』。」

老爸要寫回憶錄了，兒女們略帶調侃地戲謔，並沒有把這件事當真。可沒過幾個月，一摞厚厚的打印稿就擺在了做編輯的女兒面前，他讓女兒做自己的校對。他的生活又變得忙碌而充實起來，在女兒的幫助下上網搜集老照片和知青檔案，翻出當年自己保存的剪報資料尋找有用的材料，然後，每天每天地坐在電腦桌前把這些刻板的資料變成鮮活的文字記述呈現在自己的文章中。

他曾經對別人說過：他迄今有兩件最開心的事情，那就是他取得大專畢業證和兒子考上大學，這是他夢寐以求的兩個心願。或許，要寫一本書，一本屬於他自己的書，是他生命中第三件最開心的事情。

是什麼使他產生了要寫這樣一部作品的念頭呢？當我問及他的寫作初衷時，他這樣說：「體現『文革』的書和影視作品太多了，但我總覺得缺點什麼。那些東西說白了有點走樣，有點噱頭，有點脫離實際。我是想站在自己——一個過來人的立場上真實地反映那段生活。」他是這樣說的，也是這樣寫的。從他的作品中，我所感覺到的最強烈的就是那種活生生的真實的魅力，儘管，那段生活距離這個年齡的我而言非常遙遠。當然，說到文學技巧等，他的文字遠比不上那些「大家」的純熟圓滑，但他的作品自有他自己的獨特的魅力——那是那些擅長於寫作技巧的人所不能達到的真實的境界。

從童年的南北大遷徙開始，到輟學做工，再到上山下鄉，直到結婚生子返城，他經歷了無數艱難困苦，人生的每一步都在隨社會

的變革而動盪不安；有興奮也有沉淪，有理想也有彷徨。當生活把一個又一個岔路口擺在這代人面前的時候，誰又能保證每一次的選擇都是對的。「不退縮，不後悔，直面人生。」這恐怕就是他們一代人在面臨抉擇時支撐自己的唯一信條了。

　　說到這兒，我忽然覺得怎樣介紹他，怎樣給他定位已經不是一件很重要的事了，在他的作品中，在他的一言一行中，他已經把自己真實地展現在了讀者面前。他就是長篇紀實文學《塞上年華》的作者——我的父親孫永保。

2015年4月12日

Do人物35　PC0532

塞上年華

作　　者／孫永保
責任編輯／段松秀、陳思佑
圖文排版／連婕妘
封面設計／蔡瑋筠

出版策劃／獨立作家
發 行 人／宋政坤
法律顧問／毛國樑　律師
製作發行／秀威資訊科技股份有限公司
　　　　　地址：114 台北市內湖區瑞光路76巷65號1樓
　　　　　電話：+886-2-2796-3638　傳真：+886-2-2796-1377
　　　　　服務信箱：service@showwe.com.tw
展售門市／國家書店【松江門市】
　　　　　地址：104 台北市中山區松江路209號1樓
　　　　　電話：+886-2-2518-0207　傳真：+886-2-2518-0778
網路訂購／秀威網路書店：https://store.showwe.tw
　　　　　國家網路書店：https://www.govbooks.com.tw

出版日期／2015年9月　BOD一版　定價／460元

|獨立|作家|
Independent Author

寫自己的故事，唱自己的歌

塞上年華 / 孫永保作. -- 一版. -- 臺北市：獨立作家,
　　2015.09
　　　面；　公分. -- (Do人物；PC0532)
　　BOD版
　　ISBN 978-986-5729-94-3(平裝)

　　1. 孫永保　2. 回憶錄

782.887　　　　　　　　　　　　　　104012514

國家圖書館出版品預行編目

讀者回函卡

感謝您購買本書，為提升服務品質，請填妥以下資料，將讀者回函卡直接寄回或傳真本公司，收到您的寶貴意見後，我們會收藏記錄及檢討，謝謝！如您需要了解本公司最新出版書目、購書優惠或企劃活動，歡迎您上網查詢或下載相關資料：http:// www.showwe.com.tw

您購買的書名：_____

出生日期：_____年_____月_____日

學歷：□高中 (含) 以下　　□大專　　□研究所 (含) 以上

職業：□製造業　□金融業　□資訊業　□軍警　□傳播業　□自由業
　　　□服務業　□公務員　□教職　　□學生　□家管　　□其它_____

購書地點：□網路書店　□實體書店　□書展　□郵購　□贈閱　□其他

您從何得知本書的消息？

　□網路書店　□實體書店　□網路搜尋　□電子報　□書訊　□雜誌
　□傳播媒體　□親友推薦　□網站推薦　□部落格　□其他_____

您對本書的評價：（請填代號　1.非常滿意　2.滿意　3.尚可　4.再改進）

　封面設計____　版面編排_____　內容____　文／譯筆____　價格____

讀完書後您覺得：

　□很有收穫　□有收穫　□收穫不多　□沒收穫

對我們的建議：_____

_____

_____

_____

11466
台北市內湖區瑞光路 76 巷 65 號 1 樓
獨立作家讀者服務部　　　　收

．．

（請沿線對折寄回，謝謝！）

姓　　名：＿＿＿＿＿＿＿＿＿　年齡：＿＿＿＿　性別：□女　□男

郵遞區號：□□□□□

地　　址：＿＿＿＿＿＿＿＿＿＿＿＿＿＿＿＿＿＿＿＿＿＿

聯絡電話：(日) ＿＿＿＿＿＿＿＿＿　(夜) ＿＿＿＿＿＿＿＿＿

E-mail：＿＿＿＿＿＿＿＿＿＿＿＿＿＿＿＿＿＿＿＿